공정의 배신
능력주의에 갇힌 한국의 공정

피어나

공정의 배신
능력주의에 갇힌 한국의 공정

초판 1쇄 인쇄 2021년 12월 05일
초판 1쇄 발행 2021년 12월 15일

지은이 장은주

펴낸이 김명진

기획 · 편집 이건범 김명진
표지 디자인 김정환
본문 디자인 피어나 디자인실
인쇄 재원프린팅
종이 화인페이퍼

펴낸곳 도서출판 피어나
출판등록 2012년 11월 1일 제2012-000357호
주소 121-731 서울시 마포구 토정로 37길 46, 303호(도화동, 정우빌딩)
전화 02-702-5084
전송 02-6082-8855

ⓒ 장은주, 2021

ISBN 978-89-98408-35-0   93330
책값은 뒤표지에 있습니다.

* 이 책 내용의 전부 또는 일부를 재사용하려면 반드시 저작권자와 도서출판 피어나의 허락을 먼저 받아야 합니다. 파본은 구입한 곳에서 바꿔 드립니다.

공정의 배신

장은주 지음

능력주의에 갇힌
한국의 공정

피어나

책머리에

　내가 능력주의 문제에 대해 고민을 시작한 건 십여 년 전 마이클 샌델의 『정의란 무엇인가』라는 책이 우리 사회에서 초유의 베스트셀러가 되고 많은 사람들 사이에서 이른바 '정의 열풍'이 불었던 때다. 당시 나는 샌델과 비슷한 분야를 연구하고 가르치는 학자로서 어떻게든 그 열풍에 개입하여 무언가 한마디 하고 싶다는 충동을 느꼈다. 내가 가장 하고 싶었던 이야기는, 적어도 한국인들은 샌델의 책에 나오는 것과 같은 그런 방식으로 정의의 문제를 생각하지 않는다는 것이었다. 물론 샌델이 책에서 다루었던 철학적 정의론이 아무런 의미가 없다고 여기지는 않았지만, 우리 한국인들이 일상적으로 가진 정의관은 그 책이 다루는 방식으로는 해명되거나 비판적으로 조명되기 쉽지 않다고 생각했다.

　그러나 많은 한국인이 실제로 사로잡혀 있다고 여겼던 그 정의관을 분명하게 규정하는 게 쉽지는 않았다. 이런저런 자료도 찾아보고 많은 고민도 했다. 그러다가 그 정의관은, 당시까지 학계에서는 '업적주의'나 '실력주의' 같은 역어를 사용하고 있었지만 나로서는 모두 적절하지 않다고 여겨 그냥 외래어를 그대로 썼는데, '메리토크라시(meritocracy; 이 책에서는 '능력주의'라는 일반화된 역어를 수용하기로 했다)' 정도로 규정해야 마땅하다는 결론에 도달했다. 그러나 샌델은 물론 누구도 이런 차원에서 정의나 공정의 문제를 제대로 다루는 것 같지 않았다. 그래서 내 나름의 방식으로 문제를 직접 정리해 보려 했다.

나는 그런 문제의식을 담아 2011년 초에 교육 문제와 관련하여 능력주의 문제를 다루는 논문을 발표했다. 우리 사회의 교육열이나 교육 병리 문제야말로 한국인들의 능력주의적 정의관을 가장 잘 드러내고 있다고 여겨서였다. 그러나 고민과 연구를 진행하면서 이 능력주의가 단순히 교육 영역과 관련해서만이 아니라 우리 사회 전체의 핵심적인 문법과 동학을 이해하기 위한 열쇠라는 걸 깨달았다. 무엇보다도 정치철학자인 나에겐 능력주의가 우리 민주주의의 잠재력과 한계를 이해하는 데서 아주 결정적이라는 점이 중요하게 다가왔다. 이후 나는 『정치의 이동』(2012)이나 『유교적 근대성의 미래』(2014) 및 『시민교육이 희망이다』(2017) 같은 저작들은 물론 여러 논문에서 우리 사회를 배경으로 놓고 이 능력주의 문제를 다루어왔다.

솔직히 나는 능력주의 문제를 이미 다른 저작들에서 웬만큼은 다뤘다고 여겨서 이 주제로 단행본을 내는 걸 머뭇거렸다. 시간적 여유도 잘 나지 않았던 데다 다른 글이나 책에서 했던 이야기를 반복하고 싶지 않았다. 그러나 최근 들어 우리 사회에서 이런저런 방식으로 능력주의적 '공정'이 문제가 되는 걸 보면서, 어떻게든 이 문제를 내 관점에서 본격적으로 정리해 보는 책을 한 권 써야겠다고 결심했다. 마침 마이클 샌델의 『공정하다는 착각』이 나오면서 우리 사회에서도 새삼 능력주의에 관심을 보이기 시작했는데, 당연하지만 안타깝게도 그 책은 우리 사회의 문제를 전혀 다루지 않는다. 샌델 책 말고도 몇몇 미국의 저자들이 능력주의를 다룬 책들도 번역되어 우리 사회에 소개되기도 했지만, 사정은 마찬가지다. 나는 능력주의가 한국 사회의 고유한 문법과 동학을 더 잘 이해하기 위한 결정적인 열쇠라고 믿는데, 서양에서 수입된 인문학 및 사회과학 이론만으로는 그러한 사정을 제대로 이해하기 힘들다고 생각한다. 이 책이 우리 사회를 배경으로 능력주의 그 자체는 물론 우리 사회가 마주하고 있는 문제들을 더 잘 이해하고 해결하기 위한 약간의 실마리라도 제시할 수 있으면 좋겠다.

  이 책은 부분적으로는 기왕에 썼던 글들을 활용했지만 전체적으로 나름의 체계를 세워 새로 틀을 짰고 서술도 할 수 있는 한 쉽고 부드럽게 하려 노력했다. 특히 한국 사회와 관련된 예도 많이 들었다. 우리 사회가 '능력주의의 덫'에서 빠져나오기 위해서는 가능한 한 많은 시민이 이 문제를 제대로 이해하고 대안을 향한 실천에 나서는 데 동의해야 한다. 부디 이 책이 우리 시민들이 이 문제에 대해 깊이 있게 대화를 나누고 숙고를 할 수 있는 계기를 만드는 데에 도움이 되면 좋겠다.

  몇 년 전 어떤 강연 중에 이 주제를 좀 더 쉽게 풀어서 책을 한 권 써 달라는 어느 고등학생의 부탁을 받고 가능한 한 그렇게 하겠노라고 약속을 했던 적이 있다. 늦게나마 그 약속을 지킬 수 있어서 다행이다. 책을 쓰는 동안 가정 안에서 나의 의무를 면제해 주었을 뿐만 아니라 초고를 읽고 이런저런 문제를 지적해 주었던 아내 하주영 박사와, 언제나 그랬듯이 내가 최근 책을 낼 때마다 더 잘 읽히게 문장과 체제를 개선하라고 조언해 주었던 나의 친구 이건범 한글문화연대 대표에게 깊은 감사의 뜻을 전하고 싶다.

                         2021년 10월 어느 날 수원에서

차례

책머리에 ············ 5

여는 글: 그런 게 공정이라고? ············ 13

    우리들의 일그러진 공정 ············ 15
    '조국 사태'와 능력주의적 분노 ············ 20
    왜 그리고 어떤 공정인가? ············ 28
    청년은 죄가 없다 ············ 31
    우리는 어떻게 능력주의의 덫에서 빠져나올 수 있을까 ··· 34

제1부 능력주의란 무엇인가?

제1장. 능력주의의 발흥 ············ 45

    능력주의의 발흥 ············ 49
    매력적인, 너무나 매력적인 ············ 56
    치명적인, 너무나 치명적인 ············ 60
    민주적 평등주의? ············ 64

제2장. 능력주의의 치명적 매력 ············ 67

    공정과 정의 ············ 70
    능력주의와 분배정의 ············ 74
    평등원칙과 기여원칙 ············ 78
    능력주의라는 인정의 질서 ············ 82
    능력주의와 현대 민주정치 ············ 86

제2부 능력주의로 읽는 한국 사회의 해부학

제3장. 유교적 능력주의의 유산 ············ 95

유교적 공화주의와 능력주의의 동아시아적 기원 ······ 98
유교적 근대성 ············ 103
한국 민주주의의 발전과 능력주의 ············ 110
'현대의 군자'와 한국적 시민의 탄생 ············ 117
한국의 보수적 자유주의와 능력주의적 민주주의의 한계 ··· 123

제4장. 능력주의: 배반의 이데올로기 ············ 131

능력주의는 정말 공정한가 ············ 134
은폐된 세습 ············ 138
불평등의 정당화: 능력주의의 요점 ············ 143
수백 년 동안의 지랄 ············ 148
반(反)-시민교육 ············ 153
과두특권독점체제 ············ 157

제5장. 정치적 능력주의의 도전 ············ 163

현능정치? ············ 166
능력주의적 '지배' ············ 172
새로운 과두정과 포퓰리즘의 발흥 ············ 180
민주공화국이 위험하다 ············ 186
한국의 정치적 능력주의 ············ 190

제3부 능력주의를 넘어

제6장. 민주적 평등주의 ………… 201

공정으로서의 정의 ………… 204
공동선을 위한 능력의 사용 ………… 210
다원적 능력주의 ………… 216
민주주의적 정의 ………… 221

제7장. 존엄의 정치 ………… 229

존엄의 정치 ………… 233
보상의 격차 줄이기 ………… 238
노동의 가치에 대한 재평가 ………… 245
좌파 포퓰리즘? ………… 248
평민적 민주주의! ………… 256

닫는 글 : '오징어게임' 빠져 나오기 ………… 271

주석 ………… 282

여는 글.

그런 게 공정이라고?

최근 우리 사회에서는 아주 다양한 차원에서 '공정'이라는 가치가 화두가 되고 있다. 여기서도 "공정", 저기서도 "공정" 하는 소리가 들린다. 그런데 가만히 듣고 있다 보면 고개가 갸우뚱거려진다. 그런 게 공정이라고? 이상하게도 정의를 외치고 공정을 부르짖는데, 어딘가 덫에 걸린 느낌이 든다. 최근 우리 사회에서 일어났던 몇 가지 사건들을 떠올려 보자.

우리들의 일그러진 공정

최근에 일어났던 이른바 '인국공(인천국제공항공사) 사태'라는 걸 보자. 문재인 대통령은 당선 바로 다음 날 인천국제공항공사를 방문하여 보안검색요원, 셔틀버스 기사, 청소부 등으로 일하고 있는 많은 비정규직 노동자들을 정규직화하겠다는 공약을 했다. 그러나 실제로 이 구상이 실현되는 과정은 순탄치 않았는데, 놀랍게도 먼저 이 공사의 정규직 직원들이 그 정책에 크게 반발했다. 십수 년을 고용 불안정과 저임금 속에서 묵묵히 일해 왔던 비정규직 노동자들을 정규직으로 전환하겠다는데, 그것도 기존의 정규직 직원에게는 아무런 피해도 돌아가지 않는 방식을 택하겠다는데, 기존 정규직들이 "기회의 평등 YES, 결과의 평등 NO" 같은 사뭇 비장한 구호를 내세우며 조직적으로 반대하고 나선 것이다. 그런데 얼마 전 이 정규직화 작업이 마무리될 즈음, 이에 더해 공사 시험을 준비하는 이들을 중심으로 많은 청년이 그런 반대에 호응했다. 제대로 자격시험 같은 것도 치르지 않은 채 단지 얼마 동안 비정규직으로 일했다는 이유만으로, 흔히 '신의 직장'이라 불리는 '공사'의 정규직이 되도록 사회가 허락하는 게 공정하지 못하다는 것이었다. 비정규직에 대한 차별을 없애고 노동자들의 삶의 안정성을 보장하겠다는 정책이 불공정을 옹호하는 것이라니, 참으로 수수께끼 같은 일이 아닐 수 없다.

교육계에서도 비슷한 일이 벌어졌다. 유은혜 교육부총리는 국회의원 시절 '교육공무직법안'을 발의한 적이 있다. 이 법안의 핵심 취지는 교육공무직의 신설을 통해 우리나라 초중등학교에서 일하는 많은 비정규직 직원들을 정규직화하자는 것이었다. 그러나 이 법안이 발의되자마자 전교조와 교총 할 것 없이, 곧 교육계의 진보와 보수 모두 합심해서 학교에서 아무나 정규직이 되게 해서는 안 된다며 크게 반발했고, 결국 얼마 안 돼서 이 법안의 발의는 취소되고 말았다. 결국 '임용고사'에 합격한 교사만이 정규직이어야 한다는 게 교육계의 합의였던 모양이다. 그런데 당시 그렇게 반발했던 이들은 유은혜 부총리 임명 당시에도 청와대 게시판에 그 법안 발의 사실을 들먹이며 반대 청원을 올렸다. 불공정을 옹호했던 이는 교육부 장관으로 적절하지 않다는 게 이유였다. 이런 상황에서 지금도 기간제 교사나 다른 직원들의 정규직화나 처우 개선에 대한 논의는 크게 진척이 없는 모양이다. 왜 꼭 무슨 시험을 통과하고 자격증을 가진 이들만 정규직이 되어 안정적인 삶을 누릴 수 있어야 공정하다고 하는 것일까?

정부의 이른바 '공공 의대' 설립 계획에 반대하며 일어났던 청년 의사들 중심의 파업에서도 비슷한 문제 상황을 확인할 수 있다. 여기서도 공정이 문제였다. 결과적으로 의대 정원을 확대하는 정부의 '공공 의대' 설립 계획이라는 게 결국 실력도 모자라는 학생들을 시민단체의 추천 같은 절차를 통해 의대생이 되게 하려는 너무도 불공정한 조처라는 것이었다. 그러나 많은 시민의 비판을 받았던 이 파업에서 청년 의사들은, 의료의 공공성을 강조하는 건 결국 개인의 능력과 성취를 사회 전체가 부당하게 갈취하는 일이라는 식으로 '의료의 공공성'에 대한 부족한 이해를 드러냈을 뿐만 아니라, 역시 비뚤어진 특권 의식을 강하게 내비쳤다. '전교 1등'이었던 자신들은 그에 걸맞은 경제적 부와 사회적 특권을 누려야 마땅한데, 의대 증원 계획은 결국 그 뛰어난 능력을 가진 자신들의 생존 경쟁을 격화시킬지도 모른다고 말이다. 정부는 청년 의사들이 제일 크게 반발했던 선발방안은 사안의 핵심도 아니었고 확정되지도 않았다고 강조했지만, 파업은 멈추질 않았다. 이 파업 때문에 많은 이들이 적절한 치료를 받지 못했고, 몇몇은 생명을 잃기도 했다. 공정성을 기치로 내세운 그들의 명분은 과연 이 상황을 정당화할 수 있을까?

조금 멀리는 2018년 평창올림픽 때도 유사한 일들이 있었다. 당시 남북 당국자들은 새로운 평화 분위기 조성을 위해 아이스하키 남북단일팀을 구성키로 합의했다. 그런데 이 합의에 대해 특히 청년 층을 중심으로 반발이 일어서 많은 이들을 놀라게 했다. 청년 세대 일반이 '통일'에 대해 큰 관심을 두지 않는다는 건 잘 알려져 있었지만, 반발은 엉뚱하게도 '공정성'과 관련된 것이었다는 분석이 설득력이 있어 보인다. 듣자 하니, 단일팀을 만들어 북한 선수들과 함께 경기하게 되면 올림픽 출전을 위해 그동안 피땀 흘려 노력해 왔던 우리 남한 선수들 일부가 출전 기회를 박탈당할지도 모른다는 게 이유였다. 단일팀에 합류하는 북한 선수들은 그들 때문에 사실상 출전 기회가 제한될 남한 선수들에게는 권력이 '내리꽂은' 모종의 '낙하산' 같은 존재로 다가왔단다. 부당한 '무임승차'라는 이야기다. 그리고 그 때문에 올림픽 출전을 위해 열심히 연습해 왔던 많은 남한 선수들이 큰 피해를 보게 되었다는 거다. 개인의 자기실현이라는 관점에서 보면 충분히 이해할 수 있어 보이기는 한다. 그러나 그게 모든 국민의 안녕과 직결된 남북 간의 평화와 화합 같은 사회 전체의 공동선보다 그렇게 더 중요하고 우선적이라고 해야 할까?

그즈음 정부의 비트코인 규제 방침을 둘러싸고 일어났던 소동도 보자. 비트코인 거래의 투기적 성격 때문에 많은 부작용이 생길 것이 명백해서 정부가 규제하려 했더니, '흙수저' 출신 청년들이 이 '헬조선'에서 찾을 수 있는 거의 유일한 탈출구를 정부가 막아버린다고 난리였다. 이런 일은 최근 정부의 부동산 대출 규제 정책에 대한 청년 세대의 반발하고도 맥이 닿아 보인다. 이 반발의 핵심은 그 정책이 '영끌'이니 뭐니 하며 어떤 식으로라도 반드시 집을 마련하고 싶은 청년 세대의 기회를 틀어막는다는 데 있었다고 한다. 이런 일들도 모두 역시 공정성을 기치로 내건 도전인데, 조금 뒤틀린 욕망이라도 긍정하고 그것이 실현될 수 있는 최대한의 기회를 보장해 주는 게 공정이란다.

그밖에도 많은 소동이 있었다. 이른바 '금수저 전형'을 막지 못하는 로스쿨 제도를 폐지하고 개천에서 용이 나는 것을 보장할 수 있는 공정한 '사법시험' 제도를 부활해야 한다는 오랜 목소리들이 그렇고, 대학 입시에서 부유층 자녀들을 위해 악용되고 있는 '학생부종합전형' 중심의 수시 전형을 축소하고 객관적인 점수 차이를 확인할 수 있게 하는 '수학능력시험'의 비중을 더 크게 해야 한다는 대중의 여론도 같은 맥락에서 이해할 수 있다. 사시에 합격하기 위해서도 가족이 고액 학원비나 장기간의 생활비 지원 같은 걸 해 줘야 한다거나 오히려 수능 점수야말로 부모의 경제력에 의해 더 크게 좌우된다는 각종 연구가 있다는 데에 대해서는 눈감은 채, 그저 객관적으로 보이는 점수만이 공정하다는 우리 사회 성원들의 오랜 믿음은 이제 거의 신화의 경지에 오른 듯하다. 최근에는 모두에게 기회는 열어 놓되 정글 식으로 처절하게 싸우는 경쟁만이 유일하게 공정하다고 소리높이 외친 이준석이라는 청년 정치인이 보수적인 '국민의 힘'이라는 정당의 대표가 되면서 많은 청년의 공감을 얻는 일도 벌어졌다.

확실히 공정은 정말 중요한 사회적 가치다. 어떤 특권도 배제하고 모든 시민을 평등하게 대우해야만 한다는 이 공정의 요구는 민주주의 사회를 근본에서 떠받치고, 그 통합성과 안정성을 유지해 주는 토대라고 할 수 있다. 그래서 사람들은 어떤 정치적인 요구를 할 때면 곧잘 공정이라는 가치를 내세우곤 한다. 공정에 대한 요구가 강력한 정치적 정당성을 부여하기 때문이다. 문제는 어떤 공정이냐 하는 것인데, 안타깝게도 우리 사회에서는 이 공정의 요구가 경쟁의 승자들이 보상을 독점하게 하고 패자들이나 약자들은 차별하고 배제하는 불평등을 정당화하는 방향으로 나타나고 있다. 심각한 인권침해조차 무시한다. 혹시 우리가 무슨 함정에 빠진 건 아닐까?

'조국 사태'와 능력주의적 분노

우리 사회의 공정과 관련된 소동에서 아무래도 가장 충격이 크고 정치적으로도 영향이 컸던 일은 이른바 '조국 사태'가 아닌가 싶다. 어떻게 보면 아직도 끝나지 않은 일이고 이제는 그 과정을 복기하는 일조차 물릴 정도가 되었지만, 살짝 만이라도 돌이켜 보자. 이 사태는 처음에 조국 법무부 장관 후보자 딸의 대학 입시 과정을 두고 제기된 특혜와 부정 의혹에서 비롯되었다. '외고'라는 엘리트 고등학교에 다니던 후보자 딸이 부모들의 품앗이 도움을 받아 명문대 입학을 위한 이른바 '스펙 관리'를 했으며, 그밖에도 표창장이니 인턴 활동이니 장학금이니 하는 등 온갖 '엄마 찬스'와 '아빠 찬스'를 활용하여 의학전문대학원에 입학하고 의사가 될 기회를 얻게 되었다는 게 비판의 골자였다. 표창장이 특히 문젯거리였는데, 동양대 교수인 후보자 부인이 딸의 의전원 입시에 도움이 되고자 할 목적으로 표창장을 위조했다는 의혹이 제기되어, 심지어 검찰의 기소까지 이루어지고 또 법원의 유죄 판결이 내려졌더랬다. 진실이야 어쨌든 이 사건은 '진보' 전체는 물론 문재인 정부의 상징적 인물이 이른바 '내로남불'의 전형을 보여준 일로 각인되었고, 많은 국민, 특히 청년 세대의 공정성 감각을 건드리는 바람에 민주당과 문재인 정부를 위기에 빠뜨렸다고 평가된다.

  도대체 그 수를 가늠하기 힘들 정도로 쏟아져 나온 언론의 의혹 보도들, 모두 100여 차례 가까이 이루어졌다는 검찰의 압수 수색, 서울대와 고려대를 중심으로 시위까지 벌였던 청년 세대의 실망과 분노, 과도한 검찰 수사에 반발해 수십만 명이 모여 검찰개혁을 외쳤던 '서초동 집회', 그에 대한 반발 차원에서 일어났던 '광화문 집회'를 포함하여 이 사건의 평가를 둘러싸고 더욱 격렬해진 진영 갈등, 광의의 진보 진영 내부의 분열 등 이 사건은 그야말로 '핵폭탄'급 파장을 불러일으켰다. 그 사태를 주도했던 당시의 검찰총장은 그 덕분에 '형식적/절차적 공정'의 상징으로 떠올랐고, 나중에는 제1야당의 대통령 후보까지 되었다.

  이 사건은 사법적으로도 정치적으로도 아직 마무리되지 않았다. 제대로 된 마무리가 도대체 무엇을 의미하는지도 가늠하기 힘들다. 대법원 판결이 난다고 해도 아마 완전한 마무리는 아닐 것이다. 그래서 섣부르게 이 사건을 평가하고 재단할 생각은 없다. 그러나 이미 일어난 일들만 보더라도 이 사건은 가히 '역사적' 차원의 의미마저 가진다고 해야 한다. 이 사건을 통해 우리 사회의 온갖 문제들이 아주 극적인 방식으로 표출되었다. 특히 이 사건에는 역시 공정성이라는 가치가 그 핵심에 서 있다고 할 수 있는데, 다른 차원의 문제들은 내버려 두고 이 차원에서만 문제를 잠깐 보자.

 나는 개인적으로 이 사건이 그토록 커지게 된 일 자체가 단적으로 우리 사회에서 공정성 문제가 얼마나 중요하고 민감한지를 보여준다고 생각한다. 만약 이 사건이 자녀의 입시와 관련된 불공정 의혹에서 시작하지 않았다면, 이 사건은 그저 여느 장관 청문회 과정에서 불거졌던 이런저런 에피소드 정도에 머물렀을지도 모른다. 그러나 많은 국민들은 조국 전 장관 가족이 자녀의 입시나 학업과 관련해서 불공정한 일을 너무 많이 저질렀다고 믿었고, 그래서 분노했다. 비록 이명박 정부 당시 새로 도입된 입시제도 자체가 유도하고 조장했던 측면이 크고 당시에 많은 이들이 했던 관행의 측면도 커 보이지만, 그렇더라도 아무나 그런 식의 스펙 쌓기를 하기는 힘들었기에 그랬으리라.

 그 분노는 흔히 진보적 삶을 산다고 자처하면서도 사실은 자녀 문제와 관련해서는 일반적인 기득권층과 별반 다르지 않은 행태를 보인 위선에 대한 분노라고 이야기된다. 그러나 내 생각에 그 분노가 핵심에서 '기회의 평등(균등)'이라는, 우리 사회 성원들이 가장 중요하게 생각하는 원칙의 위반을 향하고 있었다는 사실이 중요하다. 만약 조국 전 장관의 그 '내로남불'에 대한 비판이 가령 재산

형성 과정과 관련한 것이었다면 사태는 달랐을지도 모른다. 그런 일은 우리 사회에서는 누구나 하는 일이라는 인식이 광범위하게 퍼져 있으니 말이다. 그러나 그 내로남불은 우리 국민이 너무도 중요시하는 원칙에 어긋나 보였기 때문에 경천동지할 정도의 '사태'가 되어버리지 않았는가 싶다. 그 원칙은 바로, 이 책이 앞으로 조금 자세하게 살펴보려 하는 '능력주의'(meritocracy)*와 밀접한 관련이 있다. 곧 명문대 입학은 세습이나 '부모 찬스' 같은 특권을 이용해서가 아니라 정당한 절차에 따라 능력을 입증해야 얻을 수 있는 보상이어야 공정한데, 조국 전 장관의 자녀들은 그러질 못했다는 게 핵심이다. 그래서 우리는 국민의 그러한 분노를 어떤 <u>**능력주의적 분노**</u>'라 할 수 있다.

일부 진보 진영 인사들이 조국 전 장관에 대해 토로하는 실망감과 배신감도 이런 맥락에서 이해할 수 있지 싶다. 아마도 그들이 분노했던 이유는 이렇게 정리해 볼 수 있지 않을까 한다. 그들이 볼 때, 우리 사회에서 가장 중요한 진보적 의제 중의 하나는 가족 같은 사회적 배경이 개인의 성공에 큰 영향을 끼치지 못하도록 복지국가적 장치들을 정비하는 일이고, 진보 진영의 정치가나 지식인도 당연히 그런 지향에 맞게 개인적 삶을 살아야 한다. 그러나 조

---

* 나는 지금껏 영어 단어 meritocracy에 대해 '능력주의'나 '실력주의' 같은 번역어를 쓰는 게 오해의 소지가 크다고 보고 '메리토크라시'라는 외래어를 고집해 왔지만, 능력주의라는 역어가 너무 일반화되어 있어 그냥 따르기로 한다. 이 말과 그 역어에 대해서는 제1장에서 자세히 설명할 것이다.

국 전 장관은 그러기는커녕 자녀의 성공을 위해 외려 사회적으로 우월한 자신의 입지를 노골적으로 사용했다. 진보를 자처해 왔던 조국 전 장관은 결국 우리 사회가 지향해야 할 진보적 가치와 부합하지 않는 정도를 넘어 비난 받아야 마땅한 은폐된 세습에 앞장섰을 뿐이다. 조국 전 장관은 공정하지 못한 삶을 살았으니 부도덕하고, 또 부도덕하니 진보의 적이 될 수밖에 없다는 것이었다.

어쨌든 그런 종류의 분노는 사실 박근혜 전 대통령 탄핵 빌미가 된 최순실 사건에서 그의 딸 정유라가 '부모 잘 만나 돈 많은 것도 능력'이라며 자신을 변명했던 데 대해 수많은 청년이 촛불을 들며 보였던 분노와 같은 종류인 것처럼 보인다. 어떤 의미에서 보면 그 분노는 당시 무너져 가고 있던 우리 민주주의를 지켜냈던 보루 같은 역할을 했다고 해야 한다. 이번 사태에서도 서울대와 고려대에서는 많은 학생이 '조국 반대' 시위를 열기도 했는데, 어쩌면 사실은 같은 맥락에서 이해해야 할지도 모른다. 정치적 진영과는 관계없이 두 사건 모두 우리 사회가 중요하게 생각하는 공정성의 가치에 어긋나는 세습 기제에 대한 거부와 관련이 있는 것처럼 보이고, 그런 면에서 청년들의 촛불은 일견 너무도 정당해 보인다.

하지만 큰 차이가 있다. 정유라 사건의 경우 명백한 증거가 있었고 전형적인 입시비리였으며 너무도 심각한 국정농단 사태와 연결되어 있었다. 그러나 조국 사태라는 건 검찰개혁을 기치로 내건 법무부 장관 지명을 두고 벌어진 사실과 증거에 기초하지 않은 언론의 단정적 보도가 출발점이었다. 거의 모든 언론이 조국 전 장관과 그의 가족들에 대해 천문학적인 양의 의혹을 제기했는데, 지금까지도 사실로 확인된 사안들은 많지 않다. 게다가 이 사태는 정상적인 언론의 권력 감시 과정에서 불거졌다기보다는, 기소권과 수사권을 독점하고서는 무소불위의 권력을 휘둘러 온 검찰에 대한 개혁을 사명으로 여긴 어떤 참여적 지식인에 대해 검찰이 바로 그 권력을 바탕으로 저항하는 차원에서 증폭되었음이 너무도 분명했다. 그리고 이 과정에서 검찰이 언론과 일정한 방식으로 유착되었다는 데 대한 합리적 의심이 꾸준히 제기되어 왔다. 우리는 이 차이를 놓치면 안 된다. 역시 나중에 좀 더 보겠지만, 검찰의 권력 남용이나 이런 저항은 우리 사회의 엘리트들이 능력주의적 문화의 배경 위에서 누리는 특권과 횡포라는 차원에서 이해해야 한다.

그러나 많은 이들의 그 능력주의적 분노는 그런 차이를 아주 사소한 것으로 만들었는데, 그만큼 그 분노가 우리 사회의 어떤 '아킬레스건'을 건드렸음을 웅변적으로 보여주는 건 아닌지 모르겠다. 아주 오랫동안 온 나라 사람들이 명문대 입학이나 자격증 따위에 매달려 살아오고 있는데, 정권의 핵심 인물이 그와 관련된 부정이나 특혜 의혹을 불러일으켰으니 말이다. 그러나 이런 일은 다른 한 편 조국 사태에 대한 우리 국민, 특히 청년들의 이런 **능력주의적 분노가 지닌 심각한 내적 한계**도 분명하게 드러내 준다.

많은 국민은 천문학적인 양의 부정적인 언론 보도에 압도된 채, 제기된 의혹들을 그저 단적으로 진실로 받아들이는 태도를 보였다. 검찰의 수사와 의심에 대해서도 꽤 신뢰하는 듯했다. 어쨌든 검찰은 사법적 기소를 했는데, 아무런 근거도 없이 무리하게 그러지는 않았을 거라 여겼지 싶다. 게다가 수많은 압수 수색은 사법부의 양해 아래 벌어진 일이었고, 일부이긴 해도 조국 전 장관 가족과 친인척의 불법 행위도 밝혀냈으니 더 그랬는지도 모르겠다. 외려 언론의 보도나 검찰의 수사 결과를 믿지 않은 사람들이야말로 특정 개인과 진영에 대한 비이성적이고 맹목적인 광신의 결과일 거라고 여겼다.

그러나 마치 무슨 마녀사냥처럼 진행된 그런 식의 언론 보도는 단지 그 양만으로도 이미 조국 전 장관 가족의 삶에 대한 예단을 끌어내기에 충분했다. 정제되지 않은 여론이 주도하는 인민재판식 단죄가 아닐 수 없다. 그런 일은 아주 심각하고 부당한 인권침해였고, 문명사회에서라면 사실은 극악한 범죄자에게조차 쉽게 허용되지 말아야 할 일이었다. 조국 가족이 모종의 은폐된 세습에 가담했다는 비판이 정당하다고 해도, 어떤 면에서는 우리 사회 전체가 이런저런 방식으로 가담하고 있다고 해야 할 그런 관행에 대한 비판이 특정 개인이나 가족에 대한 가혹한 도덕적 단죄로 표현되어도 좋은지 모르겠다. 게다가 한국의 검찰이 그동안 보여 온 수많은 자의적 권력 행사와 오도된 '정치질'의 숱한 사례도 잘 알려져 있었고, 조국 가족에 대한 '인디언 기우제'식 수사의 배경은 누구든 짐작할 만했다.

그런데도 우리 사회와 시민들은 왜 이런 일에 대해 그토록 무비판적이었을까? 언론이나 검찰이 우리 사회에서 가진 권위에 대한 신뢰 때문이었을까? 혹시 이런 일은 우리 사회 전체가 깊숙이 빠져 있는 공정에 대한 신념과 그 바탕의 능력주의가 그저 성공이나 경쟁에서의 승리 같은 목표에만 집착하고 그와 결부된 절차적이고 형식적인 공정의 가치만을 중시하기에 생겨나지는 않았을까?

서울대생들과 고려대생들의 조국 반대 시위도 보자. 앞서 이야기한 대로, 그런 시위가 나름대로 정당해 보이는 맥락을 부정할 수는 없다. 그러나 그 시위가 제대로 과녁을 겨누었다면 사실은 우리 사회에서 대학 입시 등과 관련하여 공정성의 외양을 갖추었지만 여전히 은폐된 방식으로 작동하고 있던 세습 기제 자체에 대한 비판으로 나아가야 하지 않았을까? 물론 아직 젊은 대학생들에 대한 이런 기대는 지나칠 수도 있다. 나중에 우리는 이 문제를 좀 더 근본적인 수준에서 따져 볼 것이다. 그렇지만 학생들의 시위는 어쩐지 심각한 사회적 불의에 대한 항의라기보다는, 혹시라도 자신들이 누려야 마땅하다고 여기는 명문대생이라는 특권의 정당성을 사회가 의심할까 봐, 서둘러 자기방어에 나선 결과일 뿐이라는 인상을 지울 수 없었다.

그들은 그저 이렇게 말했을 뿐이다. "우리는 조국의 딸처럼 부당한 방식을 동원해서 명문대에 입학한 것은 아니다!" 그러나 사실 노골적인 방식은 아니었더라도 명문대에 진학한 학생들 대부분도 부모의 인적 네트워크와 막대한 사교육 지원 같은 더 기댔음은 잘 알려진 사실이다. 그렇다면 시위에 참여한 학생들 자신들도 사실은 마찬가지로 어느 정도는 바로 그런 은폐된 세습의 수혜자들이었다고 해야 하지 않을까? 또 그런 만큼 그에 대해 최소한의 비판적 성찰이라도 보여주어야 하지 않았을까? 그리고 그 시위가 진정으로 정의를 위한 것이었다면, 검찰과 언론이 한 가족에게 자행한 무차별적 인권침해와 마녀사냥에는 왜 침묵했을까? 이런 사실은 결국 우리 사회 성원들이 보여주었던 능력주의적 분노와 그 바탕에 깔린 능력주의적 공정 관념이 지닌 근본적인 한계를 보여주는 것은 아닐까?

왜 그리고 어떤 공정인가?

돌이켜 보면, 우리 사회에서 공정은 새삼스러운 화두가 아니다. 멀리는 이명박 정부 때부터 공정사회론이 대두되기 시작했었다. 박근혜 정부 때도 최순실의 딸 정유라가 '부모 잘 만나는 것도 실력'이라는 식으로 주장한 데 대해 청년들이 능력주의적 관점에서 반발한 게 2016년 겨울 촛불집회의 동력이 되기도 했다. 그러나 문재인 정부 들어 특히 청년 세대를 중심으로 좀 더 본격적으로 공정에 대한 아주 날카로운 요구가 들끓고 있다. 앞서 살펴본 평창올림픽 아이스하키팀 단일화 시도에 대한 청년 세대의 반발에서부터 '이준석 신드롬'에 이르기까지 우리 청년 세대는 나름대로 일관되고 간절하게 공정성을 외쳐왔다. 내 생각에 이건 단순히 우연이 아니다.

청년 세대를 중심으로 한 이런 유의 '공정성의 도전'은 일단은 우리 사회가 성숙했다는 데 대한 지표라고 이해해야 한다. 시민들이 단순히 돈과 성장 따위에만 집착하지 않고 우리 사회가 시민들을 공정하게 대우하는 법과 제도 및 정책을 가졌는지를 묻는다는 것은, 단지 어느 정도 제대로 작동하는 민주주의 사회에서만 가능하다고 해야 한다. 물론 당연하게도 그 이면에는 우리 사회의 광범위한 불의와 불공정에 대한 민감한 비판의식이 깔려 있다. 우리 사회의 부당한 세습 기제를 조롱했던 이른바 '헬조선' 담론은 우리 청년들의 그런 비판의식을 잘 보여주었다. 그래서 청년 세대가 공정을 외치는 걸 단순히 무슨 사회적 착시 현상 탓으로만 돌려서는 안 된다.

물론 그렇다고 해서 우리 청년 세대의 공정성에 대한 저 일그러진 집착을 무턱대고 두둔할 수만은 없다. 얼마나 성공할지는 모르겠지만, 어떤 식으로든 대화가 필요해 보인다. 공정에 대한 이해가 말하자면 너무 외곬이다. 객관적 시험 점수에 대한 맹신이 크고, 승자독식을 너무도 당연시하며 사회적 연대의 가치를 외면한다. 명문대에 진학하고 취직 시험 따위에서 좋은 성과를 낸 이들의 사회적 배경 자체가 다른 경쟁자들과 비교할 수 없을 정도로 유리하게 작용하고 있다는 사정 같은 건 전혀 성찰하지 않고 있다. 우리는 어떤 경우에 제대로 된 공정을 이야기할 수 있을지 조금은 더 진지하고 깊게 따져보자고 제안하고 싶다.

나는 대략 십 년 전부터 우리 청년 세대 일반의 왜곡된 공정성에 대한 집착과 그로부터 비롯된 어떤 반시민적 태도가 이 세대가 어린 시절부터 몸에 익혀 온 능력주의 정의 패러다임의 어떤 병리적 발현과 관련이 있다고 보고 나름대로 분석하고 비판해 왔다. 이것은 능력 있는 사람들이 그렇지 못한 사람들보다 더 많은 부, 권력, 명예 등을 갖는 것이 올바르다고 보는 분배정의 패러다임이라 할 수 있는데, 이는 또한 무엇보다도 현대 사회의 교육을 이해하는 강력한 패러다임이기도 하다는 게 나의 출발점이었다.

능력주의는 서구 자본주의 사회가 그 불평등체제를 '능력과 노력에 따른 분배'의 결과라며 정당화하는 가운데 발전한 이데올로기다. 특히 영미권을 중심으로 서구에서 신자유주의 경향이 강화되면서 우리나라를 포함한 많은 사회를 심층적으로 지배하게 되었다고 평가된다. 지금 우리 사회에서 문제가 되는 것도 바로 이런 불평등을 정당화하는 이데올로기다. 그러나 우리 사회에서는, 나중에 좀 더 보겠지만, 오랫동안 원형적인 능력주의의 표현이었던 과거제를 운용한 유교 전통이라는 독자적 맥락도 크다. 그 때문에 우리 사회에서는 더 심각한 문제가 된다. 이 이데올로기의 핵심은, 간단하게 말해, 오늘날 우리가 목도하는 다양한 차원의 사회경제적 불평등은 혈연적 세습에 따른 것이 아니라 '학력'이나 '학벌' 또는 '시험 성적' 등으로 상징되는 '능력'에 따른 정당하고 공정한 경쟁의 결과인 만큼 정의롭다면서 경쟁의 패자나 사회적 약자에 대한 차별과 무시와 배제도 당연한 것으로 정당화하는 데 있다.

우리 청년 세대는 유교 전통에 더해 세계적으로도 이런 능력주의적 이데올로기가 강화되던 신자유주의 경향이 지배적으로 되었던 시대에, 어린 시절부터 오랜 시간 초경쟁적 교육을 받으며 성장했다. 그 결과 우리 사회는 지금 그 대가를 치르고 있는지도 모르겠다. 많은 엘리트 청년들이 그런 경쟁의 승자로서 사회적 특권을 누리는 것이 마땅하다고 여길 뿐만 아니라, 그렇지 못한 청년들조차 결국 자신들이 부모를 잘못 만나거나 노력을 덜 해서 암울한 삶의 전망을 갖게 되었다고 불평등을 자연스럽게 여기면서 능력주의적 신념을 내면화하고 있다. 그들은 지금 형식적인 기회균등의 원칙에 집착하면서 승자독식에 따른 심각한 결과의 불평등을 용인하자는 '<u>능력주의적 공정</u>'을 외치고 있다. 이러는 게 우리 사회가 소중히 가꾸어 온 사회적 연대와 민주주의를 어떻게 위협할지에 대한 아무런 비판적 성찰도 없이 말이다. 이런 안타까움이 내가 이 책을 쓰게 된 출발점이다.

청년은 죄가 없다

그러나 조심해야 한다. 문제를 단순히 우리 청년 세대의 부족한 성찰 탓으로만 돌리면 안 된다. 우리는 오늘날 우리 사회가 맞닥뜨리고 있는 공정성이라는 이름의 도전이 가진 진상을 제대로 이해할 수 있어야 한다. 진짜 문제는 우리 사회가 키워 온 청년들의 비뚤어진 공정 의식 같은 게 아니다. 우리 청년들이 공정의 이름으로 제기하는 도전의 배경에는 우리 사회가 만들어 놓은 보상 시스템이 있다. 그러니까 우리 사회는 시험 성적이나 학벌 또는 자격시험

등으로 사람들을 나누어 놓고는 그 결과에 따라 너무도 현저한 보상의 격차를 둔다. **능력주의는 단순히 이데올로기이기를 넘어 사람들을 능력에 따라 줄 세우고 그것을 기준으로 차등적인 대우를 받는 다양한 역할을 담당하도록 배치하는 사회 체제이기도 하다.** 이게 진짜 문제다. 이 문제는 나와 같은 부모 세대 또는 기성세대가 앞장서서 사회 전체가 해결해야 한다.

간단히 말해, 우리 사회는 대졸자와 비대졸자 그리고 이른바 명문대를 나온 사람과 그렇지 못한 사람 또는 자격증을 가진 사람과 못 가진 사람 따위를 구분해 놓고, 승자에게만 모든 혜택과 특권을 몰아주고 패자에게는 쓰라린 고통과 억압과 배제만 안겨주는 불평등체제를 가지고 있는데, 바로 이런 게 능력주의 체제다. 이 체제에서는 개인의 능력과 노력에 따라 보상이 주어진다고 이야기된다. 그러다 보니 모두가 무슨 희생을 치르더라도 승자가 되려 하고, 승패의 기준에 집착한다. 이때 그 기준은 최대한 객관적이고 투명해야 한다. 그리고 승자와 패자의 차이를 없애는 것은 패자의 부당한 무임승차를 조장하는 일에 불과하다.

그렇다면 우리가 가야 할 길은 이 불평등체제를 해체하고 승자독식의 원리를 따르는 보상 시스템을 혁파하는 것이다. 능력에 따른 개인의 성취를 승자 혼자만 독차지하도록 할 게 아니라 모두가 최소한의 품위 있는 인간적 삶을 살 수 있게끔 나누어 가질 수 있도록 해야 한다. 이런 근본적인 사회개혁이 없다면, 모두가 무슨 수단을 써서라도 승자가 되기 위해 악다구니를 쓸 수밖에 없는 정글 속의 생존 경쟁 상황을 해결할 수 없고 청년들이 절차나 규칙으로서의 공정성에 집착하는 일을 그만두라고 설득할 수도 없다.

그런데 이런 식으로 모두에게 돌아갈 보상의 몫을 정하는 문제에는 정해진 답이 없다. 나중에 좀 더 보겠지만, 사회 구성원들의 사회적 활동에 대한 물질적 보상의 정도를 무슨 기준으로 할지, 능력을 어떻게 평가할지, 그에 따른 사회적 기여의 정도와 차이를 얼마나 크게 할지 따위의 문제는 어떤 자명한 경제학적 문제도 아니고 무슨 도덕철학적 문제도 아니다. 그것은 기본적으로 '정치'의 문제다. 어떤 기준을 사용할지 또 그에 따른 보상의 차이를 얼마나 둘지 하는 문제들은 궁극적으로 다양한 사회집단이 자신들의 이해관계와 가치를 관철하려고 각축하는 이 정치의 차원에서 결정된다.

그러나 우리 정치는 그동안 사회를 이런 방향으로 변화하도록 제대로 이끌지 못했다. 특히 문재인 정부와 집권 민주당의 책임이 가볍지 않다. 문재인 정부는 "기회는 평등하고, 과정은 공정하며, 결과는 정의로울 것이다"라는 국정의 목표를 제시하고 불의를 해소한다며 "적폐청산"을 외쳤지만, 우리 사회가 얼마나 더 정의로워졌는지는 의심스럽다. 게다가 집권 세력은 이른바 '내로남불'의 양상을 드러낸다는 인상마저 주면서 그러한 방향의 개혁이 이루어질 거라는 신뢰를 주지 못했다. 물론 짧은 시간 안에 우리 사회의 모든 문제를 근본적으로 해결하는 것은 불가능할 것이고, 우리 사회 특권 세력의 반발과 저항 탓도 크다고 해야 한다. 그러나 그렇더라도 이 정부와 우리 정치 구조가 제기되는 문제들에 제대로 응답할 수 있는 역량을 갖추지 못했다는 점을 완전히 부정하기는 힘들어 보인다.

이에 우리 청년 세대는, 사회의 민주적인 개혁에 대한 전망보다는 능력주의적으로 정당화되는 기존의 사회경제적 불평등 체계를 불가피한 것으로 보면서, 그저 그 체계가 만들어 낸 피라미드의 상층부에 진입할 수 있는 사다리에 오를 수 있는 공정한 기회라도 달라고 외치고 있다. 그리고 청년들은 각자도생의 길을 선택한 것 같다. 어리석어서라기보다는 도무지 우리 정치에 기댈 수가 없어서 말이다. 우리 정치권, 특히 민주당을 비롯한 우리 사회의 진보 진영 전반의 근본적인 성찰이 필요한 지점이 아닐 수 없다. 내가 이 책을 쓰게 된 또 다른 동기다.

우리는 어떻게 능력주의의 덫에서 빠져나올 수 있을까

내가 볼 때, 특히 젊은 세대를 중심으로 한, 그러나 보수와 진보를 가리지 않는, 우리 사회 구성원들 전반의 공정성에 대한 저런 병리적 집착은 단순한 사회 현상이라기보다는 우리 사회 전체가 포획되어 있는 심각한 덫이다. 우리는 '일간베스트(일베)'라는 사이트에 모여 여성이나 진보 진영을 상대로 온갖 혐오의 언어를 늘어놓는 젊은 '넷 우익'에서부터 진보를 자처하는 노동조합원들이나 정치인들까지 능력주의적 사고방식과 언어에 사로잡혀 있는 모습을 곳곳에서 확인한다. 누구는 성공하고 출세한 이들이 누리는 화려한 보상이 당연하다고 찬양하면서 사회적 약자들의 무능을 비웃는다. 아니면 다들 능력과 노력에 따른 분배만이 정당하다고 강변하면서 경쟁에서 패배하면 인간다운 삶을 포기하는 게 마땅하단다. 어떤 이들은 역시 '형식적 공정'만이 참된 공정이라며 더 깊은 성찰의 문을 닫아 버린다. 덕분에 참으로 숨 막히는 사회가 되었다.

능력주의 이데올로기는 승자독식을 정당화하면서 경쟁에서 이긴 일부 엘리트 계층에게 특권과 엄청난 보상을 안겨주고 패자에게는 최소한의 인간적 삶의 기회도 주기를 거부하는 심각한 사회경제적 불평등체제를 정의롭다고 포장한다. 덕분에 승자는 자신의 성공이 오로지 자신의 능력과 노력 탓이라고 여기면서 자신이 특권과 높은 수준의 보상을 마땅히 누려도 좋은 자격이 있다고 믿으며 거들먹거린다. 반면 이런 인식틀에서 볼 때 사회적 약자들이 요구하는 재분배나 사회적 연대에 대한 요구 같은 건 사회에 대한 정당한 기여도 없이 몫만 챙기려 하는 모종의 무임승차에 대한 시도일 뿐이다. 마이클 샌델은 최근 우리나라에서 『공정하다는 착각』[1]이라는 제목으로 번역되어 나온 새 책에서 이런 상황을 적절하게도 '능력(자들)의 폭정/전횡(the tyranny of the merit)'이라 불렀다.

이런 능력자들의 전횡 때문에 우리 사회는 점점 더 '사람 사는 사회'로부터 멀어져만 가고 있는 듯이 보인다. 능력자들과 그렇지 못한 사람들, 대졸자와 비대졸자, 명문대 졸업자들과 지잡대 출신들, 정규직과 비정규직, 서울 사람들과 지방 사람들, 이런 식으로 계급이 나뉘고 사람들 사이에 적대와 분노가 켜켜이 쌓여만 가는 사회, 그러나 사실은 모두가 같은 욕망에 사로잡혀 문제의 참된 뿌리를 찾아내서 해법을 모색할 줄 모르고 있는 사회가 지금 우리가 사는 사회가 아닌가 한다. 그러면서 너무도 많은 사람이 생존의 위협에 시달리면서도 그게 모두 '자기 탓'일 뿐이라며 자기 모멸감에 사로잡힌 채 살아간다. 이런 사회가 얼마나 지속할 수 있을지 모르겠다.

이 덫은 무엇보다도 모든 시민의 평등한 존엄성을 실현하고 보장해야 할 우리 민주공화국을 근본적으로 뒤틀리게 할 것임이 틀림없다. 민주주의 사회가 무슨 완전한 이상향은 아니다. 민주주의가 잘 작동한다고 우리 사회의 모든 문제가 해결되는 것도 아니다. 그러나 민주주의는 모든 사람이 평등한 존엄성을 누리며 살아가는 데 필요한 최소한의 조건이다. 이 민주주의가 많이 배우고 전문성을 가졌기에 나랏일도 도맡는 게 당연하다면서 보통 사람들을 정치적으로 무시하고 배제하려는 이들에 의해 일그러지고 있다. 정치가 능력 있는 사람들의 전유물이 되고 있다. 너무 많은 사람을 '찌질이'로 만들고 '잉여'로 취급하면서 사회와 정치의 변방으로 내몰고 있다.

나는 이 책에서 우리 한국 사회가 빠져 있는 이 능력주의의 덫을 나름의 방식으로 드러내고, 우리가 어떻게 그 덫을 피하거나 빠져나올 수 있을지를 모색해 보고자 한다. 물론 문제의 뿌리는 깊고 해법은 단순하지 않다. 능력주의의 문제들은 한편으로는 우리 사회의 오랜 문화적 습속에 뿌리를 두고 있으며, 멀리 그리고 깊게는 어떤 인간학적 차원하고도 맞닿아 있다. 앞으로 나는 능력주의에 대한 지금까지 나의 공부와 고민을 정리해 보려는 이 책에서 그런 차원들에 대해서도 내 나름의 이해를 소개할 참이다. 그러나 나는 무엇보다도, 특히 나의 자식 세대이기도 한 청년 세대와 대화를 시도하면서, 지금 우리가 사는 한국 사회를 능력주의라는 핵심어를 통해 이런저런 방식으로 해부해 보려 한다. 교육병리와 사회경제적 불평등 문제와 함께 내가 '정치적 능력주의'라고 부르려 하는 문제도 살펴볼 것이다. 물론 그 해부는 치료를 목적으로 한 것이고, 나는 나름의 처방도 내려 볼 것이다.

우리나라에서도 이제 능력주의에 대한 다양한 논의들이 소개되었다. 마이클 샌델의 『공정하다는 착각』을 포함하여, 특히 미국에서 나온 책이 많이 번역되었다. 국내 저자들의 논의도 많이 나왔다. 나는 필요한 맥락에서 간간이 그런 책과 논의를 소개하기도 하겠지만, **아주 강하게 한국 사회라는 맥락을 염두에 두면서** 능력주의의 명암에 대해 살펴볼 것이다. 적어도 내가 검토한 바에 따르면, 이 능력주의에 대해서는 서구 학계에서도 아직 충분히 연구되고 검토되지 않은 것 같다. 다양한 시각이 있고, 비교적 최근의 현상이다 보니 서로 엇갈리는 분석들도 있다. 능력주의의 본성이나 대안에 대한 분명한 상도 충분히 공유되는 것처럼 보이지 않는다. **이 책은 서구의 여러 이론과 논의를 참조하면서도 주로 우리 사회의 경험을 기반으로 능력주의를 비판적으로 분석하고 나름의 대안도 제시하려 한다.** 능력주의 문제와 관련해서는 우리에게는 서구 사회들과는 다른 유교라는 문화적 뿌리의 영향도 크다. 그 덕분에 한국의 능력주의는 미국이나 영국과는 얼마간 다른 면모를 갖고 있으며, 어떤 면에서 한국 사회는 서구 사회들이 경험하지 못한 아주 극단적인 형태의 능력주의 사회다. 그런 만큼 어쩌면 우리가 능력주의에 대해 더 나은 분석과 이해를 제시할 수도 있다. 이 책이 그 과정에 조금이라도 기여할 수 있으면 좋겠다. 물론 능력주의에 대한 이런 접근은 결국 한국 사회의 많은 면모를 더 잘 이해할 수 있게 해주는 중요한 열쇠를 얻기 위함이기도 하다.

이 책은 크게 세 부분으로 이루어져 있다.

제1부에서는 능력주의가 무엇인지를 비교적 자세하게 다룬다. 제1장에서는 우선 능력주의라는 말을 처음 만들어내서 유포시킨 마이클 영의 공상 사회학 소설인 『능력주의의 발흥』을 간단하게 살펴보려 한다. 영은 이 소설에서 능력주의를 어떤 뜻으로 썼는지 또 그게 왜 심각한 문제가 된다고 본 것인지, 나아가 어떤 대안을 염두에 두고 있었는지에 대해 일차적인 수준의 논의를 해 볼 것이다. 많은 사람이 능력주의를 이야기하지만, 정작 능력주의라는 개념을 처음 유포시켰던 이 소설의 문제의식에 대해서는 별로 주목하지 않는 것 같아서다. 내가 볼 때 이 소설은 앞으로 우리가 가야할 길에 대한 중요한 길잡이 역할을 할 수 있다.

제2장에서는 본격적으로 능력주의를 다룬다. 여기서는 아리스토텔레스 이래 서구 사회에서 통용되어 온 분배정의의 개념에 비추어 능력주의가 구체적으로 어떤 내용과 함의를 가졌는지 살펴본

다. 이 장은 영의 소설에서든 우리의 일상에서든 왜 능력주의가 그토록 많은 이들에게 설득력 있게 되었는지 그 비밀을 드러내려 하는데, 특히 개혁주의적 좌파를 포함하여 현대 민주 정치를 이끄는 대부분의 정치 진영이, 서로 다른 방식으로이긴 해도, 능력주의를 그 정치적 신조의 중심에 두고 있다는 사정을 살필 것이다. 그만큼 능력주의의 힘이 강력하다는 점을 확인하게 될 것이다.

제2부에서는 특히 한국 사회를 중심에 놓고 이 능력주의의 문제들을 집중 조명한다. 제3장은 능력주의의 유교적 기원과 그 전통이 우리 사회에 남긴 유산에 대해 살펴본다. 능력주의라는 말은 서양에서 최근에 발명된 신조어이긴 하지만, 그 기본적인 사상과 지향은 이미 수천 년 전 중국에서 태동하여 동아시아 여러 사회에 뿌리를 내렸고 우리 사회도 그 영향을 받았다. 바로 이런 사정이 우리나라에서 특히 능력주의 문제가 심각하게 대두되는 배경이라 할 수 있는데, 이 장에서는 현대 한국 사회에서 급속한 경제발전은 물론 일정한 한계 안에서나마 민주주의가 성숙하게 된 배경에도 유교적 능력주의 전통의 영향이 작용하고 있음을 살핀다.

제4장은 능력주의의 이데올로기적 기만을 보여주면서, 우리 사회에서는 사실 능력주의적 이데올로기로는 정당화도기 힘든 '과두특권독점체제'가 능력주의의 이름으로 구축되어 왔음을 드러내려 한다. 여기서는 공정을 내건 능력주의의 요점이 사실은 불평등의 정당화에 있으며, 세습에 대한 거부가 능력주의를 매력적이게끔 만들었지만 능력주의를 기치로 내건 사회에서도 은폐된 방식으로

세습이 일어나고 있다는 데 초점을 둔다. 그리고 능력주의가 사회적으로 실현되기 위한 핵심 수단이라고 할 수 있는 교육 영역에서 어떤 병리를 만들어내는지 한국 사회를 중심으로 살펴보려 한다.

그런데 능력주의는 단순히 분배정의의 원리이기만 한 것은 아니다. 중국 전통에서 능력주의는 애초 정치적 차원에서 발전했는데, 제5장은 능력주의의 이런 정치적 차원을 살핀다. 물론 이때의 '정치적 능력주의'는 단순히 동아시적 전통하고만 관련된 것은 아니다. 우리는 이 장에서 능력주의가 지배하는 현대 자본주의 사회의 민주주의가 어떻게 소수 엘리트에 의한 새로운 종류의 '과두정'으로 전락해 가고 있는지, 그리고 무엇보다도 한국 사회에서 그런 경향은 어떤 모습으로 나타나고 있는지를 확인하게 될 것이다.

제3부의 마지막 두 장은 능력주의를 극복하기 위한 대안 모색을 담았다. 안타깝게도 능력주의는 우리가 쉽게 빠져나올 수 있는 덫이 아니다. 어떤 면에서 능력주의는 우리 사회의 성공과 번영을 이끈 문화적 동력이다. 깊은 사회적, 역사적 의미마저 있다. 그래서 단순히 버리자고 해서 버릴 수 있는 게 아니다. 능력주의가 어떻게 해서 그토록 많은 사람을 사로잡고 있는지부터 제대로 살펴야 한다. 그래야 문제를 제대로 드러낼 수 있다. 또 그래야 치유를 위한 대안적 길의 윤곽도 잘 그려볼 수 있을 것이다.

내가 '민주적 평등주의'라고 부르게 될 이 대안적 길은 많은 논의에서 대략적 지향만 그려질 뿐 자세하고 철학적 깊이도 보여주면서 제시되는 것처럼 보이지 않는다. 뚜렷한 정치적 방향 설정도 불분명하다. 그만큼 이 대안 진영은 제대로 자신의 전선을 충분히 명료화해서 능력주의에 맞서고 있지 못한 것 같다. 사실 아직도 명쾌하게 하나의 답을 설정할 수 있다기보다는 열린 상태에서 따져보아야 할 많은 문제가 있는 것처럼 보인다. 그리고 한국 사회가 처해 있는 문화적이거나 정치적인 특별한 상황은 문제를 더 복잡하게 만드는 것 같아 보인다. 우리 사회의 맥락에서도 힘을 발휘할 수 있는 이 민주적 평등주의에 대한 윤곽만이라도 분명히 할 수 있다면, 그리고 최소한의 수준에서나마 앞으로 우리가 가야 할 정치적 방향이라도 가늠할 수 있다면, 능력주의에 대한 우리의 싸움이 조금은 수월해질 것이다. 나는 앞으로 이 책에서 절대 가볍지 않을 이 싸움의 결과를 근거 없이 낙관하지도 않되 너무 비관하지만도 않으면서 그런 작업을 해 볼까 한다.

 제6장에서는 우선 이 민주적 평등주의라는 대안의 정치철학적 윤곽을 살펴본다. 롤스의 정의론에서 출발하여 제대로 된 공정성이 어떤 것이어야 하는지를 보여 줄 것이지만, 민주적 평등주의는 롤스의 관점을 절대화하기보다는 그의 통찰을 더 폭넓은 맥락에 위치 지우면서 대안적 지향을 다듬어 낼 수 있음을 보일 것이다. 또 능력주의를 극복하기 위해서는 내가 '다원적 능력주의'라고 부르려는 관점에서 새로운 '인정의 질서'를 모색하는 것이 필요하며, 나아가 모든 시민이 사회의 중요한 의사결정 과정에 평등하게 참여할 수 있는 '민주주의적 정의'를 확립할 수 있어야만 제대로 된 공정을 이야기할 수 있는 토대가 마련될 수 있음을 보일 것이다.

제7장은 이런 민주적 평등주의의 정치적 함의를 다룬다. 이 장은 민주적 평등주의의 정치가 서구에서나 우리나라에서나 지금까지의 흔한 개혁주의적 좌파들처럼 그저 실질적인 기회균등을 강조하면서 결국 능력주의의 틀에 구속되지 않으려면, 모든 시민의 평등한 존엄성의 확보에 초점을 둔 새로운 인정 질서를 추구하는 '존엄의 정치'가 되어야 한다는 데서 출발한다. 또 제5장에서 살펴보았던 정치적 능력주의의 도전에 어떻게 대응해야 하는지도 살핀다. 여기서는 일각에서 제기되고 있는 '좌파 포퓰리즘'의 방식이 아니라 민주공화국의 규범적 잠재력을 더 확대하려는 '민주적 공화주의'의 틀 안에서 '평민적 민주주의'를 확립하려는 노력이 절실하다고 보고, 몇 가지 그 중요한 정책적 지향들도 제시해 보려 한다.

제1부.
능력주의란 무엇인가?

제1장.
능력주의의 발흥

우선 능력주의가 도대체 무엇인지부터 분명히 해 두고 시작하자. 능력주의는 meritocracy라는 영어 단어의 번역어다. 이 meritocracy라는 영어 단어는 비교적 최근에 생긴 신조어다. 영국의 사회학자 마이클 영(Michael Young)이 1958년에 "The Rise of Meritocracy"(능력주의의 발흥)라는 일종의 공상 사회학 소설을 발표하면서 처음 쓰기 시작한 개념이다.* [2] 그런데 이 영어 단어는 따지고 보면 mereo이라는 라틴어 어원을 가진 merit(능력, 공적 등의 뜻을 지님)이라는 단어와 -kratia라는 그리스어가 어원인 -cracy(지배체제, 정체를 가리킴)라는 말을 조합한 것이어서 영어 단어로는 좀 어색하다. 가령 우리말에서 '사고틀' 할 때처럼 한자어와 순우리말을 합쳐 놓은 것처럼 말이다. 그러나 이 단어는 아마도 당시까지 적절한 개념이 없던 서구 사회의 어떤 사태 또는 양상에 대한 적절한 개념화라고 여겨졌는지 순식간에 학계에서는 물론 일상적으로도 통용되는 개념으로 자리를 잡은 듯하다. 어쨌든 직역을 하자면 '능력자들의 지배체제'쯤 되겠는데, 풀이하자면 능력이 있는 사람들이 사회의 방향을 좌지우지하는 사회적-정치적 지배체제를 의미한다.**

---

*   최근의 연구에 따르면, 별로 주목되지는 못했지만, 앨런 폭스(Alan Fox)라는 영국의 좌파 사회학자가 마이클 영의 소설보다 2년 먼저 유능한 엘리트들이 지배적 지위를 차지하는 사회를 나타내는 개념으로 이 말을 사용했다. 그의 초점은 엘리트들이 자신들의 재능에 대해 부당하게도 너무 많은 보상을 받는 사회적 상황을 비판하는 데 있었다.

**   나는 능력주의라는 역어가 적절하지 않다고 보고 오랫동안 '메리토크라시'

제1장. 능력주의의 발흥

그럼 누가 능력이 있는 사람인가? 마이클 영은 나름의 맥락에서 아이큐(I.Q)가 좋고 열심히 노력하는 사람이라고 규정했다. 여기서 아이큐는 오늘날의 맥락에서 보면 그냥 단순히 지능이라기보다는 높은 학력이나 전문성을 의미하는 것인데, 곧 능력 있는 사람은 고학력 전문직 엘리트라고 할 수 있다. 그러니까 능력주의는 이런 엘리트들이 지배하는 사회 및 정치체제를 가리킨다. 당장 의문이 든다. 그럼 엘리트들이 지배하지 않는 사회가 있나? 그러나 능력주의 사회의 엘리트 지배는 다른 지배체제와 약간의 차이가 있다. 서구의 전통 사회에서 '귀족'을 생각해 보라. 여기서 귀족은 말뜻만으로 보면 뛰어나고 고귀한 사람을 의미했으나, 귀족 대부분은 '세습'을 했다. 아버지가 귀족이면 자식도 귀족이었다. 능력주의 사회의 엘리트는 그렇지 않다. 아버지가 엘리트라도 자식은 아닐 수도 있고, 그 반대도 마찬가지다. 여기서는 혈통이 아니라 오로지 개인이 가진 능력에 따라 사람들의 사회적 지위가 결정된다.

확실히 이런 사회는 전통 신분제 사회보다 '정의롭다'고 여겨질 만하고, 바로 여기서 능력주의는 하나의 정의의 이상이 된다. 그러니까 이제 능력주의는 누구든지 능력이 있는 사람이 그렇지 못한 사람보다 더 많은 부와 권력과 명예 등을 가지는 바람직하고 정의

라는 외래어를 그냥 그대로 쓰거나 맥락에 따라 '능력지상주의'라는 역어를 써왔는데, 이제 너무 많은 이들이 능력주의라는 말을 쓰는 바람에 나도 할 수 없이 따르기로 했다. 보통 사람들(demos)이 지배하는 정치체제라는 뜻이니 '민주정' 정도로 번역해야 할 democracy를 민주주의라고 하는 것도 사실은 따지고 보면 오역이지만, 큰 문제 없이 사용하고 있지 않은가.

로운 사회의 이상을 의미하는 것으로 이해될 수 있다. 혈통이나 그 밖의 다른 사회적 배경 따위가 아니라 오로지 개인이 지닌 능력이 누군가 높은 사회적 지위에 오르거나 돈을 많이 벌거나 하는, 곧 '출세'하고 '성공'할 수 있는 기준이 되는 사회의 이상 말이다. 얼핏 보면, 정말 매력적이고, 실제로도 많은 사람이 그럴듯하게 여기는 사회의 이상이 아닐까?

능력주의의 발흥(The Rise of the Meritocracy)

이런 능력주의에 대해 본격적으로 이야기하기 전에, 우선 이 말을 처음으로 만들어 유통한 마이클 영의 책 『능력주의의 발흥』부터 살펴보자. 저자 자신도 나중에 여러 번 한탄했지만, 제법 많은 사람이 이 말을 처음 만들어 유포시켰던 책의 내용이나 저자의 문제의식은 들여다보지도 않고 능력주의에 대해 이러쿵저러쿵한다. 저자는 1994년에 펴낸 트랜색션(Transaction)이라는 출판사 판본[3]의 서문에서 이렇게 이 책의 주요 주장을 요약한다.

"만약 토지가 카스트를 창조한다면 기계는 계급을 생산하며, 이제 사람들은 출생에 따라 계급을 부여받지 않고 업적에 따라 할당받을 수 있다. 이런 일이 일어나는 한 사회적 불평등은 정당화될 수 있으며, 최소한 선거에 관련해서는 평등을 받아들인 민주주의 사회에서 너무 노골적인 모순을 피하기 위해서라도 이런 정당화가 거의 언제나 필요하다. 그렇지 않으면 권력을 행사하는 사람들은 자기 회의 때문에 무너지고, 권력 행사의 대상이 되는 사람들은 남들이 위세를 부릴 권리가 있다는 사실을 부정하기 때문에 분개하면서 뒤집어엎으려 한다." [4]

능력주의 개념의 핵심에는 이렇게 오늘날 우리가 사는 민주주의에 기초한 산업 사회에서 드러나고 있는 이런저런 불평등을 정당화한다는 초점이 들어 있다. 산업 사회는 '업적'(영어 merit의 역어로는 이게 가장 적절해 보인다)이라는 기준에 따른 계급화된 불평등을 낳는데, 그러한 불평등은 다른 기준이라면 몰라도 그 업적이라는 기준 때문에 충분히 정당화될 수 있다는 이야기다. 누구든 사회를 위해 많은 업적을 쌓은 사람에게 더 많은 보상을 해주겠다는 원리를 거부하기는 쉽지 않아 보이니 말이다. 뒤집어보면 여기에는 정치적 평등을 받아들인 민주주의 사회가 그 밖의 다른 기준으로 불평등을 산출해 낸다면 사회는 안정을 유지하기 힘들 것이라는 인식도 바탕에 깔려 있다.

물론 문제는 단순하지 않다. 마이클 영은 이 책에서 사실은 바로 그와 같은 능력주의 원리가 제대로 관철된 사회가 반드시 바람직하고 안정적인 사회가 되지는 않을 거라는 걸 보여주려 했다. 이 책은 일종의 공상 사회학 소설인데, 능력주의 원리가 철저하게 관철된 2034년 영국 사회를 풍자하고 있다. 이 해에 영국에서는 능력주의 원리에서 배제된 하층계급의 봉기가 일어나는데, 역사사회학자이자 능력주의 신봉자인 마이클 영이라는 소설 속 화자가 그 봉기가 일어나기까지 능력주의 원리가 어떻게 온 사회를 지배하게 되었는지 그 과정을 서술하는 게 기본 줄거리다.

소설 속 화자인 마이클 영이 볼 때 비교적 새로운 사회 조직 원리인 능력주의가 사회 전체를 장악하게 되는 과정은 너무도 합리적이고 불가피하다. 영국에서 귀족주의가 폐지된 건 이미 오래전 일이지만, 그 잔재나 폐해까지 쉽게 사라지지는 않았다. 오랫동안 귀족의 자제들은 자신들의 혈통을 무기로 이런저런 높은 사회적 지위를 차지하고서 무위도식하는 일을 멈추지 않았다. 많은 이들, 특히 사회주의자들은 '기회 균등'의 원리를 내세우며 그러한 세습체제에 도전했다. 그들이 보기에 혈통이 아니라 능력이 누군가의 성공의 기준이 되는 건 너무도 마땅한 일이었다. 그들은 '은수저'(우리식으로 표현하면 '금수저')를 입에 물고 태어난 사람이 아니라, 누구든 뛰어난 능력과 그에 따른 업적을 낸 이가 성공하는 사회를 만들고 싶었다. 그리고 그런 주장의 설득력은 너무도 압도적이어서, 불과 수십 년 만에 영국은 완전한 능력주의 사회가 된다. 영은 소설 속에서 어떻게 그런 일이 가능했는지를 추적한다.

그리고 그는 그렇게 완성된 능력주의 사회가 만들어 낸 꽤 역설적인 귀결도 보여준다. 소설에 따르면, '지능(I.Q.)+노력=능력'이 사회의 높은 지위를 위한 선발 원리가 되면서 그 사회주의자들이 추구했던 평등의 이상은 패배할 수밖에 없었다. 그 과정은 이렇다. 능력이라는 게 절대적 기준이 되다 보니, 수준별 교육, 우열반 수업 등이 일반화되는 건 시간문제일 뿐이다. 지능 검사와 능력 평가의 체계는 점점 더 합리화될 수밖에 없고, 그러다 보니 아주 어린 나이에 누군가의 미래 잠재력을 체계적으로 가려내는 일이 가능해졌다. 세계적 수준의 국가 경쟁력 확보와 생산성 향상이라는 지상과제 앞에서, 가령 사회주의자들이 주장하는 것처럼 평범한 아이들과 뛰어난 아이들을 섞어 놓은 '종합 학교' 같은 제도는 쓸데없는 자원 낭비에 불과하다는 게 사회적으로 수용되는 건 어렵지 않다. 산업계에서도 나이가 많다고 더 많은 보상을 받게끔 설계된 기존의 연공제가 불합리하게 받아들여질 수밖에 없고, 따라서 엄격한 업무 능력 평가를 통해 오로지 능력에 따른 보상체계가 관철되는 것 역시 필연적이다. 이런 식으로 교육은 점점 더 지능에 따라 기회가 차등적으로 분배되면서 공정해지고, 사회적 성공의 기회도 모든 이에게 그만큼 균등하게 제공될 수 있게 되었다. 그러나 바로 그런 만큼 사람들 사이의 평등은 하나의 '신화'가 되어버리고 만다.

영국은 1870년에 비로소 공무원을 시험으로 뽑는 능력주의 원리를 도입했다. 소설에 따르면, 1990년이 되면 이제 영국은 아이큐 125인 사람들이 사회의 상층 계급이 되는 능력주의 사회가 완성된다. 비록 이 사회에서도 지능 높은 이들의 자녀까지 언제나 지능이 우수한 건 아니라 편법을 통한 세습 시도같이 사소한 문제들이 생기긴 하지만, 능력의 원리가 완전하게 세상을 지배하는 일을 근본적으로 막지는 못한다. 어쨌든 이런 사회가 되면 엘리트 계급은 자신의 성공과 지위가 누구도 부정할 수 없는 자신의 지능과 노력 덕분임을 잘 알기에 스스로에 대해 커다란 자부심을 품고, 반면 몇 번씩 주어진 기회마다 능력이 부족함을 확인한 하층계급은 기회가 균등하지 못하게 주어져서가 아니라 **실제로 자신들이 열등해서 열등한 지위에 놓이게 되었음**을 솔직하게 인정하고 어떤 자존감도 내세우지도 못하고 그저 그 처지를 수용하게 된다.

드디어 사회주의는 역사의 뒤안길로 사라질 운명에 처한다. 그리고 새로운 귀족주의가 도래한다. 머리 좋은 엘리트들의 귀족주의 말이다. 민주주의도 쇠퇴할 수밖에 없다. 모든 게 능력으로 평가되고 능력 있는 이들이 전문적이고 합리적인 정치적 결정을 내리게 되면서, 머리 나쁜 사람들을 대변하는 노동당이 몰락할 뿐만 아니라 보통 사람들의 대표자들이 모인 하원도 영향력을 상실한다. 반면, 똑똑한 사람들로 선발된 상원이 정치적 주도권을 갖게 된다.

그러나 이렇게 능력주의 원리가 사회를 지배하게 되면서 새로운 종류의 사회 문제들도 등장할 수밖에 없게 된다. 새로운 능력주의 사회는 뛰어난 지능이 뒤늦게 확인되는 사람을 위해 성인들도 언제든 다시 지능 검사를 받을 수 있는 제도도 마련해 둔다. 그래야 능력이 없다고 판정을 받아 육체노동에 종사할 수밖에 없게 된 하층민들의 불만을 잠재울 수 있을 것이기 때문이다. 그러나 그런 제도가 이미 성인이 된 사람들에게 새로운 성공의 기회를 마련해 줄 수 없음은 명백하다. 왜냐하면 지능 검사와 능력 평가는 점점 더 완전해지고 과학화되어 머리가 좋은 데도 제대로 선발되지 못하는 사람은 거의 없어지기 때문이다. 게다가 완전한 능력주의 사회 초기 하층계급의 자녀 중 뛰어난 이들은 아주 어린 시절부터 엘리트로 선발되어 상향 이동하는 게 보장되었기 때문에, 갈수록 하층계급에는 진짜로 열등한 사람들만 남게 되고 자식 세대도 계급을 뛰어넘을 가능성이 줄어든다. 능력에 따른 완전한 계급사회가 도래하게 되는 것이다. 그렇지만 하층민들의 평등에 대한 급진적 열망도 동시에 싹틀 수밖에 없고, 이를 바탕으로 포퓰리즘 운동이 기승을 부리게 된다.

완전한 능력주의 사회에서 하층계급은 최소한의 자존감도 내세울 수 없게 될 뿐만 아니라 그 어떤 뛰어난 지도자도 갖출 수 없다. 그래서 노동운동 같은 데서도 엘리트층에서 지도자들이 충원될 수밖에 없다. 그들은 당연히 노동계급을 대변할 리 없다. 아, 물론 이런 사회에서는 그들에게 붙여지던 '노동자' 같은 경멸스러운 표현들은 사라지고 '기술자' 같은 고상한 명명이 대체하기는 한다. 그러나 그들의 열등한 처지 자체가 바뀌는 건 아니다. 소득균등화법이 통과되어 모두가 똑같은 임금을 받게 되지만, 엘리트들은 생산성 향상에 이바지했다면서 온갖 명분을 갖다 붙여 공식 소득 외에도 가외로 엄청난 소득을 벌어들인다.

이런 상황에서 먼저 여성들이 자각한다. 완전한 능력주의 사회에서도 출산과 육아라는 짐 때문에 여성들은 능력이 출중한 경우에서조차 사회의 분배 과정에서 소외될 수밖에 없다.* 이런 시스템에

---

* 오늘날의 관점에서 보면 마이클 영은 비록 여성의 역할을 긍정적으로 묘사

불만을 가진 많은 여성은 출산 파업도 하고 가사노동도 거부하는 등의 저항을 하다가 하층계급 일반의 포퓰리즘 운동과 결합하게 된다. 심지어는 그 운동의 지도적 역할까지 떠맡게 된다. 반면 보수 우파들은 그들대로 자신들의 특권적 지위를 세습하고 싶어 하면서 혼란은 가중된다. 엘리트들은 그동안 은밀하게 우생학적 결혼 등을 통해 자신들의 자식도 엘리트로 만들려 온갖 노력을 해 왔는데, 이제 아예 그런 은밀한 세습을 공공연한 세습으로 만들고 싶어 하게 된 것이다. 2034년의 혁명은 그 결과다. 하층계급이 그런 노골적 세습 시도에 맞서 반란을 일으킨 것이다.

이 혁명은 이미 2009년에 발표된 기술자당의 '첼시 선언(Chelsea Manifesto)'이 천명했던 계급 없는 사회의 이념을 좇았다. 이 선언의 핵심 이념은 기회균등에 새로운 의미를 부여하는 데 있다. 그 새로운 "기회균등이란 사회의 계층 사다리를 올라갈 기회가 아니라 모든 사람이 각자 타고난 덕과 재능, 인간 경험의 깊이와 아름다움을 감상할 수 있는 모든 능력, 삶의 잠재력을 '지능'에 상관없이 최대한 발전시킬 기회를 균등하게 만드는 일이다."[5] 단순히 산업적 생산 같은 데서 중요시되는 능력만이 아니라 "친절함과 용기, 상상력과 감수성, 공감과 아량" 같은 가치들도 존중되는 사회가 계급 없는 사회인데, 이 사회에서는 '과학자'만큼이나 '아버지로서 훌륭한 자질을 갖춘 경비원'이 존중받고, '상 받는 일에 비상한 기

하고는 있지만 사실은 지독한 가부장적 편견에 사로잡혀 있었다고 비판받을 것이다.

술이 있는 공무원'만큼이나 '장미 재배하는 데 비상한 솜씨를 지닌 트럭 운전사'도 대접을 받을 수 있다. 그리하여 이런 사회에서는 "모든 인간은 어떤 수치적 잣대로 비춰 봐 세상에서 출세할 기회가 아니라 풍요로운 삶을 이끌기 위해 자기만의 특별한 역량을 발전시킬 기회를 균등하게 누리게" 된다.[6]

물론 이 소설의 화자 마이클 영은 능력주의적 이상을 신봉하는 만큼 소설 속에서 저 첼시 선언의 이상을 조롱한다. 그리고 하층계급의 반란이 정치적으로 성공할 가능성도 별로 크지 않다고 보았다. 주로 머리 나쁜 사람들이 주도하는 그런 운동이 제대로 조직화를 이루고 효과적인 전략 같은 걸 수립하기 힘들 것이라 여겼던 거다. 그러나 그는, 아마도 그런 태도 때문이라고 저자는 암시만 하는데, 이 소설의 초고를 출판사에 넘긴 후 포퓰리스트들의 봉기 과정에서 살해되고 만다.

매력적인, 너무나 매력적인

이 저작은 기본적으로 풍자소설이다. 하지만 사회학 보고서 형식으로 쓰인 이 소설의 풍자성은 많은 독자에게 제대로 이해되지 못한 모양이다. 이 책이 묘사하는 미래 사회는 사실은 암울하기 짝이 없는 '디스토피아'다. 조지 오웰의 『1984』가 묘사하는 그런 세계 말이다. 그러나 그런 디스토피아가 많은 독자에 의해 때때로 완벽하게 합리화된 이상적 유토피아 사회인 것처럼 여겨졌고, 능력주의에 대한 저자의 비판적 문제의식이 제대로 전달되지 못했다고 한다. 저자는 영국식 풍자문학의 전통을 따라 소설을 쓰려고 했다는데, 이런 의도가 무시되거나 잘 포착되지 못한 탓인 듯하다.

그러나 내가 볼 때 그러한 사정은 이 책이 출간된 이후 미국을 비롯한 서구 선진 자본주의 사회가 구성원들의 열렬한 지지를 받으며 좀 더 철저한 능력주의 사회로 재조직되는 과정과 맞닿아 있지 않았나 싶다. 저자 마이클 영 자신의 기대와는 다르게, 많은 이들이 능력주의를 바람직한 것으로만 여겼고 소설도 능력주의 신봉자를 화자로 내세워 서술하고 있으니 그런 맥락에서 읽힐 법했다는 것이다. 이는 사실 능력주의 자체가 가진 엄청난, 보기에 따라서는 치명적인 매력을 웅변한다.

우선 이 소설이 대비시키고 있을 뿐만 아니라 실제의 역사 과정에서도 (개념이 없는 상태이긴 해도) 능력주의적 인식이 확산하게 된 배경을 이룬 귀족 지배를 생각해 보라. 세계 최초의 민주주의 국가라고 알려졌지만, 사실 영국에서는 전통적인 귀족 지배의 영향이 꽤 오래 지속되었다고 한다. 민주주의가 정착된 이후에도 이른바 '은수저를 물고 태어난 사람'이 권력이나 사회적 지위를 물려받아 으스대는 일이 쉽게 사라지지 않았고, 귀족 계층만이 다니는 사립학교들도 상당한 기간 유지되었다. 이런 상황에서 이런 귀족 지배를 거부하면서 누구든 능력만 있으면 출세하고 성공할 수 있어야 마땅하다는 생각은 너무도 자연스럽게 대중들에게 수용되고 확산할 수 있었을 것이다.

소설에서도 여러 번 등장하지만, '기회균등'의 이상은 '평등'을 지향하는 좌파들(사회주의자들)에게도 매력적일 수밖에 없다. 영국에서는 자본주의 체제의 근본적 전복을 지향했던 대륙의 마르크스주의자들과는 달리 자본주의 체제를 일단 긍정하면서 극단적 불평등체제를 순화시켜보려 했던 페이비언 사회주의자들이 많았는데, 특히 그들에게 이 능력주의의 호소력은 클 수밖에 없었다. 집이 가난해서 제대로 교육을 받아 능력을 계발할 기회를 얻지 못한 많은 노동자의 관점에서 볼 때, 교육이 누군가가 지닌 집안이라는 배경이 아니라 오로지 지적 능력(아이큐)이라는 기준에 따라 이루어져야 한다고 요구하는 능력주의의 이상은 아주 심층적인 호소력을 가질 수밖에 없다. 그들은 자신들이 열악한 처지에서 육체노동에 시달릴 수밖에 없는 게 반드시 자신들만의 잘못이라기보다 자신들의 능력을 계발할 기회를 제대로 제공받지 못했기 때문이라고 여길 수 있게 되기 때문이다.

그렇다면 노동자들이 추구해야 할 핵심적인 정치적 지향도 그런 기회를 제공하지 못한 불합리한 사회를 개혁하는 데 있음도 분명해진다. 그리하여 모두가 부모의 경제적 처지와 무관하게 양질의 교육을 받을 수 있도록 하는 것이 최고의 정치적 목표가 된다. 그런 목표가 실현되면, 꼭 자신들이 아니더라도 자식 세대가 그 혜택을 볼 수 있을 것이다. 적어도 그 자식 세대에서는 누구든 교육을 받을 수 있고, 재능만 있다면 고등교육도 받아 성공하고 출세할 수 있게 될 터이다. 얼마나 매력적인 사회인가?

1958년에 출간된 이 소설이 그 이후 영국 사회나 다른 자본주의 나라들에서 진행된 교육 제도와 사회의 발전 과정을 모두 정확하게 그려냈다고 말하기는 힘들지 모르겠다. 하지만 소설은 현대 자본주의 사회에서 교육이 어떤 원리의 압박 속에서 제도화될 수밖에 없는지를 정확하게 보여준다. 기초교육은 몰라도, 교육이라는 건 기본적으로 엄격하고 객관적인 평가, 곧 시험을 통해 그 우수성을 입증한 아동들을 선발하는 데 초점을 두어야 한다는 원리 말이다. 좌파들도 이런 원리를 부정하지 않을 텐데, 그래야만 불우한 가정환경을 지녔지만 뛰어난 재능을 가진 아이들도 성공할 수 있는 기회를 가질 수 있을 것이기 때문이다.

이런 능력주의 교육에 기초한 능력주의 사회의 이상도 매력적이다. 오직 능력에 따라 사회의 지위를 배분해야 한다는 그런 이상 말이다. 어떤 이는 회사를 이끄는 사장이지만, 그가 그 지위에 오른 것은 아버지의 재산을 물려받았기 때문일 수도 있다. 완전한 능력주의 사회에서라면 이런 일은 더 이상 불가능하다. 어떤 자리에 오르기까지 그에 필요한 업적을 쌓지 못했다면, 그리고 그 자리에 오른 이후라도 요구되는 능력 발휘를 하지 못한다면, 누구도 그 자리에 있을 수 없다. 꼭 세습이 아니더라도 단지 나이가 많다는 이유로 높은 지위에서 역량 있는 젊은이들에게 명령하고 지시하는 볼썽사나운 일도 더는 일어나지 않을 것이다.

한때 우리나라 학원가에서는 이른바 '치킨계급론'이라는 게 떠돈 적이 있다. 그에 따르면 1~3등급을 받는 학생은 나중에 어른이 되어 '치킨을 시키는 사람'이 되고, 4~6등급 학생들은 '치킨을 튀기는 사람'이 되며, 7~9등급 학생들은 '치킨을 배달하는 사람'이 된다. 웃자고 만들어낸 이야기겠지만, 능력주의 사회의 본질을 포착하고 있는 이 풍자는 어린 학생들에게 더 열심히 공부해야 한다는 압박을 주기에는 모자람이 없어 보인다. 어쨌거나 다른 집안 배경 따위보다는 얼마나 열심히 공부했느냐에 따라 미래의 사회적 지위가 결정된다는 건 누구에게든 참으로 '공정'해 보이는 일일 것이다. 이렇게 우리나라의 학생들은 공부에 대한 압박이 힘이 들긴 해도 그 원리만큼은 틀리지 않다고 여기며 또 그런 식의 분배야말로 공정하다고 여기며 자란 것이다. 이는 바로 소설이 그리고 있는 세상이기도 하다.

치명적인, 너무나 치명적인

그러나 역시 이 소설은 풍자소설로서 능력주의 사회에 대한 아주 근본적인 비판과 우려 또한 담고 있다. 이 책의 저자 마이클 영이 어떤 걱정을 했는지는 앞서 소설의 줄거리를 이야기하면서 소개했다. 핵심은 얼핏 평등주의적 이상을 좇는 가운데 완성될 것처럼 보이는 능력주의 체제가 결국은 머리 좋은 엘리트와 머리 나쁜 하층계급으로 나누어진 새로운 계급사회일 뿐일 거라는 데 있다. 그는 오랫동안 영국 노동당원으로서 활동했으며, 1945년 총선에서는 새로운 사회적 불평등의 경향을 비판하는 "미래를 직시하자(Let Us Face the Future)"라는 선언문을 작성하는 책임자로 활동하는 등 노동당의 승리를 이끄는 과정에서 꽤 중요한 역할도 했다. 이후 영국의 개방대학을 설립하는 데 함께하고 소비자 협회 운동 등을 통해 시민들의 혁신적인 사회 및 정치 참여를 모색하는 운동에 헌신했다고 한다. 그는 영국 노동당이 말하자면 조선소와 제철 공장 노동자들의 당에서 옥스퍼드와 케임브리지 출신 변호사들의 당으로 바뀌어 가는 모습에 불만이 많았다고 한다. 그는 당시 영국 좌파의 노선과 상황에 대한 우려를 이 공상 사회학 소설 속에 담아낸 것처럼 보인다.

  소설 출간 이후의 세계가 실제로 그 소설에서 설정했던 그대로의 방향으로 나아가지 않았음은 분명하다. 그러나 그런 예언적 서술이 틀렸다고 그가 소설 속에 담아냈던 걱정이 잘못되었다고 할 수는 없다. 가령 소설 속의 영국 사회는 좀 더 완전한 기회균등이 이루어져야 한다는 좌파들의 요구를 수용하여 좀 더 평등주의적이고 전면적인 방향으로 능력주의적 교육 체제를 완성하는 것으로 그려지지만, 실제로는 영국에서도 선별된 엘리트 교육이 완전히 사라지지는 않았다. 그러나 이런 현실은 마이클 영이 보여주고자 했던 능력주의적 교육 원리의 작동을 부정해서가 아니다. 오히려 그 반대다. 우리나라에서 평등주의적 교육에 대한 강한 사회적 압박에도 불구하고 '자사고'나 '특목고'가 계속 존속하고 있는 이유를 생각해 보라. 그 배경에는 어떻게든 공부 잘하는 아이들을 따로 뽑아 교육해야 미래 우리 사회가 필요로 하는 인재를 길러낼 수 있다는 식의 강력한 능력주의적 신념이 상당한 정도로 사회적으로 수용되고 있기 때문이 아닌가?

그는 적어도 본질적인 차원에서는 능력주의 원리가 철두철미 관철되는 게 우리가 사는 사회를 어떤 방식으로 바꾸어낼지 또 어떤 종류의 사회적 병리를 낳을지 제대로 짚었다. 나중에 좀 더 살펴보겠지만, 오늘날 우리는 많은 사회에서 능력에 따른 심각한 사회경제적 불평등과 그에 기초한 새로운 계급 분리 현상, 엘리트들의 오만함과 최소한의 자존감도 지킬 길이 없어 괴로워하는 하층민들, 능력을 세습하고자 하는 엘리트들의 교묘한 반칙, 겉모습만 남은 민주주의와 엘리트들의 정치적 독점 등과 같은 능력주의적 병리들을 목도하고 있는데, 소설은 이런 병리들의 경향을 적어도 징후적으로는 잘 포착했다고 해야 한다.

나아가 마이클 영은 소설에서 그런 종류의 병리들이 폭발하는 디스토피아적인 능력주의 사회를 만드는 데는 누구보다도 좌파 사회주의자들이 앞장서고 있다고 걱정했는데, 이 또한 현실이다. '제3의 길'을 외치며 꽤 오랫동안 영국을 통치했던 토니 블레어 영국 총리는 노동당의 중요 공약을 소개하면서 '첫째도 교육, 둘째도 교육, 셋째도 교육'이라고 할 정도로 교육을 중시한 걸로 유명한데, 그는 다른 한편 그 노동당의 지향이 계급 없는 사회에 대한 새로운 이상으로서 완전한 능력주의 사회를 건설하는 데 있다고 천명하기도 했다. 이에 마이클 영은 『가디언』지에 "능력주의를 집어치우라!"는 제목으로 블레어가 자신의 책도 읽어 보지 않고 능력주의를 치켜세운다고 항의성 기고를 했을 정도다. 그런 블레어는 미국을 완전한 능력주의 사회의 모델로 내세웠는데, 기회 있을 때마다 한국의 교육을 칭찬했던 미국의 오바마 대통령은 아주 다양한 방식으로 능력주의적 신념을 표했던 걸로 유명하다. 한국에서도 비슷한 지향을 가진 진보 인사들이 적지 않다. 이들을 모두 '좌파'나 '사회주의자'로 규정하는 데 대해서는 논란의 여지가 있겠지만 넓은 의미에서 '개혁주의적 좌파' 정도로 규정하는 데는 큰 문제가 없을 텐데, 이들은 실제로 능력주의 사회의 문제들을 충분히 인식하지 못하고 능력주의를 옹호하고 있는 것처럼 보인다.

앞에서 소설 내용을 소개하면서 잠시 설명한 대로, 이런 능력주의가 좌파에 대해 갖는 호소력은 분명하다. 능력주의는 혈통이나 사회적 배경이 아니라 오로지 개인의 능력과 노력이 보상받는 사회의 이상을 고취하니 말이다. 그러나 마이클 영은 계급 없는 사회에 대한 추구가 역설적으로 새로운, 어쩌면 더 불의한 계급사회를 낳을 수도 있음을 경고했다. 그리고 그에 대한 반발로 하층계급의 봉기가 불가피할 것임을 소설 속에서 그리고 있다. 오늘날 서구 선진 자본주의 사회들에서는 극우 포퓰리즘이 상당한 정도로 득세하고 있는데, 이 현상 역시 마이클 영의 탁월한 통찰을 보여준다고 해야 한다. 물론 이 현대 포퓰리즘은 많은 경우 배타적 민족주의나 인종주의와 결합하는 등 소설 속의 포퓰리즘 운동과는 성격이 매우 다르다. 그러나 이 포퓰리즘 운동 역시, 나중에 좀 더 보겠지만, 능력주의적 엘리트에 대한 반작용에서 출발하고 있다는 데 대해서는 많은 분석이 일치한다. 그동안 자신들과 같은 하층 노동자층을 대변한다고 여겼던 중도 좌파 정당들이 고학력-고소득 계층을 위한 정당으로 변신한 데 대한 하층계급의 배신감과 모욕감이 현대 포퓰리즘의 주요 동기라는 것이다.

소설 속의 '새로운 보수주의'가 엘리트의 세습을 공공연하게 옹호하고 나서는 모습도 놀랍다. 그런 '능력 세습'의 시도는 우리가 늘 목격하는 일이다. 물론 구체적인 방식은 조금 다르다. 오늘날 우리 사회 등에서 이루어지고 있는 능력 세습은 주로 상층 계급이 막대한 사교육비 지출 등을 통해 자녀들을 명문대에 입학시키려 하는 방식으로 이루어지고 있다. 반면 소설 속에서는, '아이큐'라는 선천적 기준을 중심으로 여러 상황이 설정되었기 때문이겠지만, 입양이나 유전자 조작 같은 방법이 모색된다. 그러나 이런 차이들에도 불구하고 마이클 영은 능력주의가 결코 제대로 된 세습체제의 반명제가 될 수 없으리라는 점을 제대로 통찰하고 있었던 것으로 보인다.

민주적 평등주의?

능력주의가 품고 있는 이와 같은 치명적 독을 깨달았다면, 이제 그 대안을 모색해야 한다. 비록 조롱하고 있지만, 소설 속 화자 마이클 영은 앞서 소개한 '첼시 선언'에서 그 대안이 무엇인지를 읽어냈다. 그 첼시 선언은 사람을 능력 있는 자와 그렇지 못한 자로 나누어 서로 다르게 대우하는 불평등이 근본적으로 '가치의 협소화'에 기초하고 있음을 지적한다.[7] 그러면서 "한 사람이 근본적인 면에서 다른 사람보다 우월할 수 있다는 주장을 부정"하고, "모든 사람이 각자 내면에 선(善)을 품고 있기 때문에 존중받아야 한다는 의미에서 인간의 평등을 추구한다." 모든 사람의 평등한 존엄성에 대한 인정, 바로 이것이 그 대안의 핵심이다.

그러한 인정은 사람들이 지닌 다양한 차이에 대한 적극적, 능동적 인정과 존중으로 표현된다. 그리하여 기회균등은 단순히 성공과 출세를 위한 기회의 개방이 아니라 모두가 지닌 저마다의 재능과 삶의 잠재력을 최대한으로 계발할 수 있는 기회를 얻을 수 있어야 한다는 요구로 재정식화된다. 아무리 특정한 능력이 모자라도 모두가 소중한 개인이다. 그런 만큼 "예술과 손재주도 과학과 기술만큼 중시돼야 한다."[8] 따라서 학교는 서로 다른 능력을 지닌 아이들을 섞어 놓고 무한한 차이를 존중하도록 가르쳐야 한다.

어쩌면 이런 방향의 이상 역시 그동안의 사회 발전 과정에서 어느 정도는 힘을 발휘하면서 능력주의의 더 완전한 관철에 일정하게 저항해 왔다고 해야 한다. 나는 이런 방향의 이상에 대해 '민주적 평등주의(democratic egalitarianism)'라는 이름을 붙일 수 있다고 여기는데, 현대 자본주의 사회는 이 민주적 평등주의와 능력주의 사이의 갈등과 대결 속에서 교육과 다양한 재화의 분배 질서를 만들어 왔다고 할 수 있을지 모르겠다. 한쪽에서는 강력한 호소력을 지닌 능력주의가 대중들을 사로잡고 있다. 단순히 부정적이지만은 않고, 오히려 그 치명적 매력 때문에 시간이 지날수록 더 강력한 세를 형성한다. 다른 쪽에서는 민주적 평등주의가 교육과 사회적 삶의 조직과 관련하여 다른 원리를 내세우며 그 능력주의에 맞서고 있다. 이 민주적 평등주의가 언제나 지고 있지만은 않지만, 지금까지는 많은 사회에서, 특히 우리 사회에서는 능력주의가 압도적인 우위를 보인다. 앞으로 나는 민주적 평등주의의 승리를 위해 그 우위에 이의를 제기하고 도전을 해볼 참이다

제2장.

능력주의의 치명적 매력

앞 장에서 살펴본 마이클 영의 소설에서는 사회 전체가 무슨 마법에라도 빠진 것처럼 능력주의를 내면화하고 또 그에 따라 사회의 제도나 시스템을 만들어 갔다. 아주 긴 시간이 걸리지도 않았다. 나중에 혁명이 일어나긴 하지만, 좌파를 포함하여 사회 성원 대부분은 능력주의에 거부감을 느끼지 않았을 뿐만 아니라 오히려 적극적으로 능력주의를 심화시키는 방향으로 사회를 바꾸어 갔다. 물론 소설 속 이야기이긴 하지만, 우리 현실도 별반 다르지 않아 보인다. 도대체 능력주의는 어떻게 그토록 사람들을 사로잡을 수 있는 것일까? 능력주의에는 어떤 매력이 있는가?

아마도 가장 단순한 답은 능력주의가 사람들이 자연스럽게 가진 어떤 원초적 정의감에 부합하기 때문이라는 것일 거다. 진화론[9]은 그런 정의감이 우리 인간이 진화하는 과정에서 어떤 본유적 성향으로 우리의 유전자에 각인되었다는 식으로 설명한다. 대략 이런 식으로 이해하면 될지 모르겠다. 가령 인간이 집단으로 사냥한 결과물을 어떻게 분배할 것인가의 문제에 부딪힌 상황을 생각해 보자. 여기서 '평등'과 '비례성'이라는 두 정의의 원칙이 문제 되는 상황을 이해하는 건 어렵지 않다. 모두 같이 사냥했으니 모두를 평등하게 대우해야 하는 것도 당연한 원칙이지만, 개별 사냥에서 특별히 더 많이 기여한 사람에게는 그만큼 좀 특별하게 우대를 해주는 것도 필요한 원칙이었을 것이다. 이때 기여를 많이 한 사람은 대개 육체적이거나 지적 능력이 뛰어난 사람이었을 터이고, 그런 사람에게 더 많은 보상을 해주는 것이 바람직하다는 인식은 아주 자연스럽게 형성되었을 것이다. 능력주의는 이 두 번째 원칙의 연장선상에서 이해될 수 있을 것이다.

지나치게 단순화된 설명일 수 있지만, 어쨌거나 이런 접근은 지금 우리의 문제와 관련해서 해 줄 수 있는 이야기가 별로 없다. 우리는 사람들이 자연스럽게 여기는 능력주의가 정확히 어떤 내용과 의미를 담고 있는지, 우리 사회에 어떤 문제를 낳는지 또 어떤 해결 방향이 있는지를 알고 싶어한다. 우리 인간은 단순히 유전자에 이끌리거나 규정되는 존재이기만 한 게 아니고, 이성적이고 성찰적인 존재이기도 하다. 당장 우리 사회에선 지금 많은 청년이 그런 능력주의적 지향에 기초한 공정 개념을 들고나와 이런저런 문제를 제기하고 있다. 우리는 이런 문제 제기를 두고 그건 우리 인간의 본성에 따른 것이니 그냥 내버려 두어도 좋다고는 아무도 말하지 못할 것이다.

공정과 정의

우선 공정이라는 개념이 정확히 어떤 뜻을 담고 있는지를 검토해 보는 일로 시작하자. 이 개념은 우리가 여러 가지 맥락에서 아주 자연스럽게 사용하고 있지만, 사실 그 뜻이 아주 분명하지는 않다. 국어사전을 보면 공정(公正)은 '공평하고 올바름'이라고 정의되어 있고, 다시 공평(公平)은 '<u>어느 쪽으로도 치우치지 않고 고름</u>'이라고 풀이되어 있다. 그러나 이런 사전적 정의만으로는 우리에게 큰 도움이 되지 않을 것 같다. 이 정의만으로 보면 공정이라는 개념은 공평이라는 개념에 올바름이라는 요소가 덧붙여진 개념인 듯하지만, 그 올바름이 정확히 무엇을 의미하는지는 불분명하다. 이 말은 서양어, 가령 영어에서 fairness를 번역한 말 같은데, 본래부터 우리말에서 사용되었을 수도 있다. 서양어에서는 공정과 공평의 구분 같은 게 없었으니 말이다. 그러나 그 본래의 우리말이 지금 서양어의 영향을 받은 용법과 같을지는 모르겠다. 어쨌든 우리는 그냥 공정 개념이 사전의 공평, 곧 '어느 쪽으로도 치우치지 않고 고름'이라는 뜻을 기본으로 갖고 있다는 데서 출발하기로 하자. 사실 이는 영어의 fairness라는 단어의 뜻에 거의 그대로 상응하는 것 같다.

문제는 '치우치지 않다'라거나 '고르다'라는 것, 그리고 사전의 공정 개념에 덧붙여진 '올바름'이라는 개념의 구체적 내용이다. 누구든 짐작하겠지만, 그 내용은 처음부터 정해져 있지 않고 상황과 맥락에 따라 다양하게 이해될 수 있을 터다. 어떤 경우에는 사람마다 그 내용을 이해하는 게 달라 다툴 수도 있겠다. 지금 우리 사회도 정파나 계층에 따라 이 공정 개념을 이해하는 방식이 달라 큰 사회적 갈등을 겪고 있다.

이 서로 다른 이해 방식은 물론 단순한 개념 이해의 차이에서 오는 것은 아니다. 그런 차이는 의식적이든 아니든 어떤 철학적 수준의 차이라고 해야 한다. 서구의 철학적 전통에서는 이와 관련된 문제는 '정의'라는 개념을 둘러싸고 진행되었다. 이 정의 개념은 대체로 공정 개념과 같은 뜻으로 쓰이지만, 조금은 더 복잡할 때도 있다. 이 개념을 우선 필요한 정도로만 잠깐 살펴보자. 물론 오랜 역사가 있고 그래서 아주 복잡할 수밖에 없는 이런 논의에서는 어차피 모두가 동의할 수 있는 한 가지 개념 정의 같은 게 있기가 쉽지 않다. 그러니 무슨 확고한 정답을 제시할 수는 없다. 다만 우리 논의가 개념 때문에 쓸데없이 복잡해지지 않을 정도로 신뢰할 수 있는 출발 지점 정도만 확인해 두자.

정의 개념은 다양한 맥락에서 사용된다. 가령 미국의 법무부는 Ministry of justice, 곧 '정의부'라 불리는데, 이 일반적인 정의 개념은 보통 법질서로 표현되는 한 사회의 바람직한 질서의 상태 또는 원리를 나타낸다. 이런 이해는 멀리 아리스토텔레스에게까지 거슬러 올라간다. 그는 이런 차원의 정의와 관련하여 "법을 어기는 사람은 부정의한 사람이고, 법을 지키는 사람은 정의로운 사람"이라고 했다. 서구 전통의 영향을 받아서인지 우리나라에서도 이런 식으로 정의 개념을 많이 쓴다. 우리나라 대법원 건물 앞에는 '정의의 여신상'이 있다. 물론 '공정한 판결'이나 '공정한 법 집행'이라고 할 때처럼, 이 맥락에서도 공정이라는 개념을 쓰기도 한다. 이때 공정은 법질서 전체보다는 조금 좁게 **절차적 차원**과 관련하여 사용된다고 할 수 있다.

그런데 우리가 오늘날 통상적으로 정의나 공정성을 이야기할 때 쓰는 정의 개념은 흔히 좁게 '분배정의(distributive justice)'라 부르는 개념이다. 앞에서 우리는 이 개념을 그냥 자명한 듯 사용해 왔는데, 아리스토텔레스는 이 정의를 '나누어 줄 몫이 있고 그것을 두 사람 이상의 사람들에게 분배할 때의 정의'로 이해했다. 아리스토텔레스에 따르면 "당사자들이 동등함에도 동등하지 않은 몫을, 혹은 동등하지 않은 사람들이 동등한 몫을 분배받아 갖게 되면, 바로 거기서 싸움과 불평이 생겨난다."[10] 지금 딱 우리 사회에서 일어나고 있는 일이다. 이런 상황이 생기지 않게 하는 것이 분배정의라 할 수 있겠다. 우리에게도 잘 알려진 『정의란 무엇인가』의 저자인 마이클 샌델에 따르면, 이런 차원의 정의의 문제란 기본적으로 "소득과 부, 의무와 권리, 권력과 기회, 공직과 영광 등을 어떻게 분배하는지 묻는 것"[11]이다. 그밖에 아리스토텔레스는 '시정적(보상적/처벌적) 정의(corrective justice)'라는 개념도 사용했는데, 이는 부당한 이득도 손해도 없는 상태를 가리키는 것으로, 가령 도둑질을 한 사람에게는 상응하는 벌을 주고 피해자에겐 보상을 할 때 사용할 수 있는 개념이다.

아리스토텔레스는 이 분배정의와 시정적 정의를 구체적인 사람들 사이의 관계 속에서 성립하는 정의라 했는데, 이때의 정의는 사회적 관계 속에서 생겨나는 좋은 것, 가치 있는 것, 이익, 부담 등과 관련하여 사람들이 합당한 몫, 마땅히 가져야 할 돗만 갖는 것이라 했다. 곧 합당한 몫보다 **더 많이 가지거나 더 적게 가지지 않고 꼭 자기가 가져야 마땅한 몫만 가지는 것이** 정의인데, 우리는 이런 상태를 또한 **공정하다**고 한다. 여기서 공정은 단순히 절차적 차원이 아니라 **분배의 결과**와 관련이 있다고 볼 수 있다. 물론 다른 맥락에서는 분배정의 차원에서도 절차적 공정을 얼마든지 이야기할 수 있겠지만 말이다.

이 공정함 또는 정의는 무차별적이거나 획일적인 평등을 의미하지 않는다. 아리스토텔레스가 분배적 정의의 원리로 제시한 것을 로마 시대의 법학자 울피아누스는 간결하게 '같은 것은 같게, 다른 것은 다르게!'라고 표현했다. 아리스토텔레스에 의하면 가치가 동일한 사람들에게는 동일한 몫을 분배하고, 그렇지 않은 사람들에게는 그 다름에 따라 분배해야 정의롭다. 곧 (가치에 비례하는) '비례적 평등'이 정의다. 수학의 비례식(예, 2:4 = 4:8)을 생각하면 비례적 평등이라는 개념을 쉽게 이해할 수 있다. 예를 들어 사람들이 모여 함께 펀드를 조성해 투자한 다음 수익을 투자분에 비례해서 나눈다면, 이런 것은 비례적 평등의 원칙에 따른 것이라 할 수 있다. 결국 아리스토텔레스가 바람직하게 생각한 분배적 정의는 무차별적 평등이 아니라, 가치나 기여에 따른 차등 분배, 곧 공직, 부, 권력 등을 각자의 기여도에 따라 다르게 분배하는 것이다. 이런 아리스토텔레스적 정의 개념 이해는 앞으로의 논의에서도 바탕이 될 것이다.

능력주의와 분배정의

아리스토텔레스 이래 서구에서 자리 잡은 이 '같은 것은 같게, 다른 것은 다르게'라는 정의의 원칙은 한 마디로 같은 사안은 같은 방식으로 다루고 서로 다른 사안은 그 다름에 맞게 처리해야 정의롭고 공정하다는 내용을 담고 있다. 가령 고속도로 휴게소에 화장실을 설계한다고 해 보자. 남성과 여성은 사람이라는 점에서는 같지만, 그 생리적 속성은 다르다. 그렇다면 남녀를 공정하게 대우하려면, 그냥 화장실 크기를 같게 할 것이 아니라 그 다름을 고려하여 여자화장실은 남자화장실보다 좀 더 크게 만들거나 최소한 개별 칸막이 화장실 개수가 훨씬 많게 설계해야 한다. 획일적인 평등한 대우가 공정성이나 정의는 아니다. 다름을 살펴서 그에 따라 다르게 대우해야 공정하고 정의롭다고 할 수 있다.

문제는 그 같고 다름의 준거가 위의 예에서처럼 늘 분명하지만은 않다는 사실이다. 같은 것은 같이 다루고 다른 것은 다르게 대한다는 원칙은 단지 형식적일 뿐이다. 무엇이 같고 무엇이 다른지가 분명해야 하는데, 그걸 정하는 일은 문제를 바라보는 가치척도에 의존하기 마련이다. 앞의 예와 관련해서 보더라도, 불과 얼마 전까지만 하더라도 남성과 여성을 동등하게 대우해야 한다는 원칙 자체가 성립하지 않는 사회가 많았다. 따라서 우리가 그런 가치척도를 제대로 따지지 않으면, 정의나 공정함에 대한 강조는 그 자체로는 아무런 의미가 없다고 할 수 있다.

성경(마태복음 20장 1절-16절)에 나오는 포도원 주인의 분배 방식을 생각해 보자. 성경은 이렇게 전한다.

"천국은 마치 품꾼을 얻어 포도원에 들여보내려고 이른 아침에 나간 집 주인과 같으니 그가 하루 한 데나리온씩 품꾼들과 약속하여 포도원에 들여보내고, 또 제삼시에 나가 보니 장터에 놀고 서 있는 사람들이 또 있는지라, 그들에게 이르되 '너희도 포도원에 들어가라 내가 너희에게 상당하게 주리라' 하니 그들이 가고, 제육시와 제구시에 또 나가 그와 같이 하고, 제십일시에도 나가 보니 서 있는 사람들이 또 있는지라 이르되 '너희는 어찌하여 종일토록 놀고 여기 서 있느냐' 이르되, '우리를 품꾼으로 쓰는 이가 없음이니이다' 이르되, '너희도 포도원에 들어가라' 하니라. 저물매 포도원 주인이 청지기에게 이르되 '품꾼들을 불러 나중 온 자로부터 시작하여 먼저 온 자까지 삯을 주라' 하니, 제십일시에 온 자들이 와서 한 데나리온씩을 받거늘 먼저 온 자들이 와서 더 받을 줄 알았더니 그들도 한 데나리온씩 받은지라, 받은 후 집 주인을 원망하여 이르되, '나중 온 이 사람들은 한 시간밖에 일하지 아니하였거늘 그들을 종일 수고하며 더위를 견딘 우리와 같게 하였나이다.' 주인이 그 중의 한 사람에게 대답하여 이르되 '친구여 내가 네게 잘못한 것이 없노라 네가 나와 한 데나리온의 약속을 하지 아니하였느냐. 네 것이나 가지고 가라. 나중 온 이 사람에게 너와 같이 주는 것이 내 뜻이니라. 내 것을 가지고 내 뜻대로 할 것이 아니냐, 내가 선하므로 네가 악하게 보느냐.' 이와 같이 나중 된 자로서 먼저 되고 먼저 된 자로서 나중 되리라."

여기서 주인은 **일찍부터 와서**(오늘날의 시간으로 하면 새벽 6시부터)

12시간이나 포도 수확 노동을 한 품꾼과 늦게 와서(저녁 5시부터) 1시간밖에 일하지 않은 품꾼에게 똑같은 삯을 주었다. 두 사람의 시간당 노동의 가치는 무려 12배나 차이가 난다. 그러나 주인은 그러한 분배가 공정하다고 주장한다. 이유가 아주 분명하지는 않지만, 보통 주인이 늦게 온 품꾼은 비록 한 시간밖에 일하지는 않았으나 그도 한 데나리온 정도는 받아야 충족시킬 수 있는 인간적 필요가 있다는 걸 인정했기 때문이라고 이해되는 것 같다. 그는 어쩌면 부양해야 할 식솔이 많고 그래서 그에 따른 필요가 클 수도 있는 것이다.

여기서 주인은 '일한 시간'이 아니라 늦게 온 품꾼의 '필요'를 준거로 삼았다. 그 품꾼도 **인간으로서 누구든 가지는 기본적 필요를 충족시켜야 인간으로서 존엄성을 지킬 수 있으리라**고 여겼으리라. 그러나 먼저 와서 일을 했던 품꾼들은 주인에게 일한 시간만큼 분배가 이루어져야 공정하다고 항의했다. 아마 오늘날에도 대부분의 사람들이 그렇게 따질 것이다. 능력주의는 바로 이런 품꾼들의 생각에 닿아 있다. **일한 시간에 따른 차등적 분배가 공정하다**는 거다. 이런 생각을 일반화해 보자.

논의의 단순화를 위해 오늘날 가장 중요한 정의의 문제인 자본주의적 시장 경제에서 물질적 재화의 분배에 초점을 둬 보자. 여기서 그 분배의 기준, 특히 사람들을 다르게 대우하는 기준은 어떤 것이어야 공정하다고 할 수 있을까? 사람들이 물질적 재화를 생산하여 시장을 통해 이윤을 남기는 통상적인 경우를 생각해 보자.

아마도 '경제적 이윤 창출에 대한 기여의 정도'가 그러한 기준으로 작용할 수 있을 것이다. 그리고 이때 가령 재화를 생산하는 기술을 제공했거나 시장에서 성공할 수 있는 상품을 기획하는 데 탁월한 '능력'을 발휘한 사람, 그리고 그러한 재화를 생산하거나 판매하는 데 열과 성을 다하여 '노력'한 사람이 그러한 기준에 부합한다고 평가될 수 있을 것이다. 만약 그러한 능력과 노력을 통해 기여를 할 수 있는 '기회'가 누구에게나 평등하게 주어진다는 점만 확보될 수 있으면(기회의 균등), 그러한 '능력과 노력에 따른 분배'는 더할 나위 없이 공정하고 정의롭다고 받아들여질 수 있을 것이다. 바로 이런 생각이 능력주의다.*

평등원칙과 기여원칙

여기서는 두 가지가 중요하다. 하나는 평등원칙이고 다른 하나는 기여원칙이라 할 만한 것이다. 능력주의는, 설사 어떤 진화론적 뿌리가 있다고 해도, 신분이 고착화된 사회에서는 발전하기 힘들 것

---

* 한국리서치의 「한국사회 공정성 인식 조사 보고서」(2018)는 능력주의적 기준(생산성)에 따른 보상과 노력과 과정에 따른 보상을 구분하면서 한국인들은 공정성을 이 노력과 과정의 차원에서 더 많이 찾는다고 발표한 적이 있는데, 나는 두 차원 모두를 능력주의적 틀 안에서 이해하는 게 맞다고 본다. 여기서 근본적인 것은 어떤 산출된 결과에 대한 '기여'인데, 능력이든 노력이든 그러한 기여에 대한 증거가 된다고 할 수 있다. 그러나 많은 이들은 얼핏 보기에 모호할 수도 있는 능력보다도 '일한 시간'이라는 객관적 수치로 확인할 수 있는 노력이 더 공정한 분배의 기준이라고 여긴다고 이해할 수 있을 것이다.

이다. 그것은 구성원들 사이의 일정한 평등을 전제한다. 그러나 그 평등은 말하자면 **정당한 차별을 인정하는 평등**이다. 적어도 그 이념상으로는 그렇다. 능력주의는 구성원들의 서로 다른 기여를 다르게 보상하려 한다. 같은 것은 같게, 다른 것은 다르게 말이다.

  능력주의는 근대적 평등 이념과 밀접하게 관련되어 있다. 능력주의는 명확한 분배의 유형이 확립되어 있었고 그 유형은 도전 불가능하고 신성불가침한 것으로 여겨졌던 신분제 사회를 부정할 때만 성립한다. 아니, 그런 신분제의 부정은 능력주의 개념의 정의 그 자체 안에 들어 있다고 할 수 있다. 이는, 나중에 자세히 살피겠지만, 많은 학자가 능력주의가 사회적으로 정착했던 송대 이후의 중국 사회나 조선을 무슨 봉건 사회나 단순한 전근대 사회로 보아서는 안 된다고 여기는 이유이기도 하다.

  그런데 능력주의의 배경이 되는 그 평등의 이념은 모든 차원에서 완전하고 절대적인 평등을 지향하는 건 아니었다.[12] 서구의 자본주의적 근대에 초점을 맞추어 보자. 자본주의 사회 일반의 경제적 불평등도 언제나 그 자체로 부당하고 잘못된 것으로 여겨지지는 않았다. 그런 불평등은 많이 가진 자가 제 몫 이상의 것을 가지고 적게 가진 자가 본래의 제 몫보다 적게 가질 경우에만 불공정하고 부정의한 것으로 이해되었다. 서구 근대 초기부터 마르크스주의자들을 비롯한 사회주의자들이 자본주의 사회의 불평등을 문제 삼았던 주된 이유도, 자본가 계급이 노동자 계급에 속해야 마땅한 것을 부당하게 '착취'한다는 데 있었다.

반면 존 로크(John Locke)는, 그런 비판자들과는 달리, 자본가의 재산은 본디 모든 사람의 공동 소유였던 자연에다 자신의 노동을 섞어 만들어 낸 산물에 기초하고 있는 만큼 정의롭고 정당하다고 주장했다. 이런 그의 소유론은 많은 비판과 반론에도 불구하고 오늘날에도 이른바 '자유지상주의(libertarianism)'를 내세운 로버트 노직(Robert Nozick)에 이르기까지 다양한 계승자들을 가지고 있다. 이런 로크식 소유론은 나름대로 강력한 설득력을 발휘할 수 있는 직관에 기초하고 있는데, 다름 아니라 '내가 노동을 함으로써 어떤 결과를 산출하는 데 기여를 했으니 그에 대해 보상을 받는 게 정당하다'는 것이다. 여기서 기여의 정도는 '정당한 자기 몫' 또는 '응분의 몫'이 어떤 것인지 그 한계를 명확히 해준다고 볼 수 있다. 우리는 이런 원칙을 '기여원칙'이라고 부를 수 있을 것이다.

이 기여원칙은 사람들이 사회경제적 재화의 생산에서 기여한 정도에 따라 사람들 사이에 주어지는 보상의 격차를 '공정하다'(fair)고 정당화하는 역할을 한다. 아리스토텔레스가 제시했던 분배적 정의 이해와도 아주 부합하게 '같은 것은 같게, 다른 것은 다르게' 분배하자는 것이니까 말이다. 한 마디로 많이 기여한 사람에게는 많이, 적게 기여한 사람에게는 적게, 보상을 해주자는 것이다. 반면 '무임승차'는 절대적인 불의다. 아무런 기여도 없이 결과만 누리려 하기 때문이다.

그런데 이때 기여를 평가할 때 단순한 참가나 노력뿐만 아니라 실제적인 성과를 낳는 능력(merit)에 초점을 두는 것도 자연스럽다.

어떤 목적을 달성하기 위해 여러 사람이 함께 노력한다고 해도, 각각의 사람이 지닌 능력의 차이로 인해 목적을 달성하고 성과를 내는 데 기여한 정도가 달라진다. 어떤 목적을 달성하는 데서는 경우에 따라 능력이 큰 사람, 가령 힘이 아주 세거나 두뇌가 아주 뛰어난 사람은 그렇지 못한 사람들에 비해 훨씬 더 결정적인 기여를 할 수도 있을 것이다. 그렇다면 그들에게는 그런 기여의 정도에 걸맞게 더 많은 보상을 해야 한다는 요구도 자연스럽게 제기될 수 있을 것이다.

예를 들어 어떤 병원이 의사, 간호사, 청소노동자 세 사람으로 운영된다고 해 보자.[13] 아마도 대부분은 그 병원의 수익을 세 사람 모두에게 똑같이 나누는 데 동의하지 않을 것이다. 상당한 격차를 두고 의사가 간호사나 청소노동자보다 훨씬 더 많은 수익을 가져가더라도 부당하다고 여기지는 않을 것이다. 왜냐하면 의사는 그 전문적인 능력으로 그 병원의 수익에 가장 결정적인 기여를 하는 사람이기 때문이다. 또 많은 이들은 간호사도 청소노동자보다는 그래도 조금 더 많은 보상을 받아야 한다고 여길 텐데, 간호사 역시 그 직업 활동을 위해서는 청소노동자보다는 더 큰 전문적 능력이 필요하고 또 그만큼 기여하는 몫이 크다고 여겨질 수 있기 때문이다. 반면 청소 노동은 대부분은 누구나 할 수 있는 일, 다시 말해 특별히 전문적인 능력이 필요 없는 일이라고 여겨지기에 청소노동자에게는 최소한의 수준에서만 보상이 주어져도 괜찮다고 볼 것이다.

물론 그런 기여나 능력의 정도를 산술적으로 정확하게 계량해 내는 일은 그다지 쉬운 일은 아닐 것이다. 많은 경우 매우 자의적일 수도 있다. 그렇지만 저 기여원칙에 대한 직관은 사회 성원들 사이에 수입이나 부가 불균등하게 배분되는 데에 매우 설득력 있는 정당화를 제공한다. 그건 결국 산출된 결과에 대한 기여의 정도에 따른 보상의 격차라면서 말이다. 그래서 오늘날 자본주의 사회에서 대부분의 사람은 아주 자연스럽게 '일한 만큼 벌고, 노력한 만큼 보상받으며, 업적에 따라 평가받아야 한다'고 믿고, 기여의 정도가 다른데도 모두에게 같은 보상을 준다면 공정하지 못하다고 본다. 능력주의는 이렇게 오늘날 자본주의 사회 대부분의 사람이 자연스럽게 내면화하고 있는 정의관의 표현이라고 할 수 있다. 이런 정의관은 매우 탄탄한 뿌리가 있는 것처럼 보인다.

능력주의라는 인정의 질서

이런 능력주의적 분배정의의 원리는 사회가 구성원들의 능력과 활동에 대해 부여하는 일정한 가치평가 또는 '인정'의 정도와 연결된다.[14] 오늘날 우리가 살고 있는 사회 질서는 사람들 사이의 평등한 관계를 표현하기도 하지만 또한 사람들을 구별하여 서로 다르게 대우하기도 한다. 누구든 일정한 연령 이상이면 투표권을 행사할 수 있지만, 누구든 똑같은 수입이나 사회적 명망 같은 것을 가지지는 못한다. **일반적으로 사회는 어떤 사람이 사회가 소중하게**

생각하는 속성이나 자질을 가졌다고 인정되거나 평가되면 그에 대해 많은 부나 권력이나 명예를 선사하고, 반대로 그렇지 못한 사람은 무시하고 낮은 대우를 한다. 전통 사회에서는 그런 평가와 인정이 혈통이나 출신 신분에 따라 이루어졌다. 자본주의와 함께 발전한 근대 이후의 사회에서는 한편으로는 모든 사람의 평등이 전제된 위에서도 어떤 사람의 사회에 대한 기여의 정도를 평가하여 서로 다르게 대우하는 질서가 형성되었는데, 우리는 이를 일정한 '인정의 질서'라고 할 수 있다. 능력주의도 이런 맥락에서 이해될 수 있다.

앞의 병원 예를 다시 보자. 우리는 많은 사람이 의사, 간호사, 청소노동자 사이에 생겨날 수 있는 비교적 큰 소득 격차를 정당하다고 볼 것이라고 했는데, 그것은 세 직군의 사람들이 행하는 기여의 정도를 어떻게 평가하고 인정하는가에 달려 있다고 할 수 있다. 또 다른 예로 비교적 최근까지 일반적으로 여성이 남성과 비교하여 경제적으로 열악한 상황에 처해 있었다는 사정을 보자. 그런 사정은 대부분의 인간 사회가 여성을 본질적으로 출산과 육아 및 남성에 대한 보조 같은 일에 종사하는 존재라며 비하하고, 가사노동을 포함한 여성의 노동과 활동의 경제적 가치를 인정하지 않았던 사정과 관련이 있다. 일반화하자면, 사람들의 활동에 대해 어느 정도 물질적 보상을 할지는 사회가 그 활동을 어떤 식으로 평가하고 그 가치를 어느 정도 인정하는지에 달려 있다.

사람들은 이런 방식으로 인정의 위계를 세우는 걸 아주 잘못되었다고 여기지는 않는다. 물론 근대 이후의 사회에서는 누구든 사회적 관계 속에서 다른 사람과 똑같은 존엄성을 지닌 존재로 대우받고 인정을 받아야 한다는 게 가장 기본적인 사회 조직의 원리가 되었다. 모두가 법 앞에서 똑같은 권리를 누리며 평등하게 존중되고 대우받아야 하며, 그런 의미에서 모든 사람은 평등한 존엄성을 지닌 존재로 인정되어야 한다는 게 민주주의의 이념과 함께 발전한 사회의 조직 원리다. 그러나 사람들은 또한 '누구나 다 다른' 존재로 자기만의 고유한 가치를 지녔다는 점에서도 인정받고 존중받기를 원하기 마련이다.

물론 민주주의가 확립된 사회에서 그러한 다름이 더 이상 혈통이나 신분이 될 수는 없다. 그러나 만약 사람들이 자신이 속한 사회에 서로 다른 방식으로 또 서로 다른 정도로 기여를 한다면, 그에 대해 서로 다르게 평가하고 인정을 하는 게 바람직하다고 여기는 것도 자연스럽다. 만약 사회가 사람들을 그런 기여와 무관하게 무조건 똑같이 대우하려 든다면, 오히려 사람들은 그런 게 잘못되었다고 여길지도 모른다. 환자의 치료를 목적으로 하는 병원에서 의사 말고 간호사나 청소부도 나름의 역할을 한다고 해서 세 직종에 속한 사람들이 무조건 똑같이 수익을 나누어 가져야 한다고 하면, 누구든 바람직하다거나 공정하다고 여기지는 않을 것이다. <u>**능력주의는 그 출발점에서 보면 이렇게 모두를 무조건 똑같이 대우하는 게 아니라 한 사회의 구성원들이 사회의 협동적 삶에 얼마나**</u>

기여했는가에 따라 그들을 서로 다르게 평가하는 사회적 인정의 원리를 담고 있다.

사람들이 모두 서로를 평등한 존재로 인정해야 한다는 원리가 확립된 근대 이후의 사회에서도 그런 식의 차등 대우는 불가피하다고 해야 한다. 모든 구성원 사이의 법적, 시민적 평등이 확보된 사회라 해도, 사람들이 지닌 능력과 그에 따른 사회적 기여가 그 정도에 비례해서 서로 다르게 인정되는 사회적 원리가 확립되어 정착되어야 사회 질서의 안정성이 확보되고 역동성이 발휘될 수 있을 것이기 때문이다. 특히 우리가 사회 전체를 일정한 목적을 가진 하나의 협동체 같은 걸로 이해할 수 있다면, 이런 방식의 차등 대우는 사회적 연대의 관계가 제대로 유지되기 위해서도 꼭 필요할 것이다. 모두를 무조건 똑같이 대우해서는, 아무도 열심히 일하지 않을 것이니 말이다. 앞서 살펴본 마태복음의 예처럼 1시간 일한 사람이나 12시간 일한 사람이나 똑같이 대우하는 일은 적어도 자본주의 사회에서는 일반적인 원칙으로 자리 잡기 힘들 것이다.

이런 식으로 문제를 이해하면, 우리는 능력주의가 어떻게 자본주의 사회 일반에서 아주 자연스럽게 작동하는 분배정의의 원칙이 되었는지를 더 잘 이해할 수 있을 것이다. 여기서 성립하는 정의 이념의 초점은 사회의 협동적 체계 속에서 각 개인이 발휘하는 고유한 재능이나 기여가 제대로 평가받을 수 있어야 한다는 데 있다. 곧 그 개인이 공동의 삶을 지속시키고 번영시키는 데 무언가 값어치 있는 역할이나 기여를 하는 소중한 존재임이 인정될 수 있어야 한다고 말이다. 물론 여기서 각 개인이 수행하는 사회적 기여의 정도는 사람마다 다 다를 수 있는데, 그렇다면 이를 무조건 똑같이 평가하는 것보다는 그 정도에 따라 다 다르게 평가하는 게 정의롭다고 이해될 수 있을 것이다. 여기서 무엇보다도 자본주의적 시장경제에서 이윤의 창출이나 생산성과 연결되는 능력은 그 기여의 정도를 다르게 하는 핵심적인 인자로 이해된다.

능력주의와 현대 민주정치

이제 우리는 능력주의가 어떻게 오늘날 대중들의 자연스러운 정의관으로 자리 잡을 수 있게 되었는지 잘 이해할 수 있게 되었다. 지금까지 설명한 바와 같은 배경 위에서 볼 때, 비록 이 개념은 마이클 영의 공상 사회학 소설에서 처음 소개되었지만, 적절한 개념이 없는 상태에서도 사실상의 능력주의적 지향이나 원칙은 이미 그 이전부터 서구 근대사회에 이런저런 방식으로 뿌리를 내려 오늘날까지 이어져 왔을 것이라고 쉽게 짐작할 수 있다. 왜냐하면 민주주의와 자본주의를 핵심으로 하는 서구의 근대성(modernity)은 그 자체로, 혈통 등에 따른 봉건적 특권이나 차별을 거부하고 모든 시민의 평등을 전제한 위에서, 개인들의 노력과 능력에 따른 기여의 정도에 따라 사회적 지위를 배분한다는 원리와 함께 발전했다고 볼 수 있기 때문이다. 어떤 의미에서 능력주의는 서구 근대성의 발전 논리가 품고 있던 내적 함축 그 자체라고도 할 수 있다.

이런 배경 위에서 능력주의는 서구의 민주정치에서도 확고한 지위를 차지한다. 우선, 서구 근대 이후의 자본주의 발전의 이데올로기적 토대였다고 할 수 있는 '고전적 자유주의'는 능력주의의 작동을 위한 가장 중요한 전제이자 그 중요한 함의 중의 하나인 '기회균등'이라는 가치 또는 원칙을 정치적 신조의 핵심에 두었다. 이 원칙이 중요한 것은, 기본적으로 '개인'이 능력주의가 강조하는 능력의 담지자일 수밖에 없으며, 거기서 개인의 능력은 그것과는 다른 차원의 신분이나 사회적 배경 요소들이 별다른 작용을 하지 않을 때 제대로 평가된다고 할 수 있기 때문이다. 그래서 고전적 자유주의는 그런 개인의 능력 발휘를 막는 계급, 종교, 지역, 인종, 성, 학력 등의 장벽을 제거하는 기회균등의 이상을 고취했고, 그러한 배경 위에서 '누구든 (가령 하층민 출신이라도/시골 출신이라도/여성이라도) 능력만 있다면 성공하는 게 보장되어야 한다'는 이념이 사회를 지배하게 되었다고 볼 수 있다. 물론 그런 이상의 완전한 실현까지는 시간이 많이 필요했지만 말이다.

이렇게 볼 때 **능력주의는 일정한 방식으로 민주주의 발전을 위한 초석으로 작동했음**이 틀림없다. 왜냐하면 능력주의는 타고난 신분이나 혈통, 계급 등과는 무관하게 어떤 사람이 사회가 이루고자 하는 특정한 목적(전형적으로 '생산')을 달성하는 데 얼마나 기여를 하고 어떤 능력을 발휘했는가에 따라 부나 권력 또는 명예를 할당한다는 원칙을 강조하고, 누구든 열심히 노력하고 자기계발을 게을리하지 않은 사람이 대접받는 사회의 이상을 고취해 왔기 때문이다. 그래서 이 능력주의는 서구의 근대 이후 민주주의 발전의 원동력 또는 '민주주의 사회의 토대'[15]라고 평가를 받기도 한다.

우리나라의 근대화 과정만 살펴보더라도, 나중에 좀 더 보겠지만, '누구든 열심히 일하면 성공할 수 있다'라거나 '개천에서 용이 나는 사회가 바람직하다' 따위의 대중적 신념들이 우리 사회 성원들을 적극적으로 자기계발을 위해 노력하는 근면한 자본주의적 주체가 되도록 이끌어 왔음을 어렵지 않게 확인할 수 있을 것이다. 정치적 차원에서도 능력주의를 위한 기회와 과정의 공정에 대한 시민들의 기대는 또한 우리 민주주의의 성숙 과정을 동반하기도 했다.[16] 무엇보다도 최순실의 딸 정유라가 '부모 잘 만난 것도 실력'이라며 자신이 누린 특혜를 정당화한 데 대한 대중들의 분노가 2016년의 촛불대집회의 원동력이 되었던 걸 떠올려 보라.

물론 이런 고전적-자유주의적 능력주의가 기본적으로 자본주의 사회가 낳는 사회경제적 불평등에 대한 손쉬운 정당화로 이어질 수 있음은 명백하다. 다시 말해 이런 **능력주의는 기여에 대한 정당한 보상이라는 명분을 내세우며 능력에 따라 생겨나는 아주 심각한 수준의 사회적 불평등을 정당화할 수 있다.** 기회만 평등하게 주어진다면, 그 결과의 격차가 아무리 크더라도 문제될 게 없다고 말이다. 가령 의사/변호사 같은 직업군과 막노동꾼/배달원 같은 직업군의 소득이나 사회적 지위의 격심한 격차는 기본적으로 두 직업군에 종사하는 이들이 지닌 지적 능력과 그에 따른 사회적 기여의 정도 차이로 정당화된다. 간단히 말해 아무나 의사/변호사가 될 수는 없지만, 막노동꾼/배달원은 누구나 할 수 있다는 것이다.

우리는 여기서 최근 신자유주의의 지배와 함께 능력주의가 아주 극단적인 모습으로 발현될 수 있는 배경을 짐작할 수 있다. 능력주의는 사회 성원들 사이의 심각한 사회경제적 불평등을 정당화할 뿐만 아니라 사회적 약자들의 처지가 기본적으로 '자기 탓', 곧 개개인이 지닌 능력의 부족과 자기계발의 실패에서 비롯한다는 인식을 갖게 한다. 이런 인식 위에서 보면, 사회 성원들에 대한 무조건적인 복지의 보장은 노력하지 않은 개인에 대한 부당한 보상이고 사회적 무임승차에 대한 잘못된 방조일 뿐이다. 능력주의에 따르면, 시민들은 교육이나 주거 및 의료, 장애인이나 노약자에 대한 돌봄과 같은 기본적 삶의 필요조차 원칙적으로 개인이 자신의 노력과 능력으로 해결해야만 한다. 이렇게 해서 **능력주의는 서구에서는 복지국가를 파괴하고 우리나라 같은 곳에서는 복지국가의 건설을 막는 데 동원될 수 있는 아주 강력한 이데올로기적 무기가 되었다.**

당연하게도 이와 같은 (신)자유주의적 능력주의의 부당한 사회적 귀결과 맹점은 비교적 쉽게 인식될 수 있고 또 그런 만큼 이를 극복하기 위한 대안적 지향도 강력하게 형성된다. 자유주의적 능력주의가 강조하는 기회균등의 이상은 기껏해야 '형식적'일 뿐이어서 충분히 공정하지 못하다는 게 초점이다. '누구에게든 기회가 공정하게 열려 있다'고는 하지만, 거기서는 경쟁 관계에 들어가는 사람들이 그 출발선에서 가족과 같은 사회적 배경 덕분에 갖게 되는 불평등한 조건이 제대로 조명되지 못한다는 것이다. 그리하여 좀 더 '실질적으로' 기회의 균등이 확보되려면, 경쟁의 출발선상 이전에 사람들 사이의 능력과 조건의 차이를 처음부터 결정지을 가능성이 큰 교육이나 상속, 가정환경 같은 사회적 배경의 차이도 어떤 식으로든 조정할 수 있어야 한다는 요구가 등장한다.

그냥 형식적인 기회균등만 강조하면, 예를 들어 같이 대학을 다니고 같은 졸업장을 따더라도 성공의 기회는 달라질 수 있다. 어떤 이는 부모의 경제적 지원 덕분에 등록금 걱정 없이 공부해서 좋은 학점을 따고 이를 기초로 좋은 직장에도 들어가 안정된 삶을 살 수 있지만, 누구는 비싼 등록금 때문에 시간제 일자리 등을 전전해야 해서 적절한 자기계발의 기회를 얻지 못하고 결국 사회적으로 낙오되는 일이 벌어질 수도 있는 것이다. 우리는 바로 이런 맥락에서 몇 년 전 우리 사회에서 일어났던 청년 세대의 '반값 등록금' 운동이나 대학등록금 무상화 운동의 정당화 논리를 이해할 수 있을 것이다. 이런 방식으로 이제 **좀 더 완전하고 실질적인 기회균등이 확보되는 전제 위에서만 능력에 따른 경쟁이 제대로 공정할 수 있다는 인식**이 등장하게 된다.

나아가 그런 전제가 확보되지 않은 상태에서 나타난 불평등한 경쟁의 결과 역시 매우 불공정하다고 보는 인식도 사회적 설득력을 얻게 된다. 그리하여 사회가 나서 경쟁의 패자나 사회적 약자들을 위해 어느 정도 결과를 보정해 주는 사후적 개입이 이루어져야 한다는 정치적 요구도 생겨난다. 누군가 제대로 능력을 갖추지 못했다는 게 반드시 그 자신만의 탓이 아니라면, 그도 기본적인 수준에서는 인간적인 삶의 가능성을 누릴 수 있게끔 사회가 배려할 수 있어야 한다는 것이다. 우리 사회에 만연한 비정규직의 정규직화에 대한 요구 같은 게 정당화될 수 있는 맥락이다.

아마도 우리는 이런 지향을, 자유주의적인 '**형식적 능력주의**(formal meritocracy)'에 대비해서, '**실질적 능력주의**(real meritocracy)'라고 규정할 수 있을 것이다. 역사적으로 보면 크게 보아 '개혁주의적 좌파'(사회적/진보적 자유주의나 사회민주주의)라고 할 수 있는 정치 세력의 기본 지향을 이런 차원에서 이해해 볼 수 있지 않을까 한다. 한 마디로 이런 좌파는, 자본주의적 시장 경제 자체를 부정하려 하지는 않았지만, 사회적 경쟁 관계의 공정성을 위협하는 시민들의 서로 다른 사회적 배경의 영향을 무력화하거나 중화시킬 수 있는 어떤 사회적 평등화 조치를 도입하려 했다. 비록 현실 정치 속에서 제대로 실현되지 못했고 최근 들어서는 이념적으로도 많이 후퇴했지만, 이 정치 세력이 그동안 추구했던 강력한 상속세 부과, 보편적인 무상교육, 주거나 의료와 관련된 다양한 복지 정책들도 이런 맥락에서 정당화되어 왔다.[17]

이런 지향은 자유주의적 능력주의 이데올로기의 형식성과 한계를 비판하지만, 어떤 의미에서는 **더 강하게 능력주의적인 이상을 추구하고 있다**고 해야 한다. **왜냐하면 여기서 요점은 능력주의 원리 자체를 부정하는 것이 아니라, 오히려 제대로 그 원리가 실현될**

수 있도록 사회적 조건을 갖추어야 한다는 데 있기 때문이다. 오늘날 세계 많은 나라가 양극화된 정치 현실에서 진보와 보수 또는 좌파와 우파가 특히 복지 정책을 둘러싸고 정치적 지향에서 극단적으로 대립하는 것처럼 보이지만, 이렇게 보면 사실 **두 진영은 능력주의의 서로 다른 버전을 추구하고 있을 따름**이라고 해야 한다. 그만큼 현대 정치에서 능력주의의 매력은 치명적이다.

이는 현실 정치에서 보더라도 아주 잘 확인할 수 있다. 앞 장에서도 언급했지만, 토니 블레어 전 영국 수상은 영국 노동당의 정치적 지향을 능력주의로 제시했다가, 그 개념의 고안자이자 영국 노동당의 원로 정치인이기도 했던 마이클 영으로부터 "능력주의를 집어치우라!"는 강한 공격을 받았다. 기회가 있을 때마다 한국 교육을 찬양했던 미국의 오바마 전 대통령 역시 아주 강한 능력주의의 신봉자였다는 지적이 많다.[18] "기회는 평등할 것이고, 과정은 공정할 것이며, 결과는 정의로울 것이다"는 문재인 대통령의 취임사의 유명한 한 구절도 능력주의적 신념의 표현이 아닐지 의심하는 사람도 있다.

제2부.

능력주의로 읽는 한국 사회의 해부학

제3장.

유교적 능력주의의 유산

앞에서 설명한 대로 능력주의라는 개념은 마이클 영이 처음 만들었다. 그래서 우리는 이 능력주의가 아주 최근에야 생겨나서 문제가 되는 것으로 생각하기 쉽다. 그러나 개념만 없었지, 사람들이 능력주의적으로 생각하고 판단하는 일들은 진작부터 발전해 있었다고 해야 한다. 앞장에서 본 대로 서구에서는 근대 이후 자본주의와 민주주의가 발전하기 시작한 이래 신분이나 혈통의 의미가 약화하고 개개인이 지닌 역량과 업적의 가치가 더 중요시되는 일은 너무도 당연한 일이 되었다.

그런데 우리가 이 지점에서 놓치지 말아야 할 사실이 하나 있다. 서구적 근대 이전에 이미 중국과 중국의 영향을 받은 우리나라에서는 아주 오래전부터 그러한 능력주의적 이념을 발전시켰고 일정하게 그 이념에 따라 사회를 조직해 왔다. 물론 여기서도 개념은 없었다. 그러나 여기서는 **정치적 차원**에서 '유능하고 현명한 사람들이 통치해야 한다'는 확고한 능력주의적 원칙이 아주 오래전부터 자리 잡고 있었다.

이것은 사실 엄청난 의미를 갖는 일이다. 우리는 여기서 앞서 마이클 영의 소설을 통해 살펴보았던 능력주의의 치명적 매력이 특히 한국과 같은 동아시아 사회에서는 그저 단순한 수사의 수준을 넘어 깊은 문화적 뿌리를 내리고 있음을 확인할 수 있다. 말하자면 능력주의는 한국인들에겐 거의 하나의 '모유 이데올로기(mother milk ideology)' 같은 것이다. 그만큼 자연스럽고 또 그만큼 그것과

제3장. 유교적 능력주의의 유산

비판적 거리를 두기가 쉽지 않다. 또 그래서 이 동아시아적 기원을 갖는 능력주의는 오늘날 우리 한국 사회의 어떤 본질적 성격을 이해하기 위한 아주 중요한 열쇠이기도 하다. 조금 놀라울지도 모르겠지만, 무엇보다도 우리 민주주의는 이 유교적 능력주의 전통에 아주 많은 빚을 지고 있다. 그런 만큼 이를 조금 자세하게 살펴볼 가치가 있다.

유교적 공화주의와 능력주의의 동아시아적 기원

유교적 능력주의를 이해하기 위해서는 먼저 유교는 세습 군주가 지배하는 봉건 왕조의 지배 이데올로기일 뿐이라고 여기는 통념을 버려야 한다. 그런 우리의 통념과는 달리 유교는 본디 세습이 아니라 '선양(禪讓)', 그러니까 혈연과 무관하게 적임자에게 왕위를 양도하는 걸 원리로 하는 정치철학이었다. 유교가 이상적으로 묘사하는 고대 중국에서 요임금은 순임금에게, 또 순임금은 우임금에게 왕위를 물려주었다고 전해진다. 모두 자기 아들이 아니라 현명하다고 인정된 사람들에게 왕위와 나라를 물려 준 것이다. 서구에서 전해진 '공화주의(republicanism)'를 일단 단순하게 세습 왕정에 대한 거부와 연결시켜 이해할 때, 유교는 원초적인 수준에서 아주 강한 공화주의적인 지향을 가진 정치철학이었다고 할 수 있다.[19]

중국에서 능력주의의 발전은 세습 원리에 대한 부정적 인식에서 비롯된 것처럼 보이는데, 이런 인식은 역사적으로 아주 이른 시기부터 사회적으로 확립된 것처럼 보인다. 곧 나라의 최고 통치자는 단순히 좋은 혈통을 가진 누군가가 아니라 가장 어질고 현명한 사람이어야 마땅하다는 것이다. 유교적 이상사회의 비전이 담긴 '대동(大同)' 사회를 그려내고 있는 『예기(禮記)』 「예운(禮運)」 편에는 이를 '선현여능(選賢與能)'이라 했다. 곧 대동사회에서는 현명하고 능력 있는 자를 뽑아 통치를 맡긴다는 것이다. 이 원칙은 왕에게 적용될 뿐만 아니라, 그런 왕이 역시 현명한 신하들을 뽑아 함께 나라를 통치할 때 바람직한 사회가 만들어질 수 있다는 인식으로 확립되었다.

흥미롭게도 이 유교적 능력주의는 오늘날의 개념으로 말하자면 아주 강한 '공공성'을 띤다. 예기는 이렇게 말한다.

"대도(大道)가 행해지는 세계에서는 천하가 공평무사하게 된다(모두의 것이 된다). 어진 자를 등용하고 재주 있는 자가 정치에 참여해 신의를 가르치고 화목함을 이루기 때문에, 사람들은 자기 부모만을 친하지 않고 자기 아들만을 귀여워하지 않는다. 나이든 사람들이 그 삶을 편안히 마치고 젊은이들은 쓰여 지는 바가 있으며 어린이들은 안전하게 자라날 수 있고, 홀아비·과부·고아, 자식 없는 노인, 병든 자들이 모두 부양되며, 남자는 모두 일정한 직분이 있고 여자는 모두 시집갈 곳이 있도록 한다. 땅바닥에 떨어진 남의 재물을 반드시 자기가 가지려고 하지는 않는다. 사회적으로 책임져야 할 일들은 자기가 하려 하지만, 반드시 자기만이 할 수 있다고 생각하지는 않는다. 이 때문에 간사한 모의가 끊어져 일어나지 않고 도둑이나 폭력배들이 생기지 않는다. 그러므로 문을 열어놓고 닫지 않으니 이를 대동이라 한다."[20]

애초 이 대동사회의 이상에서 가장 기본적인 이념은 '**천하위공(天下爲公)**', 곧 '**온 세상이 모두의 것**'이라는 데 있다. 그러다 보니 세습 원리를 부정하는 그와 같은 능력주의는 일상적인 사회적 삶에서도 사람들이 오로지 자기 부모나 자식만을 챙기지 않게 하고 사회적 약자들을 포함하여 모든 세상 사람이 인간적인 삶을 누릴 수 있도록 배려하는 데로 나아간다. <u>**능력/재능이라는 게 어쩔 수 없이 개인과 결부될 수밖에 없다고 해도, 그것은 결코 개인의 사적 이익을 위해서만 사용되지는 않아야 하기 때문이라는 것이다**</u>. 여기서는 공동체 전체의 '공동선'에 대한 추구가 최고의 가치다. 나중에 보겠지만, 이런 유교적 능력주의는 오늘날의 능력주의에 대한 대안 마련에 중요한 실마리를 제공한다.

물론 현실에서는 동아시아 대부분의 전통 국가들에서 세습 왕조가 통치했다. 그러나 이 유교의 본원적 공화주의 지향은 동아시아의 군주정에 특별한 형식을 부여했다. 유교 전통도 현실적으로 대부분의 국가에서 강력한 군사력을 사용하여 권력을 장악한 왕이라는 최고 권력의 존재를 부정할 수는 없었다. 그리고 그러한 왕의 세습 욕망 자체도 인정할 수밖에 없었다. 그러나 유교적 능력주의 전통은 뛰어난 학식과 역량을 지녔다고 인정된 신하들이 그런 왕과 함께 통치해야 한다는 원리를 발전시켰다. 이는 무엇보다도 '과거 제도'를 도입하고 정착시키는 데로 나아갔다. 그리하여 동아시아의 정치체제는 일찍부터 순수한 군주정이라기보다는 하나의 '혼합정(the mixed constitution)'의 형태를 띠었다. 이를 유교 전통에서는 임금과 신하가 함께 통치하는 '군신공치(君臣共治)'라고 했다.[21]

혼합정이라는 개념은 왕정, 귀족정, 민주정의 요소들이 함께 섞여 있는 정체를 가리키는 개념으로, 고대 로마의 공화정이 그 전형이다. 그리스 출신으로 로마에서 활동했던 역사학자 폴리비오스(Polybios)는 고대 로마가 어떤 순수한 정체를 택하지 않고 혼합정으로서 공화정을 가지고 있었기 때문에 융성할 수 있었다면서 이 정체의 우수성을 강조했다. 우리가 오늘날 '공화국(공화정, republic)'이라고 하는 것은 원래 그런 혼합정을 의미했다. 어쨌든 이 로마 공화정에서는 왕은 없고, 세습적 귀족들이 '원로원'을 매개 삼아 '평민'들과 함께 권력을 나누어 가졌다. 그러나 중국에서는, 그리고 나중에는 조선에서도, 왕이 과거 시험을 통해 선발된 귀족들과 함께 나라를 다스리는 형태를 취했다. 이런 군신공치 체제도 하나의 혼합정이라 할 수 있을 것이다.

이 군신공치 체제는 왕의 존재와 위상을 인정하나 왕의 실권을 일정한 한계에 묶어 두고 견제하면서 사대부와 신하들이 국정운영을 실질적으로 함께 하는 통치체제라고 할 수 있다. 이때 이 사대부와 신하들은 '도(道)'라는 유교적 정의의 이념을 담은 '공론(公論)'의 형성을 통해 국왕의 권력을 견제하고 통제했다. 이 공론은 오늘날 자주 이야기되는 서구 공화주의적 개념으로는 '공동선'의 관점에서 정당화될 수 있는 정치적 견해라 할 수 있다. 왕은 통상적으로 혈통에 따른 세습을 거쳤기 때문에 자신의 통치가 정당하다고 주장했는데(이를 '치통(治統)'이라 한다), 사대부와 신하들은 유교적 정의의 이념에 대한 올바른 해석을 독점하며 계승해 온 역사적 권위, 곧 '도통(道統)'이 자신들에게 있음을 주장하며 왕에게 맞섰다.[22]

유교적 능력주의로 돌아오자. 앞서 말한 대로 그 능력주의가 현실적으로 구현된 것이 과거제도다. 이것은 멀리 중국의 수나라 때부터 도입된 것으로 알려져 있고, 당나라 때 정착되기 시작했다. 이 제도는 단순히 관료를 선발하는 제도만은 아니었다. 전면적으로 도입된 과거제도는 옛 유교적 동아시아 사회의 신분 질서를 규정했다. 그리고 그것은 유교적 동아시아 사회들에서는 귀족의 기준이 단순히 혈통과 세습이 아니었다는 것을 보여준다. 누구든 관료가 되려면 자신이 국가의 통치에 적합한 능력을 갖췄다는 걸 입증해야 했고, 그것은 일차적으로 얼마나 유교 경전에 정통한가로 판가름 났다. 그리하여 이 유교적 동아시아 사회들에서는 본래부터 귀족이 아니더라도, 그리고 왕과 무슨 혈족관계에 있지 않더라도, 누구든 과거 시험을 통해 탁월한 실력을 보이기만 한다면 벼슬을 얻어 출세할 수 있다는 원리가 자리를 잡았던 것이다. 서양에서 본디 '귀족'이라는 말은 '뛰어난 사람'을 의미했는데, 그런 귀족은 서양에서보다는 바로 이런 과거 시험을 통해 선발된 유교적 지식인들이었던 셈이다. 이 사실은 생각보다 아주 심대한 의미를 지닌다.

유교적 근대성

우리는 흔히 동아시아 전통 사회를 '봉건 사회'라고 규정하고 유교도 손쉽게 '봉건사상'이라고 평가하곤 한다. 그러나 사실 중국에서는 역사적으로 이미 진나라 때부터 실시되었다고 알려진 '군현제'에 의해 문자 그대로의 봉건제가 일찍부터 폐지되었던바, 서양에서처럼 봉건적 제후를 기초로 한 혈통적 신분제 자체가 존재할 기반이 없었다고 해야 한다.[23] 서구 역사의 잣대로 동아시아의 전통 사회들을 이해하면 안 된다. 유교는 사상적으로도 서구의 전통 사상들에 비추어볼 때 비교할 수 없을 정도로 근대적인, 적어도 반봉건적인 면모를 가지고 있었다고 해야 한다. 이는 라이프니츠(Leibniz)의 제자이자 칸트(Kant)의 사상적 스승이었으며 서구 계몽주의의 원조 중 한 사람으로 평가될 수 있는 크리스티안 볼프(Chrstian Wolf) 같은 철학자가 중국 전통 도덕철학에 행한 찬사[24] 같은 데서도 아주 분명하게 드러난다. 특히 누구든 자기 수양을 통해 도덕적 완성에 이를 수 있다는 유교의 가르침은 당시의 기독교 전통에서는 상상하기 힘들 정도로 합리적이고 평등주의적 면모를 가지고 있었다.

무엇보다도 지금껏 살펴본 바와 같은 능력주의라는 유교의 한 핵심 이념은 유교가 지닌 매력과 나름의 근대성을 잘 보여준다. 이는 우리 조선만 보아도 알 수 있다. 조선의 건국 세력은 자신들이 주도한 역성혁명의 정당성을 (물론 개념은 없었지만) 능력주의에서 찾았다. 쉽게 말해, 고려에서는 공고한 신분제 위에서 벼슬을 얻거나 사회적으로 성공하려면 권문세가(權門勢家)의 자제여야만 했지만, 조선에서는 누구든 과거 시험을 통해 자기 능력을 입증하기만 하면 된다는 것이었다. 이런 능력주의는 조선 사회에서 광범위한 신분 이동을 가능하게 했을 뿐만 아니라, 중요한 사회통합의 원리로 작동한 것으로 보인다. 최소한 조선 중기까지는 광범위한 계층 이동이 있었다고 하고, 안동 김씨 세력 같은 특권 세력이 세습체제를 만들어 유지하던 조선 후기에 이르러서도 과거제도는 상당한 사회적 영향력을 끼쳤다. 어쩌면 바로 이런 게 두 차례의 큰 외침도 겪고 많은 사회적 모순을 노정했던 조선이 500년이나 지속될 수 있었던 동력이었을 지도 모른다.

어쨌든 바로 이런 이유로 역사학자 미야지마 히로시는 유교를 지배적인 통치 이념으로 삼고 또 그에 따라 사회를 조직했던 중국의 송나라나 조선 같은 사회를 '유교적 근대'라 칭했다.[25] 그는 그 근대성의 핵심에 능력주의가 자리하고 있다고 본다. 사회학자 김상준 역시 송이나 조선 같은 유교적 동아시아 사회들이 서양의 '팽창적' 근대와는 달리 나름의 특성을 갖는 근대, 곧 '내장' 근대를 발전시켰다고 주장한다.[26] 그에 따르면, 서양에서 발전시킨 근대는 패권적이고 제국주의적이며 자연 착취적인 방식으로 사회를 발전시켰지만, 집약 노동과 내부 분업의 강화에 기초해 있던 동아시아의 근대는 훨씬 더 평화 지향적이며 생태 친화적이었다. 그 역시 유교적 능력주의가 이런 동아시아 내장 근대성의 가장 중요한 특징 중의 하나라고 보았다. 캐나다의 역사사회학자 알렉산더 우드사이드

(Alexander Woodside)는 과거제라는 능력주의적 관료제를 발전시켰던 동아시아 사회의 그와 같은 근대성을 '잃어버린 근대성'이라고 했다.[27] 서구에서 발전된 능력주의는 이 동아시아적 능력주의가 전파된 결과라는 분석이 제법 있다.[28]

여기서 우리가 이에 관한 논의를 자세하게 전개할 여유는 없다. 그러나 나는 여기서 능력주의가 본디 유교 전통에 뿌리를 두고 있으며 또 그 덕분에 유교가 이미 상당한 정도로 근대적 면모를 가지고 있었음을 강조해 두고자 한다. 나는 앞서 언급한 학자들과는 달리 전통 유교 사회가 서구 근대와는 다른 독자적 근대를 갖고 있었다고 보아야 할지는 조금 주저하는 편이다. 그러나 나는 그렇다고 유교 전통이 가진 나름의 근대적 면모를 부정하지는 않는다. 이런 맥락에서 나는 한국의 근대성을 이런 유교 전통과 서구에서 유입된 근대성이 만나 형성된 하나의 '혼종 근대성(hybrid modernity)'인 '유교적 근대성'이라고 이해한다.[29]

이 유교적 근대성의 개념은 우리의 근대성의 형성과 발전과정에서 서구의 영향 못지않게 유교 전통도 상당한 작용을 했다는 사정을 포착하려는 의도가 있다. 그러니까 우리 근대성은 서구 근대성이 발전시킨 사회 구조나 삶의 양식을 수입하고 모방하려는 노력 속에서 발전하기는 했지만, 그 과정은 우리 사회의 오랜 유교 전통을 배경으로 나름의 특별한 경로를 따라 진행되었고 그 때문에 고유의 동학과 양상을 띠게 되었다는 게 요점이다. 간단하게 말해, 한국의 성공적인 산업화와 민주화는 그냥 단순히 서양을 잘 모방한 결과가 아니었고 유교 문화라는 자양분 덕분에 가능한 것이었다고 해야 한다.

여기서 내가 특별히 주목하는 것은, 구한말 이래 근대화를 추구했던 우리 사회의 광범위한 구성원들이 갖고 있던 무의식적이고도 의식적인 세계관과 가치관이, 그리고 사회와 인간의 삶을 이해하는 문제 인식의 틀이 전래의 유교 전통에 의해 아주 강하게 각인되어 있을 수밖에 없었다는 사실이다. 쉽게 말해 우리 사회가 서구의 제도나 삶의 양식 등을 수입하더라도 그것들은 언제나 일정한 방식으로 그런 유교적 필터로 매개될 수밖에 없었고, 일정하게 변형되거나 나름의 특성을 갖게 되었다는 것이다. 그 결과 우리 사회가 도입한 다양한 근대의 규범과 문화와 제도 등은 본질적으로 '혼종적인' 성격을 지니게 되었다.

이러한 혼종성은 다양한 차원에서 확인할 수 있다. 우선, 근대 이후 우리 사회의 일상적 삶의 모습부터 혼종적이다. 가령 온돌식 주거 양식이나 보기에 따라서는 아무런 '국적'이 없는 것처럼 보이는 결혼식 풍경 같은 것을 떠올려 보라. 그러나 이미 선진국에 진입했다는 고도 자본주의 사회인 한국의 세습적 재벌체제나 서구, 특히 미국 유래 기독교 교회의 목사직 세습 같은 현상도 전형적으로 혼종적이라 할 수 있는데, 이런 사실의 의미는 절대 가볍지 않다. 이렇게 우리 사회의 근대적 삶의 양식은 큰 틀에서 유교 전통과 서구적 근대성이 상호 침투하고 착종되어 나타나는 양상을 보여준다.

여기서 유교적 뿌리를 가진 능력주의는 아주 결정적인 역할을 했다. 그만큼 **능력주의는 우리 한국 사회에 매우 뿌리 깊게 닻을 내리고 있을 뿐만 아니라 나름대로 아주 긍정적인 면모를 가지고 있다.** 또 그런 만큼 우리 한국인들은 이 능력주의를 아주 자연스럽게 내면화하고 있기도 하다. 흔히 우리나라는 제2차 세계대전 이후 식민지에서 벗어난 뒤 아주 짧은 시간 안에 산업화와 민주화를 동시에 이룬 유일한 국가라고 하는데, 능력주의는 그 문화적 배경을 이루고 있다. 이에 대해 길게 다루기는 적절하지 않을 듯하니, 핵심적인 지점만 언급해 두자.

한국을 포함한 동아시아 국가들이 19세기의 지체를 극복하고 20세기 들어 최근에 이르기까지 경제적으로 아주 빠르게 성장한 배경에 유교 문화가 있다는 데 대해서는 여러 논란이 있다. 특히 사회학에서는 막스 베버(Max Weber)의 이른바 '유교 테제'라는 게 있는데, 이에 따르면 서양에서는 프로테스탄티즘에서 배태된 자본주의 정신 덕분에 자본주의가 발전할 수 있었지만 유교적 중국에서는 바로 그 유교 때문에 천민자본주의를 뛰어넘는 근대적인 합리적 자본주의의 발생이 방해받았고 또 지체되거나 왜곡되었다. 아주 오랫동안 서구나 우리나라의 학계를 지배하던 기본 관점이었다. 특히 지난 외환위기 당시만 해도 이런 인식은 거의 진리처럼 받아들여졌다. 그러나 이런 인식은 이제 동아시아 여러 사회의 급속한 자본주의 발전과 위기 극복이라는 사실 자체에 의해 반박되고 있는 것으로 보인다. 이런 맥락에서 이른바 '유교자본주의론'을 주창하는 많은 이들은 베버와는 정반대의 관점에서 유교가 자본주의 발전에 오히려 긍정적으로 작용했음을 보임으로써 일종의 '베버로 베버 뒤집기'를 시도하기도 한다. 유교 문화권 구성원들의 거의 태생적인 근면함이나 성실함 같은 요소들을 들면서 말이다.

그러나 유교자본주의론자들은 그런 요소들이 어떻게 유교 문화와 연결되는지 제대로 설명해 내는 것으로 보이지는 않는다. 김상준은 중국과 동아시아 사회에서 일반화된 노동집약적인 쌀농사와 소농경영 같은 경제적 토대를 지적하는데,[30] 아마도 이런 토대는 동아시아인들의 특별한 근면성과 성실성, 그리고 그에 따른 동아시아 사회의 경제적 부상의 역사적 배경을 설명하는 데 큰 도움이 되지 싶다. 이런 설명의 타당성을 수용하면서, 나는 여기에 특히 유교적 능력주의 문화의 역할을 강조하고 싶다. 동아시아인들이 문화적 습성으로 내면화한 이런 능력주의적 신념이야말로 이들이 온갖 역경 속에서도 자본주의적 환경에 적응하고 성공하기 위해 노력을 게을리하지 않게 한 내면적 동기를 제공했을 것이라는 이야기다.

우리 사회에서만 보면, 이는 특히 우리 사회 성원들의 그 강렬한 '교육열'이나 '자기계발의 의지'에서 잘 드러난다. 능력주의는 이미 조선시대 이래 과거제도와 함께 우리 사회 대중의 의식에 깊숙이 뿌리를 내리고 있었다. 그것은 이제 근대화 과정에서도 '개천에서 용 나는 사회'의 신화와 함께 수많은 사람을 '입신출세주의' 지향에 사로잡히게 만든 문화적 배경을 이루었다. 그리하여 많은 한국인은 전쟁과 가난이라는 절망적 환경 속에서도 공부하고 실력을 쌓는 일에는 결코 소홀히 하지 않았다. 덕분에 한국은 자본주의적 경제 성장에 필요한 양질의 노동력을 풍부하게 확보할 수 있었다. 나아가 개인들이 지닌 능력주의적 성공에 대한 열망은 끊임없는 자기 계발과 혁신의 동기를 제공했을 것이다. 그 결과 **능력주의는 한마디로 우리 사회 자본주의적 근대화를 위한 문화적 원동력**으로 작용했다.

우리 사회 성원들은 대부분 어린 시절부터 누구든 자기 능력을 열심히 갈고닦은 사람만이 성공하고 출세할 수 있다는 믿음을 내면화한다. 그래서 좁은 의미의 학교 공부뿐만 아니라 다른 기술이나 지식에 대한 강한 배움의 열정을 보인다. 미국의 오바마 전 대통령은 재임 시 기회 있을 때마다 한국인들을 예로 들면서 미국인들, 특히 흑인들이 이런 교육열을 본받을 필요가 있음을 강조한 걸로 유명하다. 흑인으로서 대통령 자리에까지 오른 그이지만, 그는 자신의 성공은 예외적이었고 많은 미국 흑인들은 여전히 저학력에 따른 가난에서 벗어나지 못하고 있음을 안타깝게 여겼던 모양이다. 그러나 내 생각에, 미국 흑인들은 어쩌면 유교와 같은 문화적 배경이 없어서 교육에 대한 열망과 기대가 한국인들만큼 강하지 않았을 수 있음을 오바마가 충분히 이해한 것 같지는 않다.

어쨌든 한국인들의 그와 같은 강한 교육열은 한국 자본주의의 급속한 성장과 질적 고도화에 크게 기여했음이 틀림없다. 한국은 세계 최고 수준의 대학 진학률을 보이고 있음은 물론이고, 중국에 이어 두 번째로 많은 유학생을 미국에 보내는 나라다. 이렇게 형성된 인적 자본이 기업 경영을 합리화하고 새로운 기술 개발로 제품의 경쟁력을 높이는 등의 일에 결정적인 밑바탕이 되었으리라는 데 대해서는 긴 설명이 필요 없을 것이다.

한국 민주주의의 발전과 능력주의

유교적 능력주의가 우리 민주주의에 미친 영향은 좀 더 극적이고 본질적이다. 나중에 보게 될 것처럼, 나는 우리의 유교 전통이 우리 민주주의와 정치의 양식에 전혀 바람직하지 않은 그림자도 남겼다고 본다. 그러나 우리나라가 지금 아무리 부족해 보여도 나름대로 꽤 선진적인 수준의 민주주의를 유지하고 운용하고 있는 것도 사실이며, 이는 유교 전통의 배경 없이는 제대로 이해되기 힘들다고 여기기도 한다. 먼저 이에 대해서 좀 자세히 살펴보기로 하자.

앞서 우리는 능력주의를 근거로 과거의 중국이나 조선 사회를 서구의 봉건 사회와 같은 맥락에 두는 게 잘못임을 지적했다. 이 능력주의 사회는 서구의 봉건 사회와는 비교할 수 없을 정도로 일정한 평등주의적 기반을 갖추고 있었다. 과거제가 이미 그와 같은 평등주의를 제도적으로 구현한 것이라 할 수 있다. 학문적 역량에 대한 평가를 통해 벼슬자리를 분배하려면 적어도 이념적으로는 또는 원칙적으로는 누구든 학문과 실력을 갈고닦아 그 결과를 입증해 보일 수 있는 기회를 얻도록 해야 하기 때문이다. 조선에서 노예제가 오랫동안 존속하기는 했지만, 덕분에 다른 차원에서 보면 중국이나 조선에서는 사회적으로 고착된 신분제의 힘은 오히려 서양보다 크지 않았던 것으로 보인다.

과거제는 단순히 일부 계층만의 관심사는 아니었다. 적어도 그 이상에서 볼 때 과거 시험은 일부 응시 자격이 제한된 집단을 제외하고는 사회 구성원 대부분에게 자신의 신분을 상승시킬 수 있는 기회를 제공하는 것으로 이해되었다. 그 때문에 그것은 사회 구성원들 사이에 특별한 평등의식을 불러일으켰고, 그런 평등의식은 실제로도 신분제를 해체하는 방향으로 작동했다. 우리는 흔히 다산 정약용이 '온 나라가 양반되기'[31] 라고 명명했던 조선 후기의 신분제 해체 양상에 대해 단순히 일반 백성들이 족보를 사들인다든가 하는 부정한 방식으로 신분 상승을 꾀했던 결과로 이해하곤 한다. 그러나 사실 그 배경에는 능력주의에 기초한 그러한 평등의식의 사회적 확산이 있었다고 이해해야 한다.[32]

유교 전통은 아주 특이한 도덕적 평등주의 전통을 발전시켰다.[33] 유교의 고전가들은 모든 사람의 잠재적인 도덕적 평등을 믿었다. 그러나 서구 근대에서 확립되었던 방식으로 모든 개인의 도덕적 가치의 평등을 믿지는 않았다. 왜냐하면 유교 전통은 자기 수양의 차이를 긍정해야 한다고 보았기 때문이다. 다시 말해 엄정한 자기 수양의 성취를 이룬 사람만이 사회의 지배층이 되어야 했다. 누구든 잠재적으로는 군자(君子)가 될 가능성이 있지만, 실제로는 그렇게 되기 위해 많은 노력을 기울인 일부만이 진짜 군자가 될 수 있다고 보았던 것이다.

이런 출발점은 흥미로운 사회정치적 귀결을 낳았다. 우선, 동아시아의 유교화된 사회에서는 서구에서와 같은 세습 귀족은 존재하지 않았거나 존재했더라도 그 위상은 미미했다. 왜냐하면 모두가 자기 수양과 배움(학문)을 통해 귀족, 곧 선비가 될 수 있었기 때문이다. 그리고 그런 선비가 될 수 있는 기회는 원칙적으로 사회의 모든 성원에 개방되어 있어야만 했다. 그렇지 않으면 그러한 개방을 위한 사회적 압력이 거세질 수밖에 없었다. 나아가 사회 성원 대부분은 그런 기회를 얻기 위해 큰 노력을 기울이게 되었다.

우리는 유교적 능력주의에 기초한 조선시대 후기의 이러한 평등 의식의 전파를 서구의 근대사회들에서 '기회균등' 원칙이 관철되던 과정에 빗대어 볼 수 있지 않을까 한다. 그 결과 조선에서는 이미 19세기 초부터 공노비 제도가 철폐된 것은 물론, 서서히 신분 질서가 붕괴하여 사실상 무의미해지고 온 사회 구성원들이 서로에 대해 평등을 주장할 수 있는 상태가 되었다. 우리는 조선 후기에 활발했던 여러 '민란'과 '동학농민전쟁'을 바로 이런 배경 위에서 이해할 수 있다. 이는 외세의 개입으로 인해 변형 또는 왜곡되었지만, 조선이 어떤 식으로든 사회 및 정치 민주화의 압박을 받고 있었다는 것을 의미한다.

사실 유교의 정치적 전통 자체가 일정한 민주적 요소를 갖고 있었다. 그 전통은 늘 '민본주의'를 표방했는데, 우리는 이를 왕과 사대부를 모두 특별한 종류의 민의 대표자(representative)로 설정했던 이념으로 이해할 수 있다.[34] 물론 이들은 선거로 선출된 대표자들은 아니다. 그러나 유교 국가는 무력이든 혈통이든 학식이든 덕목이든 민이 갖지 못한 일정한 권력 자원을 소유하고서 통치를 하는 사람들(곧, 왕과 사대부)이 민의 대표자를 자임하여 민의 안녕과 번영을 추구했다(곧, 위민爲民)고 이해할 수 있다. 그래야만 그들이 지닌 정치권력의 정당성이 확보될 수 있다고 여겼기 때문이다. 이런 민본주의가 그 자체로 민주주의라고는 할 수 없을지 몰라도, 이것이 인민주권에 기초한 민주주의로 발전하기 위해 무슨 역사적 곡예가 필요했던 건 아니다. 조선의 국권 상실 이후, 지식인들과 인민들이 한결같이 왕정의 복고 같은 방식이 아니라 곧바로 인민주권의 이념에 따른 공화국을 추구하면서 독립운동을 하고 임시정부를 세울 수 있었던 것은 바로 이런 전통이 있었기 때문이었다고 봐야 한다.

조선의 군신공치 이념은 역사적으로 서구 열강의 영향 속에서 근대적 개혁을 추구했던 세력에 의해 '군민공치(君民共治)', 곧 서구식 입헌군주제에 대한 지향으로 표출되었고, 이는 다시 왕조 폐지 이후에는 자연스럽게 모든 민이 주권자가 되고 그 민의 대표들이 통치하는 민주주의 이념으로 이어졌다고 할 수 있다. 독립운동 초기 조소앙 선생이 기초한 「대동단결선언」은 순종의 국권 포기를 곧바로 민의 주권 승계로 연결했는데, 상해 임시정부가 '민주공화국'의 건설을 선포할 수 있었던 것은 이런 인식의 연장선상에서였다. 다시 말해 민주공화국에 대한 지향은 아주 강한 역사적 내적 동학의 자연스러운 발현이었다고 해야 한다. 이런 접근에서 보면 조선의 유교적 군신공치 체제는 한국의 민주주의 발전 과정에서 그 맹아를 품고 있던 역사적 선행 체제로 이해할 수 있다.

이러한 전개 과정에 대한 나종석의 설명이 무척 흥미롭다.[35] 그에 따르면 조선 후기 온 백성이 양반이 되는 방식으로 이루어졌던 신분제 해체는 단순히 사회 구성원들 사이의 외형적인 지위의 평등으로만 귀결된 것이 아니다. 그 과정에는 또한 일반 백성이 양반의 사고 및 생활 방식을 모방하는 계기 또한 포함되어 있다. 그러니까 양반 신분의 획득은 무엇보다도 또한 양반들이 지니고 있던 '선비 의식'의 내면화를 동반하게 되었다는 것이다.[36] 쉽게 말해 어떤 식으로든 새롭게 양반의 지위를 획득했던 백성들은 단순히 겉모습이나 행동 양식을 모방했을 뿐만 아니라 바람직한 유교적 주체인 '군자' 같은 존재가 되어야 한다는 압박 또한 받았고, 그래서 자신을 사회의 그러한 중심적 주체의 일부로 인식함은 물론 그 사고방식도 함께 수용했다는 것이다. 그에 따르면, 우리는 이를 '민의 주체화' 과정이라고 이해할 수 있다.[37] 그리고 바로 그 덕분에 이후 '민란의 시대'가 오고 동학운동도 발생할 수 있었다.

앞서 우리는 유교 나름의 공화주의 전통에서는 유교적 지식인들이 자신들이야말로 유교의 정치적 이상을 추구하는 '도통'을 잇고 지키는 사람이라고 인식하면서 왕의 권력을 비판하고 견제하려 했음을 살펴보았다. 19세기 말 조선에서 진행되었던 것과 같은 그런 민의 주체화 과정은 바로 이런 유교적 사유 전통이 지니고 있던 사회비판적 잠재력이 일부 지식인 계층을 넘어 전 사회로 확산하고

'민중화'되는 과정으로 이해할 수 있을 것이다.[38] 그리고 이는 다시 유교적 민본주의 이념이 왕이나 사대부 계층을 통해서만이 아니라 이제 인민들 스스로에 의해 실현되기를 추구했던 '민주적 계기 (요소)'를 갖게 된 것으로 독해할 수 있다.[39]

그는 그러한 사정을 이렇게 정리한다.

"조선의 유교적 전통 사회에서 축적된 인간의 주체성과 자발성의 존중, 능력이 있는 사람이라면 누구나 다 사회에서 존중받고 성공할 수 있는 동등한 존재라는 능력주의 문화, 모든 사람들이 사회 속에서 소외됨이 없는 사회 구성원으로 대우받아야 한다는 대동세계의 관념, 유가의 이상적 세상인 요순성왕의 시대를 만드는 데 일반 백성들도 당연한 책임을 지고 있는 당당한 정치 주체라는 관념 그리고 유교적 세계관을 내면화하여 모든 백성이 다 요순성왕과 같은 존재가 될 수 있다는 각성을 바탕으로 하여 위기에 처한 나라를 구하기 위해 몸소 실천에 나선 역사적 경험 등은 우리 사회의 민주주의의 문화적 동력이자 그 정신사적 조건으로 보아야 할 것이다."[40]

이런 식으로 보면, 우리나라가 민주공화국이나 민주주의의 이념과 제도를 그저 서구로부터 수입하여 모방하기에 급급했다는 식으로만 생각하는 건 심각한 단견이 아닐 수 없다. 나라의 최고 지도자를 세습이 아닌 방식으로 선출하고 정치의 궁극 목적을 공동선에 대한 지향에 두었던 공화국의 이념은 유교적 소양을 쌓았던 조선 백성들에게 결코 낯선 것이 아니었다고 해야 한다. 이제 모든 백성이 나름의 선비의식으로 무장한 상태에서 자신을 사회의 중심적 주체이자 모두와 평등한 관계를 맺는 공동의 주권자, 곧 '시민'으로 자각하는 일도 자연스러운 역사적 과정의 결과라 해야 한다. 이런 민의 주체화 과정은 일제 강점기의 독립운동으로 이어지고, 해방 후 민주공화국이 수립된 이후에는 4.19나 5.18 및 6.10을 거쳐 최근의 촛불혁명에 이르기까지의 민주화 운동으로 연결되었다고 이해할 수 있다.[41]

이런 식으로 **유교 문화에 뿌리를 두고 있는 능력주의적 평등주의는 우리 민주주의의 문화적 초석을 놓았다**고 할 수 있다. '부모 잘 만나 돈 많은 것도 실력'이라는 정유라의 말에 분노했던 청년들이 지난 2016년 겨울의 촛불혁명의 도화선이었음을 상기해 보라. 앞장에서도 인용했듯이 토마 피게티는 능력주의가 서구에서 민주주의의 토대로서 역할을 했다고 한 적이 있는데, 우리의 경우도 다르지 않다고 해야 한다. 놀라운 성숙함으로 지난 촛불혁명을 이끌었던 우리 사회의 시민은 말하자면 저 멀리 유교적 조선시대 이래의 '**선비의식을 내면화한 백성**' 또는 '**군자화된 인민**'에 뿌리를 두고 있다. 내가 볼 때, 이러한 배경은 한국 민주주의의 고유한 특색을 규정한다. 무엇보다도 강한 '시민정치'의 전통이 중요하다.

'현대의 군자'와 한국적 시민의 탄생

한국에 민주주의가 정착하기까지는 많은 질곡과 도전이 있었다. 한국 사회는 민주주의에 우호적인 환경을 제대로 가져 본 적도 별로 없다고까지 말할 수 있다. 한국의 현대사는 일제의 한반도 강점, 분단, 전쟁, 군사 독재 등 강력한 반-민주적 경향들로 점철되었다. 그런 환경에서 비교적 최근까지 한국의 시민사회는 통상적인 서구적-자유주의적 기준에 비추어 볼 때 심각한 저발전의 상태에 머물러 있을 수밖에 없었다.

조선시대 말 이래로 성장하던 민의 정치적 중심성은 일본의 식민 지배로 인해 처음부터 왜곡될 수밖에 없었다. 민주주의의 주체가 되기 위한 '집단적 자유'를 위한 정치적 전제 조건 자체가 결여된 상태에서,[42] 당시 한반도의 인민들은 시민의 권리나 시민적 삶에 대한 최소한의 감각도 발전시킬 수 없었다. 그뿐만 아니라 제국주의 권력에 대한 속물적 기생만을 일상적으로 강요받을 수밖에 없었던 일본의 '이등 국민'일 뿐이었다. 이런 사정은 해방 이후에도 근본적으로 변하지 않았는데, 분단과 전쟁, 그리고 오랜 군사 독재 속에서 사람들은 직접적으로 국가와 대면하며 맹목적으로 국가에 충성을 다해야 하는 '국민'이 되기를 강요받으며 살아야 했다.[43]

그러면서도 다른 한 편으로 한국 사회는 삶의 기본적 필요 충족이라는 과제를 무한 시장 경쟁에 내몰린 가족에게 맡겨 버리는 '가족 자유주의' 체제를 발전시켰다.[44] 국가적 복지 시스템의 발전은 미약했고, 가족을 중심으로 한 이기주의는 만연하나 진정한 개인주의의 발전은 미약하다. 무엇보다도 최근까지 한국 사회에서는 흔히 민주적 시민사회의 가장 중요한 토대로 이해되는 합리적 이해관계나 가치 지향에 따른 '자발적 결사'[45]보다는 이른바 혈연, 학연, 지연에 따른 전근대적 연고주의의 지배도 강력했다. 선거에서조차도 '지역주의'는 여전히 한국 정치의 가장 강력한 변수다.

그러나 한국의 시민은 이렇게 엄청난 역사적 질곡과 자유주의적 시민사회의 미성숙 속에서도 민주주의에 대한 강력한 지향을 드러내는 '시민정치'의 전통을 확립해 왔다. 이것은 오늘날 한국 민주주의의 가장 현저한 특징이다. 온갖 위협적 환경 속에서도 민주주의의 주체로서 시민은 느리더라도 확고한 방향성을 지니고 형성되었다. 엄혹한 독재 체제 아래에서도 많은 시민은 권력의 억압성을 비판하고 그 정당성에 의문 부호를 붙이기를 주저하지 않았고, 기회가 될 때마다 시민(국민)이야말로 유일한 정치적 정당성을 가진 주권자임을 선언하면서 민주화를 추동해 왔다.

이런 한국 민주주의의 주체인 시민이 서구와 같은 '부르주아'가 아님은 너무도 명백하다. 우리 사회에는 서구적 의미의 부르주아는 아예 존재한 적이 없고, 존재했다 하더라도 서구에서와 같은 정치적 역할을 수행하지 않았다.[46] 그럼에도 한국의 시민은, 멀리는 한국 최초의 민주주의 혁명인 3.1운동[47]이나 독립운동에서부터 4.19와 5.18을 거쳐 6.10항쟁이나 최근의 '촛불'에 이르기까지, 새로이 민주주의를 정립하려 했거나 위기 때마다 구해내고 발전시켜 왔다.

나아가 한국의 시민운동과 그에 따른 시민사회의 활성화 과정은 서구에서 이른바 '신사회운동'이라는 개념으로 설명되는 시민사회의 부활 과정과도 많은 점에서 구분된다. 비교적 최근, 특히 민주화 이후 한국 사회에서도 여성, 환경, 성적 지향, 다문화, 인권 등 탈물질적 가치를 지향하는 다양한 시민운동이 발전하기 시작했으나,[48] **한국의 시민운동은 무엇보다도 정치적 위기 상황에 반응하며 강한 정치적 지향성을 보이며 성장했다.**[49]

<u>그 중심에는 지식인과 학생들이 있었다.</u> 멀리는 일제 강점기 때의 독립운동에서도 그랬다고 할 수 있지만, 4.19에서도 학생들은 물론이고 교수 같은 지식인들의 참여가 결정적이었다.[50] 박정희와 전두환의 군부 독재 시기에도 대부분의 시민사회운동은 재야 지식인들과 학생운동을 중심으로 이루어졌다. 물론 많은 노동자나 농민 같은 평범한 시민의 호응이 없었다면 그런 운동은 성공할 수 없었겠지만, 이들 지식인 집단의 선도성은 한국 민주화 운동의 고유한 특성이라고 할 수 있다. 우리 사회를 지배하는 능력주의 문화를 배경에 두지 않고는 이런 현상을 이해할 수 없을 것이다.

우리는 이렇게 지식인 집단을 중심으로 한국의 시민들이 민주화 과정의 고비 고비마다 열정적으로 내보인 그런 정의감을 과거 유교 전통의 이상적 선비, 곧 군자가 갖추어야 했던 덕의 하나인 모종의 '우환의식(憂患意識)'의 발로라는 차원에서 이해할 수 있다. 과거 유교적 지식인들은 사회의 불의를 바로 잡고 정의를 실현하는 데 참여하는 것을 가장 중요한 정체성적 의무로 이해했다(곧, 우국

우민憂國憂民). 현대에 들어서도 '재야인사'라 불리며 '우국지사(憂國 之士)'라고 존중받던 많은 지식인이 그런 전통을 이어갔을 뿐만 아 니라, 평범한 시민들도, '이처럼 심각한 사회의 혼란과 불의는 내가 나서서라도 바로잡아야 한다'고 여기는, 말하자면 '민주적' 우환의 식으로 무장하고서 권력에 저항하고 민주주의를 진전시켜 왔다. 이런 의미에서 한국의 시민들은 유교적 군자의 후예이거나, 아예 '현대의 군자'라고 할 수 있다.

바로 이런 문화적 토양 위에서, 한국의 '민주주의를 향한 역사'[51] 에서는 스스로가 주권자임을 내세우는 시민들의 자각과 저항이 지속해서 반복되면서 아마도 다른 어느 사회에서도 보기 힘들 강 력한 시민정치의 전통이 형성되었다. 비록 충분히 제도화되거나 조직화되지는 않았지만, 그리고 다양한 배경과 맥락 속에서 매번 다른 방식으로 등장하곤 했지만, 민주주의를 추동해 왔던 한국의 시민들이 보여 온 그 역동적인 정치적 힘은 그 자체로 한국 민주 주의의 상수가 되었다. 최근 2016년의 '촛불혁명'은 이명박, 박근혜 두 보수 정부를 거치며 한국의 민주주의가 재권위주의화의 나락 에 빠져들어 가던 상황에서, 가장 극적인 방식으로 그러한 시민정 치의 상수성을 확인시켜 준 역사적 사건이었다.

김상준은 여기서 유교 전통의 역할을 표현하기 위해 이런 사정 을 '촛불은 맹자다'라는 간결한 표현으로 정리한 바 있는데,[52] '인 민주권'의 이념이 이렇게 적극적으로 실현된 역사적 경험은 서구 에서도 그렇게 자주 있지는 않았다고 해야 할 것이다. 그 혁명은 시민들이 위기 상황에서 자신이 속한 공화국의 불안정성을 확인하고 충만한 시민의식을 갖고 해법을 찾아 나서는 가운데 일어났다. 그러니까 평소에는 커다란 정치적 불만 없이 그저 일상적 삶을 살아가는 듯 보였던 많은 시민은 초유의 국정농단 사태에 직면해서 우리의 민주공화국이 심각하게 고장 나 있음을 깨닫고 "이게 나라냐?"고 물으며 광장으로 모여들었던 것이다. 그리고 지치지 않는 헌신과 폭력의 자제 같은 놀라운 시민적 덕성을 발휘하면서 스스로가 민주공화국의 주권자임을 선언했더랬다.

우리 시민들은 무엇보다도 우리의 민주공화국이 일부 특권 세력의 사익 추구를 위한 도구로 전락한 데 대해 분노했다. 그리고 그 세력의 충실한 하인들이었던 일부 '정치계급'에 대해서도 깊은 실망을 드러냈다. 그들은 지금까지 소수 특권 세력만을 대변하면서 민주적 정치과정을 도구 삼아 자신들의 부패를 은폐하고 사익을 추구해 왔다는 것이다. 지난 촛불혁명에서 시민들은 그 불편한 진실을 깨닫고 스스로가 나서 그런 상황을 바로잡으려 했다. 이 역시 능력주의를 배경으로 두어야 잘 이해할 수 있다.

우리 사회의 민주화 과정 전반에서 사회의 불의에 대한 시민들의 이런 **능력주의적 분노**는 늘 중심적 역할을 수행했다. 이는 무엇보다도 우리 시민들이 기득권 세력이 드러내던 온갖 종류의 불의에 대해 다름 아닌 '반칙'이나 '특권' 같은 능력주의적 언어로 표현하며 분노했던 사실에서 잘 드러난다. 다른 문제들도 많았지만, 우리 시민들은 특히 정유라에 대한 분노처럼 기회균등의 원칙이나 공정한 절차를 훼손한 것처럼 보이는 기득권층의 행태에 특히 민감한 반응을 보였다. 우리 사회의 불의한 상태를 무엇보다도 능력주의적 이상에 비추어 비판적으로 인식했던 것이다.

한국 사회가 민주주의를 도입하고 또 심화시켜 온 과정은 늘 이런 시민혁명적 경로였다. 비록 때때로 좌절하기는 했지만, 한국의 강력한 시민정치는 긴 호흡으로 보면 헌법과 정치 질서를 획기적으로 변화시키고 더 깊이 민주화시키는 결과를 낳았다. 미국의 민주주의를 '이중 민주주의(dualist democracy)라는 관점에서 이해할 것을 제안하는 액커만(Ackerman)[53]의 구분을 빌리자면, 이는 통상적인 정당 중심의 '일상의 정치(normal politics)'와는 달리 그것이 착근해야 할 기본적인 틀과 방향을 규정하는 '제헌적 정치(constitution politics)'라 할 수 있다. 그래서 앞으로 있을지 모를 그 어떤 역사적 반동의 시도도 이 시민정치 전통의 강력한 힘을 압도해야만 성공할 수 있을 것이다.

이처럼 **능력주의를 매개로 한 유교적 근대성은 한국적 시민의 탄생이라는 중요한 역사적 유산을 우리에게 남겨주었다.** 이 한국적 시민은 명백히 민주주의의 주체이자 대상인 바로 그 시민이되, 서구 사회에서 발전했던 시민이 아닌, 유교적 군자의 민주적 후예다. 이 시민은 말하자면 민주적 우환의식을 내면화하고서 사회적 불의의 궁극적 감시자이자 그에 대한 저항자로서 한국 민주주의의 최후의 보루를 지켜내 왔다. 덕분에 우리 사회는 멀리는 저 3.1운동에서부터 최근의 촛불혁명에 이르기까지 지칠 줄 모르고 전개되어 온 시민정치의 강한 전통을 갖게 되었다.

한국의 보수적 자유주의와 능력주의적 민주주의의 한계

물론 유교적 전통이라는 배경 위에서 발전한 한국 민주주의의 놀라운 잠재력과 강한 시민정치에는 우리가 결코 간과해서는 안 되는 어두운 그림자도 있다. 이런 맥락에서 우리는 우선 한국 정치의 독특한 '자유주의'에 대해 살펴볼 필요가 있다. 다른 차원의 문제들은 제5장에서 살필 것이다.

많은 이들은, 서구의 기준으로 볼 때 매우 비자유주의적이라고 할 수밖에 없는 한국의 문화적, 정치적 풍토 속에서도 주요 정치 세력들이 자유주의를 표방하는 데 대해 의아하게 여기곤 한다. 그리고 이런 현상을 분단 상황이 가져온 이념적 왜곡이라고 보곤 한다. 이런 진단을 크게 부정하고 싶지는 않지만, 나는 우리나라에서 자유주의가 정치적으로 수용되고 소비되는 배경에도 우리의 뿌리 깊은 능력주의 전통이 작용하고 있다고 여긴다. 이런 사정은 능력주의를 추동력으로 발전한 한국 민주주의의 근본적인 한계를 잘 드러내 주지 않을까 싶다.

앞 장에서 우리는 능력주의가 어떻게 고전적 자유주의와 연결되는지를 보았는데, 한국의 경우 그러한 연결은 훨씬 더 원초적이라 할 수 있다. 물론 한국에서는 국가와 맞서 있는 독립된 개인의 가능한 한 무제한의 자유를 추구하는 그런 문화적 전통은 약하거나 거의 없다고 봐야 한다. 그러나 우리나라에서도 외견상의 기회균등이라는 조건 속에서 누구든 능력 있는 사람이 성공하도록 보장하는 게 최고의 정치적 가치라고 설정하는 그런 자유주의가 아주 강한 뿌리를 내리고 있는 것처럼 보인다. 정글 속의 경쟁을 긍정하고 경쟁의 결과에 대한 국가나 사회의 개입은 최소화할 것을 요구하는 그런 자유주의 말이다.

우리 사회에서 아무런 배경도 없던 것처럼 보이는 신자유주의가 그토록 빨리 우리 사회를 휘어잡을 수 있었던 것도 이런 배경에서 이해될 수 있을 것이다. 신자유주의가 서구에서 시작될 때 그 주된 공격 대상은 전후 서구 사회에 정착한 광범위한 복지 정책이었다. 그런 정책이 시장에 대한 부당한 개입으로 경제를 위축시켰다는 게 그 공격의 초점이었다. 그러나 우리나라에서는 복지국가라는 현실적 배경을 가지지 못한 상태에서도 신자유주의적 담론과 구호가 급속도로 수용되고 퍼졌다. 물론 여기에는 1997년 말 이른바 IMF 사태로 불리는 '외환위기'라는 배경이 크게 작용했다. 그러나 나는 우리 사회의 강한 능력주의적 문화라는 토양이 없었다면 신자유주의적 정책, 제도, 담론 등이 우리 사회에 그토록 급속하게 자리를 잡지는 못했을 것이라고 본다. 한마디로 우리 사회 속에 전승되어 자리 잡고 있던 분배정의의 이상 자체가 이미 상당한 정도로 신자유주의와 친화적이었고, 어쩌면 외환위기 자체도 이 바탕에서 발생했는지도 모른다.

이러한 사정은 한국의 민주화 과정을 추동했던 유교적-능력주의적 문화가 지니고 있던 한계라는 차원에서 이해할 수 있다. 다시 말해 **우리 시민들은 민주화 과정에서 민주주의를 무엇보다도 형식적 차원의 기회균등이 완전하게 보장되고 부당한 국가적 간섭이나 억압이 없는 상태 정도로만 이해하는 수준을 벗어나지 못했다**는 것이다. 다시 말해 우리 시민들이 갖고 있던 민주주의에 대한 상 자체가 상당한 정도로 신자유주의와 친화적이었고, '민주화는 곧 자유화'라는 인식을 벗어나지 못한 게 아니냐는 것이다. 앞에서 사용했던 개념을 쓰자면, 많은 우리 시민들은 민주화 과정에서 형식적 능력주의의 실현을 민주주의 그 자체로 인식하고 있었다고 할 수 있다. 분단 상황 같은 걸 일단 무시하고 경제적 분배 문제와 관련해서 하는 말이지만, 나는 한국의 보수적 자유주의가 바로 이런 바탕 위에서 발전한 것이라 여긴다.

물론 이 한국의 자유주의는 서구에서 발전했던 개인 중심의 자유주의는 아니다. 그래서 여기서는 개인의 도덕적 가치를 강조하는 규범적-도덕적 개인주의는 거의 아무런 의미도 없다. 인권에 대한 강조도, 제대로 된 정치적 자유주의에 대한 지향도 찾아보기 힘들다. 한국의 자유주의는 앞서 잠시 언급한 대로 '가족 자유주의'라 할 수 있는데, 이것은 경제적 삶의 차원에서 말하자면 가족이라는 개별단위가 중심이 되어 치열한 생존 경쟁을 하고 그것을 가장 우선적인 가치로 삼는 자유주의라 할 수 있다. 기본적인 생계는 물론 교육이나 의료 같은 복지 수요도 이 가족 차원에서 해결되어야 한다. 그래서 이 자유주의에서 보면 이 가족을 넘어서는 국가적 복지는 기본적으로 불공정한 모종의 무임승차를 조장하는 일일 뿐이다.

나중에 보겠지만, 한국 사회가 진짜로 얼마나 공정한지 또 얼마나 능력주의적 원리에 따라 실제로 분배가 이루어지고 있는지는 전적으로 의심스럽다. 그러나 여기서 중요한 것은 기여 원칙과 그 원칙이 작동하기 위한 전제가 되는 기회균등이라는 공정성 원칙이, 자본주의 사회 일반에서 그리고 우리나라에서는 더 강력하게, 대중들에게는 거의 직관적으로 자명한 분배정의 원칙으로 받아들여지고 있다는 사실이다. 아무리 이데올로기이며 신화일 뿐이라 해도, 그 원칙은 대중들의 일상적 정의감을 표현하고 있으며 잘못된 현실을 비판적으로 진단하고 거부할 때 작동하는 결정적 준거다. 대중들은 세상이 능력주의적 이상과는 정말 많이 동떨어져 있음을 알지만, 그러나 바로 그래서라도 우리 사회가 좀 더 그 이상에 더 가까이 다가갈 수 있기를 바란다. 단순히 그 이상을 이데올로기나 환상이라며 버리려 하지 않는다. 대중들은 다른 정의의 이상을 알지 못하기 때문이다.

이것은 지금껏 살펴본 대로 유교적 기원을 가진 능력주의가 오래된 문화적 착근 과정을 거치면서 한국인들의 사회적 심성 깊숙한 곳에 자리를 잡았기 때문이다. 우리는 이제 서론에서 살펴보았던 많은 청년은 물론 일부 진보 인사들이 보였던 공정에 대한 그 놀라운 집착, 무엇보다도 온 나라를 뒤흔들어 놓았고 지금도 사람들을 갈라놓고 있는 조국 사태의 배경을 더 잘 이해할 수 있을 것이다.

비록 우리는 분배정의나 능력주의의 개념을 서구에서 들여와 사용하고 있지만, 그것들이 함축하고 있는 원리는 우리 사회 성원들에게도 아주 직관적으로 호소력 있게 보인다. 우리 문화에서는 이미 오래전부터 일자리 등의 분배 문제와 관련해서 능력과 노력에 따른 분배만이 정당하다고 보는 인식이 자리 잡고 있었다. 누구든 무슨 특권이나 반칙 같은 걸 통해 성공한 사람이 있어서는 안 된다. 그리하여 어려운 환경 속에서도 자기 능력을 갈고닦아 성공하는 사람에 대해서는 무한한 지지를 보내고 모범으로 삼으려 하며, 반대로 부모나 가족의 도움을 받아 성공한 이는 심각한 사회적 불의를 저지른 것으로 간주한다.

공정성의 본질로 이해되는 기회균등에 대한 집착은 거의 물신숭배나 다름없다. 많은 연구에 따르면 학교 교육의 정상화를 위해서는 대입에서 객관식 평가에 매달리는 획일적인 수학능력시험보다는 학생들의 다양한 활동이 평가될 수 있는 학생부종합전형의 비중을 높이는 게 필요하다. 또 이 전형을 통하면 부모들의 경제력이 미치는 영향도 상대적으로 낮아질 수 있다고 한다. 고액 과외 같은 사교육에 의존하면 수능 점수 차는 더 크게 날 수 있다. 그러나 한국인들은 학생부종합평가에서 나타난 일부 부정적인 현상이나 주관적 평가의 가능성 때문에 객관식 평가만이 공정하다고 여긴다.

미국에서는 대학이 입시에서 우리 수능과 유사한 대학입학 자격시험인 SAT나 ACT 점수만 반영하는 것은 평등주의 원칙에 어긋나며 반교육적이고 심지어 위헌적이라고 여기기도 한다. 그리고 실제로 그런 시험을 입시에 반영하지 않는 시도도 이루어지고 있다고 한다.[54] 그런 시험은 무엇보다도 사교육 등의 비용을 감당할 수 있는 학생이 높은 점수를 받아 소외 계층에 불리하기 때문이다.[55] 그러나 우리는 정반대다. 법관 선발과 관련해서도 많은 이들은 지금의 로스쿨 제도가 부모의 영향 같은 게 작용하는 걸 막을 수 없다며 객관식 시험에 일차적으로 의존했던 과거의 사법시험제도가 더 공정하다고 여긴다. 미국에서는 많은 사립대학에서 오랫동안 일반화되어 왔던 기여입학제를 우리는 거의 범죄적인 제도로 인식한다.

우리나라의 경우, **정치에서도 능력주의적 공정성은 아주 결정적인 무게를 갖는다.** 예컨대, 군사 쿠테타로 집권한 전두환이 부족한 정치적 정당성을 보완하기 위해 '정의사회 구현'을 내세웠던 것이나 불공정의 상징이라 할 수 있는 이명박 전 대통령이 공정의 가치를 강조했던 것을 떠 올려 보라. 그러나 '촛불혁명'으로 집권한 문재인 대통령도 공정이라는 가치를 강조했는데, 많은 시민들은 그 표방된 가치가 제대로 실현되지 못했음을 아쉬워한다. 이런 배경 위에서이겠지만, 이번 제20대 대선에서도 여야의 주요 후보들은 모두 공정을 강조하고 있다. 물론 그 지향과 내용과 매우 상반되지만 말이다.

한편, 한국 정치에서 영향력이 컸던 많은 정치인은 매우 입지전적인 인물들이었다. 이른바 '개천에서 난 용'의 전형적인 인물들인데, 모두 어렵고 가난한 집안 환경 속에서 자랐지만 타고난 재능을 썩히지 않고 불굴의 의지로 자기 계발을 하여 사회적으로 성공한 삶을 일구었다는 걸 대중들의 인정을 얻기 위한 결정적 실마리로 삼았다. 박정희, 김대중, 노무현 대통령은 물론이고, 심지어 이명박 전 대통령조차 그와 같은 이미지로 대중들에게 각인됨으로써 정치적으로 성공할 수 있었다. 이재명도 마찬가지다. 안철수나 이준석의 경우는 약간 다른데, 그러나 여기서도 탁월한 능력을 갖춘 인물에 대한 대중들의 능력주의적 흠모 같은 게 결정적인 역할을 했다. 물론 이런 게 반드시 긍정적이기만 하지는 않겠지만 말이다.

제4장.

능력주의: 배반의 이데올로기

확실히 능력주의의 매력은 치명적인 것처럼 보인다. 그것은 누구나 쉽게 수긍할 것같은 분배정의의 원칙으로, 대부분의 현대 사회는 자원이 한정되어 경쟁이 불가피한 상황에서 사람들 사이의 갈등을 잠재우려면 "가장 우수한 자의 승리"[56]라는 원칙을 관철할 수밖에 없을 것처럼 보인다. 나아가 그것은 인간학적으로 정당화될 수 있어 보이는 인정의 질서이기도 하며, 이념의 좌우를 떠나 정치적으로도 선호된다. 게다가 본원적인 유교적 능력주의 전통을 지닌 우리 사회에서 능력주의는 아주 뿌리 깊은 문화적 습관이기도 하며 여러 면에서 빛나는 유산도 남겼다. 우리는 능력주의가 지닌 이런 다차원적 호소력을 부정할 아무런 이유가 없을 것처럼 보인다.

그러나 이미 마이클 영이 소설에서 걱정했던 대로 능력주의는 새로운 계급 사회를 만들어낼 가능성이 크다. 사회의 모든 분야에서 능력 있는 사람들이 자원과 지위를 독차지하고 그렇지 못하다고 판명된 사람들은 주변으로 밀려나 온갖 모욕과 멸시를 감당하면서 살아가는 그런 사회 말이다. 이런 사회에서 하층계급은 이제, 더 이상 자신들의 열등한 처지가 사회의 어떤 불의한 구조의 산물이라고 여기거나 기회의 부재나 부족 때문이라고 항변하지 못하고, 모든 걸 그저 자신들의 무능력 탓이라고 여길 수밖에 없다. 사람들이 엘리트와 대중, 대졸자와 비대졸자, 명문대 출신과 지잡대 출신, 정규직과 비정규직, 자격증을 가진 사람과 그렇지 못한 사람

따위로 나뉘어 완전히 다른 대우를 받으며 살아가는 지금 우리 사회가 바로 이런 사회가 아닌가? 이런 사회를 공정하고 정의롭다고 할 수 있을까? 능력주의는 거대한 함정을 숨기고 있는 것처럼 보인다. 이제부터 이 능력주의의 덫이 무엇인지 하나하나 밝혀보기로 하자.

능력주의는 정말 공정한가

능력주의는 공정의 가치를 많이 강조하지만, 사실 정의의 원리로서 근본적인 결함을 갖고 있다. 이 문제부터 보자. 앞서 우리는 능력주의가 담아내고자 하는 정의 이념의 초점이 사회의 협동적 체계 속에서 각 개인이 발휘하는 고유한 재능이나 기여가 제대로 평가받을 수 있어야 한다는 데 있음을 살펴보았다. 곧 그 개인이 공동의 삶을 지속시키고 번영시키는 데 무언가 값어치 있는 역할이나 기여를 하는 소중한 존재임이 인정될 수 있어야 한다고 말이다. 여기서 각 개인이 수행하는 사회적 기여의 정도는 사람마다 다 다를 수 있는데, 그렇다면 이를 무조건 똑같이 평가하는 것보다는 그 정도에 따라 다 다르게 평가하는 게 더 정의롭다고 할 수 있다. 그러나 능력주의는 실제로는 그와 같은 정의의 이념을 왜곡하고 오해하는 데서 성립한다고 해야 한다. **평등과 비례의 원칙을 모두 담고 있는 능력주의는 얼핏 정말 공정한 것처럼 보이지만, 사실은 지독한 함정을 숨기고 있다.** 이 함정에서 빠져나와야 한다.

우리는 우선 능력이 과연 사회적 기여를 제대로 표현할 수 있는지 물어보아야 한다. 예를 들어 우리나라의 교사 임용시험 제도를 생각해 보자. 교사직은 직업적 안정성도 높고 교육이 지닌 높은 사회적 가치를 인정받아서 많은 사람이 선망한다. 그래서 교사가 되려면 꽤 까다로운 관문을 통과해야 한다. 일단 교육대학교나 사범대학을 나오거나 최소한 교직과정을 이수해야 1차 자격이 생긴다. 그러나 결정적으로는 임용시험을 통과해야 한다. 교사 자격증만 있으면 비정규직 기간제 교사나 사립학교 교사는 될 수 있지만, 정규직 공립학교 교사는 될 수 없다. 그 자리를 얻으려면 임용시험 합격은 필수다. 많은 교육대학 및 사범대학 졸업생들은 이 임용시험 합격증이 없어 교직을 포기하거나 평생을 기간제 교사로만 일하면서 저임금에 더해 지속적인 고용이 보장되지 않는 불안한 삶을 이어가고 있다. 그런데 물어보자. 교사들 사이의 신분을 구분하고 삶의 질에서 엄청난 격차를 낳는 이 임용시험 합격증은 과연 진짜로 그것을 가진 사람의 능력과 그에 따른 그의 사회적 기여를 확인해 주는가?

만약 교사직에 대한 우리 사회의 좋은 대우가 그 직을 가진 사람의 사회적 기여에 대한 보상이라면, 그 보상은 임용시험 합격증과는 일단 무관하게 교육 활동을 훌륭하게 수행한 모든 사람에게 주어져야 한다. 그런데 합격증을 가지고 있지만 실제로는 교사직을 제대로 수행하지 못하는 사람이 있을 수 있으며, 반대로 그 합격증은 없더라도 교사로서 탁월한 역할을 하는 기간제 교사도 있을 수 있다. 그러나 실제로 우리나라에서 좋은 대우를 받는 정규 교사직은 합격증이라는 자격과 그 자격을 얻는데 필요했던 능력과 노력에 대한 보상인 것처럼 작동한다. 기간제 교사는 아무리 훌륭하게 교사직을 수행해도 적절한 보상을 받을 수 없다. 그러나 그 교사직은 개인의 능력과 시험 준비에 쏟은 과거의 노력에 대한 보상일 수는 있어도 그가 실제로 수행한 사회적 기여에 대한 보상은 아니지 않는가? 왜 우리는 시험을 잘 치르는 능력에 대해 그토록 후하게 보상해야 하는가?

이 시험에 대한 강조는 능력에 대한 평가를 합리화하고 객관화할 수 있어야 한다는 압박에서 나왔다. 능력에 따라 사람들을 줄 세워 차등적인 보상을 한다는 능력주의 원리가 제대로 관철되기 위해서는 능력에 대한 객관적 평가가 가능해야 한다는 전제가 우선하여 성립해야 하기 때문이다. 마이클 영이 자신의 소설에서 지능지수(I.Q.)를 능력 평가의 잣대로 내세운 것도, 그것이 능력을 평가하는 가장 객관적인 잣대로 이해되었기 때문이라 할 수 있다. 우리 사회에서 그토록 시험을 강조하고 시험 중에서도 선다형 객관식 시험만이 공정하다고 여기는 배경도 이런 맥락에서 이해할 수 있다.

그러나 그런 시험이 정말 누군가가 교사직을 잘 수행할 거라는 데 대한 적절한 평가가 될 수 있을지는 심각하게 의문이다. 교사직을 위해서는 단순히 지필고사로 평가될 수 있는 지식과 지적 역량만 필요한 게 아니다. 훌륭한 교사가 되기 위해서는 학생들과의 교감 및 소통 능력, 지도력, 사명감, 건강한 인성이나 가치관 등도 함께 갖추어야 한다. 이런 것들을 어떻게 지필고사로 평가할 수 있을까? 과연 그런 획일적 평가에 기초한 시험 결과가 교사직을 위한 역량의 참된 지표가 될 수 있을까? 왜 기간제 교사가 오래도록 현장에서 큰 결격 사유 없이 실무를 수행해 왔다는 사실은 직무 적합성을 충분히 입증한다고 할 수 없는 것일까?

이런 식의 시험이라는 형식 그 자체가 가진 불합리성 문제는 심각하다. 만약 이 시험의 합격 기준선이 100점 만점에 90점이라고 해 보자. 이 시험에서는 형식적으로 90점을 받은 수험생은 합격하지만, 89.9점을 받은 수험생은 탈락한다. 0.1점의 차이가 당락을 결정한다. 그리고 그게 수험생의 직업적 미래는 물론이고, 심한 경우 인생의 질 자체를 결정할 수도 있다. 이런 걸 합리적이라 할 수 있을까? 0.1점은 어떤 능력의 차이를 보여주는 것일까?

그러나 현실적으로 더 중요할 수도 있는 다른 차원의 문제도 있다. 높은 경쟁률 때문에 그런 지필고사에 합격하기 위해서는 보통 대학을 졸업하고도 오랜 시간 동안 이루어지는 집중적인 준비 시간이 필요하다. 학원 수강도 빠질 수 없다. 그래서 시험 준비를 위해서는 가족의 경제적인 지원이 꼭 있어야 한다. 그러나 많은 교사 지망생들은 가족의 그런 경제적 지원을 기대할 수 없어 대학 졸업 후 바로 기간제 교사 등을 하면서 시험 준비를 할 수밖에 없다고 한다. 그렇다면 시험 합격이 반드시 합격한 개인 혼자만의 능력이나 노력의 결과라고 할 수 있을까?

우리는 일반적으로 사회적 성공이 곧 능력의 징표라고 여기고,

그 성공은 능력에 대한 보상이라고 믿는다. 그러나 이처럼 **사회적 성공에는 유전적으로 물려받은 뛰어난 재능과 가족의 뒷받침이 큰 역할을 하기 마련이다. 모두 '운'이라 할만한 것들이다.** '운칠기삼(運七技三)'이라는 세간의 말이 있을 정도로, 누군가의 성공에는 능력(技)보다는 이런 운(運)이 훨씬 더 크게 작용한다는 것은 상식적으로 공유되는 경험적 사실이다. 그런데도 우리는 누군가의 성공이나 그에 따른 큰 보상이 능력과 노력에 따른 정당한 결과라고만 여긴다. 과연 그런가?

은폐된 세습

능력주의가 지닌 매력의 가장 중요한 원천은 그것이 세습에 반대하고 평등주의를 표방하면서 개인들의 노력과 능력에 따른 기여를 정당하게 평가한다는 데 있다. 그래서 그것은 모든 사회 구성원에게 혈통이나 출신과는 무관하게 사회적 경쟁 체제에서 성공할 가능성을 보장한다는 점에서 봉건적 귀족 체제에 맞선 혁명을 통해 성립한 서구적 근대 민주주의의 이상에 부합한다고 박수를 받았다. 그러나 **능력주의는 그 자체만으로는 새로운 세습체제의 출현을 막지 못한다.** 아니, 능력주의는 단지 그러한 사실상의 세습체제를 공정한 경쟁의 결과로 포장함으로써 은폐할 뿐이다. 달리 말하자면, 능력주의는 그것을 가장 매력적이게끔 보이게 하는 바로 그 지점, 곧 세습체제의 극복이라는 지점에서 사실은 좌초한다.

이것은 무엇보다도 **능력주의적 경쟁 체제의 출발선상의 불평등**과 관련이 있다. 그러니까 그러한 경쟁 체제에서 개인들이 가진 다양한 능력들은 기본적으로 그 개인들이 스스로 창출해 낸 것이 아니다. 능력주의 체제에서 개인 평가의 기초가 된다고 가정되는 능력은 상당한 정도로 부모의 지능이나 외모의 유전에서부터 경제적 수준, 학력, 사회적 지위 등을 이런저런 방식으로 사실상 상속받는 데에 영향을 받는다. 능력주의는 능력에 따른 분배와 사회적 위계를 정당화하지만, 그 과정에서 이런 유전과 자산 상속 및 사회적 배경의 차원이 수행한 역할이 크고, 그 때문에 능력주의적 질서 역시 현실적으로는 결국 모종의 세습체제에서 완전히 벗어나기 힘든 것이다. 여기서 교육은 이 능력주의 체제의 '핵심 동력'[57]으로서 아주 결정적인 역할을 담당한다. 잠시 능력주의 체제에서 교육이 어떤 위상을 갖고 어떤 역할을 하는지 필요한 만큼 살펴보자.

능력주의 이데올로기는 능력에 따른 불평등 분배 체제를 정당화하는데, 그러나 사실 무엇을 능력으로 평가할지 그리고 그 능력 자체는 어떻게 평가할지 하는 문제는 모호하기 그지없다. 사람들이 가진 능력은 매우 주관적으로 평가될 우려가 크다. 이런 맥락에서 교육은 사람들이 가진 능력에 대한 그런 주관적 평가의 가능성을 줄여 객관적이고 체계적인 평가를 위한 가장 적절한 장이자 수단을 제공한다고 이해된다. 어린 시절부터 상당히 오랜 시간 동안 여러 수준의 학교를 거치면서 치른 다양한 평가를 통해 사회가 필요로 하는 뛰어난 능력을 누구는 가졌고 누구는 그러지 못한지를 가려낼 수 있을 것처럼 보이기 때문이다. 그러니까 이 **능력주의 체제에서 교육의 장은 사실은 능력자를 추려내는 경연장**이라고 할 수 있다.

이 능력주의 체제에서 사람들이 교육을 받는 궁극적인 목표는 가능한 한 높은 학력을 얻는 것이며, 학교는 그 높은 학력을 위한 적격자를 찾아내기 위해 성적에 따라 학생들을 줄 세우는 데 존재 이유가 있다. 여기서는 높은 학력을 지니고 좋은 성적을 받은 학생은 사회적 생산 과정에서 뛰어난 능력을 발휘할 것이라 기대된다. 또 그러기에 높은 보상을 받고 사회적으로 높은 평판을 얻게 될 것이라 여겨진다. 반면 저학력자들이나 좋은 성적을 보이지 못한 사람들은 사회에서 허드렛일이나 단순 육체노동 같은 것에 종사하며 낮은 임금과 직업적 불안 그리고 낮은 평판을 받을 수밖에 없다고 생각한다.

우리 사회에서는 이런 능력주의적 차별화가 다른 사회에서보다 훨씬 더 극단적으로 관철되는 것으로 보인다. 우리 사회에서 그런 식의 학력 차별은 거의 고질병이라 해야 할 정도로 심각하다. 그러다 보니 사람들은 이제 거의 모두 대학졸업장을 원하게 되었다. 그리하여 한국은 세계 최고 수준의 대학 진학률을 기록하게 되었다. 그러자 이제 한국 사회에서는 아주 기괴한 방식으로 대학 서열화 현상이 일어난다. 학문 분야별 성취 따위와는 상관없이 모든 대학이 거의 한 줄로 위계화되어 있다.

심지어 우리 사회는 대학들 사이에서만 서열을 매기는 것이 아니라 같은 대학의 학과 사이에서도 또 가령 서울 캠퍼스와 지방 캠퍼스 사이에서도 입학 성적 수준(대개 사교육 업체들이 수능 점수 따위로 계량화시킨)에 따른 격차를 만들어내고 이를 절대화한다. 한때 어느 대학 학생들은 지방 캠퍼스와 서울 캠퍼스의 졸업장을 구분 없이 주겠다는 대학의 정책에 반발하여 총장실을 점거하기도 했다. 그러다 보니 대학의 교육 정책이나 실험도 이런 경향에 큰 제약을 받을 수밖에 없다. 예를 들어 한국의 대학에서는 모집 단위를 대규모화하고 무전공으로 학생들을 뽑은 다음 상급 학년에서 전공을 선택하게 하는 제대로 된 방식의 '학부제' 실험 같은 것이 뿌리를 내릴 수 없다. 대학의 경영진이나 행정 담당자들이 일부 언론사의 대학 순위 평가 같은 데에만 매달리는 것도 당연한 결과다.

　이렇게 우리 사회에서는 교육이 큰 역할을 하지만, 교육적 가치나 지향 그 자체보다는 교육 서열 체제 속의 위치가 중시된다. 그러다 보니 그 서열상의 위치를 결정하는 '성적'이나 '학력'이 다른 무엇보다 중요하게 여겨지고, 모두가 어떤 식으로든 대학에 가려 하며, 대학교육이 일반화되니 이번에는 (명문대와 일반대 또는 '지잡대'를 나누는 맥락의) '학벌'을 따지게 된다. 경쟁이 치열한 직업과 관련해서는 무슨 '입사시험'이나 '자격시험'이 중시된다. 바로 이런 배경 위에서 '사교육 광풍'이 일어나고, 온갖 스펙 쌓기 열풍도 분다. 좋은 성적이나 좋은 학벌이 돈과 권력의 보증수표인 탓에, 사람들은 부정한 수를 써서라도 그것을 얻으려 한다. 온갖 입시비리나 학력

위조가 끊이지 않는 배경이다. 이런 교육병리에 대해서는 나중에 좀 더 살펴볼 것이다.

다시 은폐된 세습 논의로 돌아오자. 지금의 논의 맥락에서 중요한 것은 사정이 그러하다 보니 **능력주의 사회의 교육에서는 결국 부모의 경제적 지원이 결정적 역할을 하게 된다**는 것이다. 이 체제의 교육에서는 능력의 상징으로 인식되는 높은 서열의 학벌이 제일 중요하다. 따라서 돈으로 명문대학 합격증을 사는 비리 같은 게 제일 손쉬운 방법이겠지만, 위험하기는 하다. 그래도 미국에서는 부모가 돈이 많으면 기여입학 같은 게 가능하고, 그게 안 되는 한국에서는 막대한 사교육 지원을 할 수 있다. 해외 유학이나 어학연수는 물론, 돈이 있어야만 가능한 온갖 자격증 따위를 위한 프로그램 참가도 지원할 수 있다. 뛰어난 재능을 가졌다는 '영재' 증명도 돈으로 할 수 있다. 이런 식으로 우리나라의 이른바 스카이(SKY) 대학 입학생의 거의 절반을 서울 강남 출신 고소득층 자녀들이 차지하게 되었다고 한다. 이런 일은 결국, 학교를 사회 계층을 재생산하는 매개체라고 이해했던 사회학자 부르디외(Pierre Bourdieu)를 따라 말한다면, 부모의 '경제 자본'이 자녀의 '교육 자본'으로 바뀌게 된 결과라고 할 수 있다.[58] 바로 이런 방식으로 능력이 세습되는 것이다.

물론 이는 능력 그 자체의 세습은 아닐지도 모른다. 어떤 부모도 자식에게 자신의 능력을 직접 그대로 전해줄 수는 없으니 말이다. 그렇다면 이렇게 말해보자. **능력주의는 '능력에 따른 분배의 결과'**

라며 정당화하는 사회적 성공 배후에 있는 세습이라는 진상을 은폐한다. 맥나미와 밀러는 바로 이런 맥락에서 능력주의라는 게 하나의 '신화', 곧 허구일 뿐임을 지적한다.[59] 사실 부모의 배경이나 경제적 부는 단순히 높은 학력을 획득하는 데서 뿐만 아니라 자녀들이 사회적으로 성공하고 출세하는 과정 전반에서 매우 결정적인 역할을 한다고 해야 한다. 다시 부르디외의 개념을 쓰자면, 부모가 가진 부와 경력은 자녀들에게도 '사회적 자본'(누구를 알고 있는가)과 '문화적 자본'(누구와 어울릴 수 있는가)이 된다. 그리하여 자녀들이 사회에서 성공하는 데 필요한 인적 네트워크와 학교에서는 배울 수 없는 다양한 차원의 취향이나 언행 및 생활 스타일 같은 걸 제공해 준다. 이런 것들은 능력주의가 평가한다는 개인의 능력을 벗어나는 차원에 있는 것처럼 보이지만, 한 개인의 사회적 성공에는 이런 자본들이 아주 결정적인 역할을 한다.[60] 능력주의는 이런 세습 기제를 은폐한다.

불평등의 정당화: 능력주의의 요점

문제는 현대 사회의 이런 은폐된 세습체제도 능력주의의 이름으로 포장되고 정당화된다는 데 있다. 이런 일이 일어날 수 있는 바탕에는 능력주의가 행하는 불평등에 대한 정당화 효과가 깔려 있다. 오늘날에는 누군가 부모의 지위나 재산을 직접적으로 물려받는 방식으로는 사회적 지위나 경제적 불평등을 쉽게 정당화할 수 없다. 실제로 그런 일이 가능하기는 해도, '부모를 잘 만나' 얻은 지위나 재산에 대한 사회적 경멸을 피할 길은 없다. '부모 잘 만나는 것도 실력'이라 했던 정유라는 사회 전체의 공분의 대상이었다. 그리고 오늘날에는 재산은 몰라도 사회적 지위를 직접 세습하는 일은 아주 예외적인 경우를 제외하고는 사실 매우 힘들기도 하다. 그러나 교육 자본은 다르다. 그것은 사회적 불평등을 정당화할 수 있는 능력의 증거인 것이다.

능력주의는 심지어 승자독식조차 정당화하는 이데올로기다. 그것은 경쟁에서 이긴 일부 엘리트 계층에게 특권과 엄청난 보상을 안겨주고 패자에게는 적절한 인간적 삶의 기회를 제공하기 거부하는 심각한 사회경제적 불평등체제를 공정하다고 이야기한다. 덕분에 승자들은 사실은 엄청난 행운의 결과일 수도 있는 자신들의 성공이 오로지 자신들의 능력과 노력 탓이라고 여기고 뽐낼 수 있게 된다. 자신들이 누리는 특권과 높은 수준의 보상을 당당하게 누릴 자격이 있다면서 말이다. 반면 패자들은 결국 자신의 실패가 자신의 부족함과 못남 때문에 일어난 것이므로 고통 속에서 살아가는 게 당연하다고 여기도록 강요받는다. 모든 게 '자기 탓'이라고 하면서 말이다.

물론 능력주의는 언제나 또 누구에게나 개방된 기회균등의 원칙과 결합해서만 작동할 수 있는 것처럼 보이기는 한다. 그러나 그 원칙은 사실은 산출된 결과의 불평등을 정당화하기 위해 사회적 경쟁의 공정성을 드러내는 효과를 돋보이게 하는 소극적이고 기만적인 역할만 한다고 보아야 한다. 왜냐하면 그렇게 함으로써 결과로 나타나는 엄청난 불평등을 가능하게 하는 출발선상의 불평등을 시야에서 사라지게 하기 때문이다. 좋은 환경에서 태어나그 자라서 자신의 능력을 계발할 수 있는 충분한 지원을 받은 사람과 뛰어난 능력이 있어도 그것을 계발할 수 있는 환경을 갖지 못한 사람에게 똑같이 기회가 주어진다고 해서 경쟁이 공정하다고 할 수 있을까?

능력주의는 모두에게 기회만 균등하게 주어진다면 어떤 종류의 경쟁이든 공정하다고 말하지만, 여기에는 이렇게 커다란 착시가 숨어 있다. 진상은 베일에 가려져 은폐된다. 실제로 기회는 균등하게 주어지지 않는다. 성공한 사람이 마땅히 자신이 누려도 좋은 응분의 몫이라고 여기는 보상은 사실 오로지 자신의 것이라고만 하기 힘든 많은 요소에 힘입고 있다. 실패한 사람도 실패하고 싶어서 실패한 것이 아니라 자신에게 주어진 삶의 조건 자체가 처음부터 불리해서 그런 경우가 많다. 공정한 경쟁이라고 하지만, 그런 경쟁은 전혀 공정하지 않다. 그런데도 우리는 늘 공정함만 둔제 삼는다. 그러나 진짜 문제는 그 베일에 가려져 있는 불평등이다. 능력주의는 이 불평등을 은폐하고 정당화한다.

누군가의 승리는 반드시 누군가의 패배를 전제로 한다. 모두가 승리하고 성공할 수는 없다. 그러나 공정함으로 포장된 능력주의적 경쟁은 어떤 경우에도 생겨날 수밖에 없는 이 패자들에게 그 경쟁은 처음부터 불공정한 것일 수도 있다는 사정을 은폐한다. 대신 모두가 어떻게든 경쟁에서 이기기 위한 준비를 하고 노력을 해야 한다고 강요한다. 그리고 그 결과가 승자독식으로 나타나고 또 그 상태가 누적되면서 승자와 패자 사이에 엄청난 격차가 벌어져도, 그것은 결국 승자가 잘나고 패자가 못난 탓이라고 여기게 한다. 이런 식으로 **능력주의에서는 불평등이 아니라 경쟁, 그것도 어떤 정글 속의 무한 생존 경쟁의 필연성이 전면에 부각된다.**

불평등을 정당화하는 이런 능력주의의 요점은 능력주의를 역사적으로 최초로 발전시켰던 유교 전통에서부터 잘 드러난다. 유교는 인간의 도덕적 잠재력이 평등하다고 믿었다. 쉽게 말해 누구든 군자가 될 수 있다는 것이었다. 그렇지만 유교의 고전가들은 한결같이 모든 사람이 그렇게 평등하게 부여받은 잠재력을 똑같이 계발하지는 않는다고 보았다. 많은 이들이, 다른 무엇보다도 게을러서, 그러한 자기 계발의 노력을 포기함으로써 군자가 되지 못한다는 것이다. 따라서 불가피하게 사람들 사이에 차이가 벌어질 수밖에 없는데, 그런 차이를 합당하게 고려할 수 있어야 올바르다고 했다. 과거 시험 합격에 따른 차별적 보상도 그런 맥락에서 정당화되었다. 한마디로 유교적 능력주의는 그런 자기 계발 또는 도덕적 자기 수양 정도의 차이에 대한 합리적인 차별 대우가 마땅하다고 보았던 것이다.[61] 오늘날 많은 사람이 능력과 노력에 따른 차별 대우를 정당하다고 보는 것과 본질적으로 동일한 인식이다.

유교 전통에서 그와 같은 차별 대우는 사회의 질서를 위한 기능주의적 필요에 의해서도 정당화되는 것처럼 보인다. 특별히 능력주의 이념을 강조했던 순자(荀子)는 이렇게 말한다.

"대체로 양편이 모두 귀한 사람이면 서로 섬길 수가 없고, 양편이 모두 천하면 서로 부릴 수가 없는데, 이것은 하늘의 섭리이다. 세력과 지위와 같으면서 바라는 것과 싫어하는 것도 같으면, 물건이 충분할 수가 없을 것이므로 반드시 다투게 된다. 다투면 반드시 어지러워지고, 어지러워지면 반드시 궁해질 것이다. 옛 임금들은 그러한 혼란을 싫어했기 때문에 예(禮)의 제도로써 이들을 구별해 주어, 가난하고 부하며, 귀하고 천한 등급이 있게 하여 서로 아울러 다스리기 편하게 하였는데, 이것은 천하의 백성들을 기르는 근본이 되는 것이다."[62]

사람들에 대한 차등 대우가 사회의 평화로운 질서의 유지를 위해서 반드시 필요하고 또 바로 그런 점에서 도덕적으로 정당하다는 것이다. 이런 접근법은 오늘날의 조건에서 사람들이 지닌 속성이나 능력에 따른 사회의 불평등 대우가 개개인들에게 경쟁에 임하고 노력이나 능력 발휘에 나서게 하는 강한 동기를 제공함으로써 사회의 발전을 위한 중요한 동력으로 작용할 수 있다는 식의 인식으로 연결될 수 있을 것이다.[63] 이런 사정은 우리의 유교적 전통이 오늘날의 신자유주의와 아주 쉽게 결합할 수 있게 된 배경일 것이다.

실제로 오늘날의 **신자유주의는 아주 적극적으로 능력주의 이데올로기를 활용한다.** 능력주의는 사회적 조화와 협동에 대한 막연한 호소보다는 사람들 간 경쟁의 불가피성에 호소함으로써 적어도 외견상으로는 더 효율적이고 더 생산적인 결과를 산출해 낼 수 있을 터이니 말이다. 앞서 여러 번 암시했지만, 어쩌면 능력주의와 신자유주의는 동전의 양면일 수도 있다. 치열한 경쟁 상황에 대한 강조, 적극적인 자기계발의 필요성, 적자생존과 승자독식의 원리 같은 신자유주의의 중심 신조는 그대로 능력주의 이데올로기의 핵심 내용이기도 하다.

그러나 이렇게 불평등의 정당화에 초점을 둔 능력주의는, 불평등 그 자체도 벌써 심각한 문제가 아닐 수 없지만, 다른 다양한 차원에서도 심각한 사회 병리들을 만들어내지 않을 수 없다. 강한 능력주의 전통을 가진 우리 사회에서 그런 문제는 훨씬 심각하다. 앞서 우리는 능력주의의 동아시아적 기원과 그것이 동아시아 사회들에서 가지는 의미에 대해서 살펴보았다. 우리는 중국에서 발전된 능력주의가 동아시아 여러 사회에 꽤 긍정적인 역할을 했음을 살펴보았고, 무엇보다도 우리 한국 사회가 그 어두운 근현대사의 경험에도 불구하고 아주 빠르게 자본주의적으로 산업화하고 높은 수준의 민주주의를 구가할 수 있게 된 배경에도 이 유교적 기원을 갖는 능력주의 문화가 큰 역할을 했음을 확인했다. 그러나 그 부정적 유산의 영향 또한 만만치 않다. 이제부터 이 문제를 살펴보자.

수백 년 동안의 지랄

우선 다시 교육 문제부터 보자. 우리는 여기서 조선을 지배했던 과거제의 폐단에 주목해 보아야 한다. 과거제는 물론 유교적 능력주의의 실천적 제도화의 핵심으로서 충분히 나름의 긍정적 역할을 해내기는 했다. 하지만 부작용 또한 만만치 않았다. 유교 경전에 초점을 둔 평가 때문에 국정운영에 필요한 실질적인 전문성이나 역량을 가진 인재들을 제대로 선발해 내지 못했다는 유의 비판은 조선시대 때부터 다양한 방식으로 제기되었다. 그러나 이런 차원과는 다른 사회적 부작용도 심각했던 것 같아 보인다.[64] 내가 주목하는 부분은 이렇다.

무엇보다도 너무도 많은 사람이 과거 시험에 매달림으로써 사회적 생산성이 떨어졌다. 요즘 식으로 말하면 사람들이 너도나도 '문과' 공부에만 매달리는 바람에 과학이나 기술 분야의 발전이 더뎠다. 고전에 관한 암기식 공부가 전반적인 창의성을 떨어뜨리기도 했을 것이다. 이런 비생산적인 학문에 대한 집착은 불가피하게 그에 따른 병리 현상들도 생겨나게 했다. 가령, 시간이 지남에 따라 엄격하고 공정한 평가보다는 명문대가의 자제들이 혈연, 혼인, 뇌물 등에 기댄 온갖 편법을 동원하여 과거에 급제하는 일이 일반적으로 되었다고 한다. 그리하여 이미 조선시대부터 과거제 역시 신분과 사회적 지위의 세습을 위한 도구로 이용되었다.

그럴 뿐만 아니라 과거 시험과 그 준비 과정 등을 통해 '학연'이 생겨나 사회적 물의를 일으켰다. 학식의 정도가 사람에 대한 평가의 기준이 됨에 따라 학문에 관한 관심과 열정과는 무관하게 누구든 어떤 식으로든 형식적인 유교적 소양을 쌓으려 하는 바람에 온

나라에 '서원'이 난립하고, 이것이 파당과 부패의 원천이 되었다. 다양한 수준의 과거 시험 합격 여부가 요즘으로 보면 일종의 '학벌'이 되어 사회적 물의를 일으켰던 것이다.

소설가 박민규는 어느 칼럼[65]에서 우리나라의 높은 대학 진학률을 조선 후기 서원 난립 현상과 연결하면서 우리나라 국민의 공부나 학벌에 대한 집착을 '백 년 동안의 지랄'이라고 이름 붙인 적이 있다. 그에 따르면, 지금 우리 사회의 높은 대학 진학률은 조선 후기 남의 족보를 사서라도 모두가 양반이 되려 했던 현상하고도 연결되는데, 그는 양반이나 대졸자가 아니어도 살 수 있는 세상을 향한 염원과 노력이 실제로는 모두가 양반이 되고 모두가 대졸자가 되는 세상을 만들어 낸 이 사태를 '지랄'이라고 표현했다. 왜냐하면, 우리 사회는 지금 "모두가 양반이 되어 아무도 양반이 아닌 세상에서, 다같이 대졸자가 되어 누구도 대졸자 대접을 못 받게 된 세상"이 되어버렸는데, 여전히 사람들은 공부나 학벌에 대한 어처구니없는 집착을 버리지 못하고 있기 때문이다. 물론 이런 인식은 얼마간의 교정 또는 보완이 필요하다.

우선, 그가 말하는 우리 국민의 지랄은 그저 백 년 정도의 역사만 가진 것이 아니라 최소한 수백 년 이래 이어져 오는 전통이다. 우리 사회를 지배하고 있는 능력주의는 애초 과거제도와 더불어 중국의 수, 당 시대에 발전했고, 우리나라에도 이미 고려 시대부터 영향을 끼쳤다. 적어도 그 이념은 본격적으로 과거 시험을 시행했던 조선시대 이래 우리 사회에 깊숙하게 뿌리를 내렸고, 서원의 난립이나 '온 나라 사람 양반되기' 현상은 그런 유교적 능력주의 이념의 병리적 발현과 관련되어 있다고 보아야 한다.

다음으로, 그는 지금 우리 사회가 "모두가 양반이 되어 아무도 양반이 아닌 세상에서, 다같이 대졸자가 되어 누구도 대졸자 대접을 못 받게 된 세상"이 되었다고 보고 있지만, 실제로 우리 사회는 새로운 종류의 양반(귀족)이 지배하는 사회이고, 대졸자라고 모두 같은 대졸자가 아니라 그 사이에서도 지독한 서열이 존재하는 사회다. 오늘날의 양반은 기본적으로 이른바 명문대를 졸업하거나 오늘날의 과거라 할 수 있는 '고시' 같은 각종 자격시험을 통과하여 고수익의 안정적 일자리를 가진 일군의 엘리트라 할 수 있는데, 이 집단은 정치적으로도 우리 사회의 주류를 형성하고 있다. 그래서 이런 엘리트 배출과 거리가 먼 비명문대나 이른바 '지잡대' 출신들은 제대로 된 대졸자 대접을 받지 못하고 있다.

어쨌거나 박민규의 지랄론은 우리나라의 교육 현실에 대한 정말 신랄하고 자조적인 풍자가 아닐 수 없다. 우리는 새삼 우리 사회가 오늘날 겪고 있는 숱한 교육병리가 단지 하루 이틀 사이에 생겨난 일이 아님을, 멀리 조선시대까지 닿아 있음을 확인한다. 그리고 그 병리가 단순히 교육만의 문제가 아니라 '양반'으로 상징되는 높은 사회적 지위를 얻으려는 경쟁과 관련이 있으며, 우리 청년 세대의 공정에 대한 목마름도 결국 바로 이 맥락에 있을 것임도 짐작하게 한다. 우리 사회가 지금 목도하고 있는 다양한 차원의 일그러진 공정성에 대한 집착은 결국 박민규가 한탄했던 그런 차원의 지랄, 그것도 수백 년 동안 이어져 온 지랄일 지도 모른다.

그렇다. 오늘날 우리 한국 사람들은 너무도 자연스럽게 여기고, 오바마 전 미국 대통령 같은 이가 그토록 찬양했던 우리나라의 치열한 '교육열'이라는 건 멀리는 조선시대까지 거슬러 그 뿌리를 두고 있다. 그리고 그 교육열의 실체는 사실은 모종의 '출세열'이다. 물론 그 출세열은 '나도 사람 대접받고 싶다'는 평등주의적 욕망에 기인했다고 볼 수도 있겠지만, 그렇더라도 그것은 기본적으로 외형적인 학문적 수련의 정도에 따른 사람 사이의 차별을 전제로 한 것이 아닌가? 조선시대에나 지금이나 이 능력주의가 만들어 낸 교육병리의 양상들은 근본적인 수준에서 변한 것 같아 보이지 않는다.

물론 이런 능력주의적 교육열 덕분에 한국은 세계 최고의 대학 진학률과 대학교육 이수율을 자랑할 수 있게 되었다. 하지만 정작 교육 그 자체는 입시 때문에 심각하게 왜곡되고 말았다. 이는 대학교육에서도 마찬가지인데, 한국의 대학교육은 '대졸자'라는 사회적 신분의 위계화된 증표 제공 이상의 역할을 하지 못한다. 이는 조선시대 후기 온 나라 사람이 족보를 사서라도 양반이 되려 했고 서원이 난립했으며, 몇 명 뽑지도 않는 과거 시험을 위해 전국에서 응시자들이 모여드는 바람에 시험장이 '난장판'이 되었던 현상을 떠 올리게 한다. 사실 우리 사회는 수백 년 동안 괴물 같은 능력주의의 덫에 포획되어 시달려 왔다고 해야 한다.

반(反)-시민교육

능력주의적 교육열은 단순히 입시 과열로만 나타나지 않는다. **교육 자체가 능력주의 이데올로기에 포획당해 경쟁이나 성공 같은 가치에만 맹목적으로 집착하면서 왜곡된다.** 학생들은 이 교육을 통해 올바른 시민성을 갖춘 성숙한 시민으로 성장하는 게 아니라 오히려 반민주적이고 반시민적인 경향을 몸에 익힌다. 무엇보다도 심각한 문제는, 한국의 중등교육에서 일반화된 '상대평가제'다. 이 제도는 학생들의 절대적인 학업 성취 수준을 평가하는 것이 아니라 동급생들과의 비교 속에서 상대적인 성적을 내는데, 이 제도는 학생들이 같은 학교나 학급의 다른 학생들을 언제나 경쟁자라고 여기게 만든다. 그러니까 한국의 학생들은 학교 교육을 받으면 받을수록 연대나 협동 같은 가치보다는 어떤 식으로든 참여할 수밖에 없는 경쟁 체제와 그것이 강제하는 '정글의 원리'에 익숙해지게 된다. 성적이 모두의 '우상'이 된 사회에서 학생들은 어떤 식으로든 좋은 점수를 받아야 한다는 압박을 받으며 성장하게 되는데, 여기서 친구들은 그저 경쟁자이며 다른 친구가 못해야 자신이 잘 할 수 있다. 그런 경쟁은 결국 대학, 특히 명문대 입학을 위한 것이다.

사정이 이렇다 보니 대학교육 역시 능력주의적 위계화의 논리에 포섭된다. 연구나 교육성과의 탁월함이 아니라 입학하는 학생들의 성적 수준이 대학의 수준을 결정한다. 그리고 상층 일부 엘리트 대학의 졸업자만이 사회적으로 형성된 능력주의적 위계질서에서 인정받는다. 결국 한국의 대학은 점점 더 격화되는 사회경제적 불평등체제를 능력주의적으로 정당화하기 위한 핵심적 기제의 중추로 자리를 잡게 되었다. 그러다 보니 민주적 시민성의 함양이라는 문제에 대해서는 거의 관심을 보이지 않고 있을 뿐만 아니라(이는 무엇보다도 한국 대학의 인문적 교양교육에 대한 무시에서 잘 드러난다), 외려 대학 교육이 비뚤어진 특권의식과 '우승열패(優勝劣敗)', 곧 능력 있는 자가 이기고 못난 자는 진다는 사회진화론적 세계관을 내면화시키고 있다.

사회학자 오찬호는 이미 2013년에 자신의 박사학위 논문을 바탕으로 출간한 『우리는 차별에 찬성합니다』라는 책[66]에서 우리 사회의 청년 세대가 얼마나 사회적 약자에 대한 차별의식에 사로잡혀 있는지를 생생하게 보여준 바가 있다. '괴물이 된 이십대의 자화상'이라는 부제가 붙은 그 책에는 우리 사회의 약자들을 차별하고 배제하는 것을 당연하게 여기는 많은 청년의 이야기가 나온다. 가령 우리 청년들은 당시 케이티엑스(KTX)의 비정규직 여승무원들이 입사 당시의 정규직화 약속을 지키라며 일으킨 파업에 대해 상당히 부정적인 반응을 보였는데, 이유는 별다른 자격도 없는 비정규직 여승무원들이 그저 집단의 힘으로 정규직화를 이루어내려는 시도이기 때문이라는 것이었다. 이런 태도는 또 예를 들어 당시 '용산 참사'의 희생자들에 대한 냉담한 반응으로도 나타났다고 한다. 그들 역시 아무런 기여 없이 재개발 과정에서 부당한 이익을 편취하려 했다는 것이다.

저자에 따르면 '학력위계주의'에 깊숙하게 물들어 있는 우리 청년들은 학력(학벌)의 정도에 따라 사람들을 나누고서는 그에 따라 사람들을 차별적으로 인식하고 대우하는 데 매우 익숙하다. 그래서 가령 명문대생과 이른바 지잡대생은 서로 다른 계급에 속하고, 그에 따른 차별은 정당하다는 식으로 인식한다고 한다. 곧 정규직 같은 좋은 일자리는 명문대를 졸업하고 일정한 능력을 입증한 사람만이 차지하는 게 옳고, 그렇지 못한 사람들은 열악한 대우에 시달리는 비정규직에 종사하는 게 당연하다는 식이다.

저자가 청년들이 '괴물' 같다고 여기며 보기에 따라서는 과한 부제를 붙인 이유를 추측해 보는 건 어려워 보이지 않는다. 우리는 흔히 청년 학생들은 기성세대와 비교해 상대적으로 새로운 지적 경향이나 문화에 개방적일 뿐만 아니라 강한 정의감도 갖고 있으리라 짐작한다. 게다가 우리에게는 특별한 역사적 경험도 있는데, 4·19 혁명 때는 물론이고 유신 시대의 반독재 운동을 거쳐 1987년 6.10 항쟁에 이르기까지 우리 사회의 민주화 운동의 중심에는 늘 대학을 중심으로 한 학생운동이 있었다. 그래서 우리는 청년 학생들은 오늘날에도 여전히 특별한 민주적 교육과정을 경험하지 않고도 자연스럽게 민주주의와 진보에 대한 강한 지향을 드러내리라고 쉽게 짐작할지 모른다. 그러나 그는 자신이 만났던 청년들이 전혀 그런 민주성과 진보성을 보여주지 못했을 뿐만 아니라 외려 반동적이기까지 하다는 사실을 보고는, 그리고 그게 결코 우연이 아님을 확인하고는 기겁하지 않을 수 없었을 게다.

누구든 짐작하겠지만, 그 배경에 우리의 병든 교육이 있다는 건 이제 더는 수수께끼가 아니다. 오찬호가 '학력위계주의'라고 부르고 많은 이들이 그냥 '학벌주의' 따위로 부르는 우리 사회 구성원들의 비뚤어진 신념이 우리 교육과 사회를 병들게 해 왔다는 탄식은 진작부터 많은 이들에게 큰 울림을 주었다. 그래서 '학벌 없는 사회'와 '사교육 걱정 없는 세상'을 추구하는 시민운동부터 혁신학교운동에 이르기까지 우리 교육을 바꾸어보려는 숱한 노력이 있었고 또 많은 성과도 있었다. 그러나 교육이 빚어낸 우리 청년 세대의 반(反)-시민성은 그동안 더 강화되고 더 흉측한 모습을 띠어오기만 했다. 앞서 본 숱한 사례처럼 우리 사회의 청년들은 결과적으로는 약자에 대한 차별과 무시로 이어지는 기괴한 공정성의 기치를 들고나와 우리 사회의 민주적 합의와 지향을 흔들어 놓곤 했다. 시험이나 성적 같은 객관적 기준에 따른 사회적 보상이 아니면 전부 불공정하고 형식적인 기회균등의 가치는 절대적 타당성을 지닌다면서 말이다.

2018년 제주도에 500여 명의 예멘인이 집단으로 난민 지위를 신청했던 일에 대해 우리 사회, 특히 청년 세대의 반응을 떠올려 보라. 어느 여론 조사에 따르면,[67] 우리나라 국민 전체로 볼 때 예멘 난민 수용에 찬성하는 응답은 24%, 반대하는 응답은 56%였고, 20%는 잘 모르겠다는 응답을 보였다고 한다. 그런데 놀라운 사실은 같은 조사에서 청년 세대에서 20대는 70%가, 30대는 66%가 반대 의견을 밝혔다는 것이다. 그 원인을 어떻게 분석하든, 교육 수준이 높고 해외여행 등의 경험도 많아서 국제화의 정도도 다른 세대보다 훨씬 깊으리라 추정되는 청년 세대가 난민 문제에 대해서는 이와 같은 반-인권적, 반-세계시민적 인식을 보통의 국민보다 더 극단적으로 노정했다는 사실은 결국 우리 사회의 교육이 어떤 맹점을 보여 주고 있는지를 간접적으로나마 추정할 수 있게 한다. 앞에서도 강조했지만, 물론 이는 우리 청년 세대의 잘못이 아니다. **심각한 불평등을 낳는 우리 사회의 능력주의적 분배 체계와 그것을 정당화하는 이데올로기에 물든 우리 사회의 문화가 진짜 문제다**. 이제 이 문제를 보자.

과두특권독점체제

불평등을 정당화하는 능력주의적 이데올로기의 부정적 효과는 단순히 교육 차원에서만 나타나지는 않는다. 능력주의의 이데올로기적 효과 덕분에 경쟁에서 성공하여 일정한 경제적 부와 함께 안정적이고 인간적인 삶을 보장받게 된 승자들은 큰 어려움 없이 패자들이 넘기 힘든 커다란 경제적, 사회적 장벽을 만들어 자신들만의 '성'을 쌓을 수 있게 된다. 나아가 **능력과 노력의 차이라는 명분으로 정당화되는 이 성공한 '성 안 사람들'과 실패한 '성 밖 사람들' 사이의 구분과 차별이 구조적이고 근본적이며 체계적으로 되도록 만든다**. 기회의 균등을 핵심 내력으로 내세우는 능력주의이지만 시간이 지남에 따라 이 능력주의는 권력이나 자원의 독점과 세습을 그 내적 본성으로 삼게 된다. 그때부터 성공의 기회는 아주 폐쇄적으로 되는 것이다. 이는 사실 능력주의에 정면으로 모순되게 보인다. 어떻게 이런 일이 가능한지 보자.

능력주의가 승자독식의 불평등을 정당화하는 이데올로기이다 보니 경쟁의 승자들에 의한 권력과 자원의 독점은 아주 자연스럽게 이루어지고 또 그러다 보니 승자들은 그것들을 자녀들에게 물려주고 싶어한다. 인간이 가진 어쩔 수 없는 본성 탓이라 해야 할까? 물론 직접적인 세습은 쉽게 그 모순성을 드러내기 마련이니 온갖 편법과 반칙을 동원한다. 마이클 영의 소설에서는 자녀의 유전자를 조작하는 모습으로 표현되었지만, 현실 세계에서는 무슨 입시 비리나 병적인 사교육 지원으로 나타난다. 이런 현상은 우리나라에서만 나타나는 것 같지 않다.

대니얼 마코비츠는 『엘리트 세습』에서 미국 사회에서 일어나고 있는 이런 종류의 새로운 세습 과정을 하나의 왕조 질서의 구축 과정으로 묘사한다. 그에 따르면, "능력주의의 용광로에서 만들어진 신흥 엘리트 계층은 그 무엇보다 경쟁을 자녀에게 유리한 방향으로 활용하는 방법에 통달한 사람들이었다. 한때 귀족적인 계층 질서와 왕조를 무너뜨렸던 바로 그 메커니즘이 이제 그 자리에 능력주의적인 계층 질서와 왕조를 세우고 있다."[68] 또 "능력주의는 귀족적인 왕조를 지탱했던 세습 특권을 폐지하는 동안에도 교육에 새로운 왕조적 기법을 접목한다."[69] 엘리트끼리의 결혼에서부터 막대한 비용이 들어가는 특별 교육이 그런 기법의 핵심이다.

그러나 우리나라에서 확인되는 새로운 왕조 구축 기법은 미국보다 훨씬 더 철저해 보인다. 우리나라의 엘리트들은 단순히 사교육 지원 같은 것으로는 모자란다고 느끼고, 입시 정책 같은 걸 바꾸어 경쟁이 자신들에게 유리하게 만들기도 한다. 이명박 정부 시절 입학사정관제도를 도입하던 예를 생각해 볼 수 있다. 이런저런 선발 과정의 진입 장벽 자체를 높여 아무나 경쟁에 참여할 수 없게 만들기도 한다. 가령 많은 스펙을 요구하고 시험의 난도를 높여 아주 오랜 시간 동안 그리고 많은 돈이 드는 사교육을 통한 훈련을 받아야만 합격할 수 있게 만드는 식이다. 그리하여 경쟁 자체를 '자기들만의 리그'로 만들어 버린다.

이런 과정을 통해 사회 구조 자체가 이미 권력과 자원을 독점한 세력들을 중심으로 재구조화된다. 그들은 자신들만의 네트워크를 구축하여 서로를 밀어주고 당겨주면서 자신들의 기득권을 강화하고 자녀들이 기득권의 성채 안에 머무를 수 있도록 한다. 경제 권력, 정치 권력, 언론 권력, 종교 권력 등이 아주 강고하고 밀접한 카르텔을 형성하여 그 기득권을 지킨다. 심지어 지리적인 주거나 생활의 장소조차 자신들에게 유리하게끔 구획한다. 성공적인 사교육에 유리하고, 인적 네트워크를 활용하기 좋으며, 자신들의 취향이나 생활 스타일이 낯설게 여겨지지 않을 그런 곳으로 삶의 장소가 집중되는 것이다. 서울의 '강남'이 특별한 사회적 의미를 가지는 것도 바로 이런 배경 위에서 이해할 수 있다. 바로 이런 방식으로 우리 사회의 '과두특권독점체제'가 형성된다.

이런 권력과 자원의 독점과 세습은 능력주의가 지배하는 사회에서는 어디서나 일어난다. 이는 우리의 역사적 경험을 반추해 보면 잘 드러난다. 이미 조선시대 말기 이른바 '세도 정치'의 강화와 함께 우리 사회에서는 가족주의적 삶의 방식이나 문중주의가 강화되는 현상이 있었는데, 이는 단순한 역사적 퇴행이라고 할 수 없다. 그 현상은 혼란스러운 사회적 상황에서 한정된 권력 자원을 독점하려는 전략적 생존 전략의 산물로서, 역설적으로 보이지만 유교적 능력주의 이념과 내적으로 긴밀하게 결합하여 있었다.[70] 다시 말해 그런 일은 큰 틀에서 능력주의적으로 성공했던 권력자들이 자식들에게 사회적 지위를 세습하면서 자신들만의 성을 쌓으려 했던 사정과 관련이 있었던 것이다.

지금 우리 사회에서도 마찬가지다. 외견상 능력주의가 지배하고 있는 것처럼 보이는 한국 사회지만, 여기서 대재벌은 물론 대형 교회, 언론, 사학, 나아가 심지어 대기업 노조의 일자리에 이르기까지 사회의 거의 모든 영역에서 '금수저' 또는 '작은 김정은'의 세습적 지배 영역이 구축되어 굳어지면서 기괴한 과두지배체제가 형성되고 있다. 우리 청년들이 '헬-조선'이라고 부르는 현실이다.[71] **애초 세습체제에 대한 저항의 논리로 수용되고 뿌리내리며 한국 근대화의 결정적인 문화적 동력으로 작용했던 능력주의가 그것이 낳은 사회경제적 불평등의 고착화와 함께 그 반대물, 곧 새로운 종류의 세습체제를 낳고 있는 것이다.**

다른 사회들에서도 사정이 크게 다르지는 않아 보인다. 오늘날 서구의 선진 자본주의 사회에서는 신자유주의의 확대와 더불어 나타난 이른바 '포스트-민주주의'[72] 또는 '재-봉건화'[73] 현상에서 능력주의 원리의 현격한 침식이 목격되고 있다. '세습 자본주의'를 비판하는 피케티의 『21세기 자본』의 논의도 궁극적으로는 같은 현상에 대한 문제의식의 표현이라고 할 수 있다. 이런 개념이나 이론들은 사회적 재화의 분배에서 개인의 능력이나 성취 또는 기여 같은 요소의 몫이 현저하게 감소하는 가운데 상속이나 세습 또는 '지대-추구'에 기초한 심각한 경제적 불평등이 생겨나 고착화되는 현상을 겨냥하고 있다. 그러나 이런 현상은 단순히 능력주의의 반대물이 아니라 능력주의 그 자체의 내적 한계의 결과이거나 그 본성의 표현으로 이해되어야 한다.

가령 피케티가 비판하는 세습자본주의는 단순히 능력주의의 반명제(안티-테제)가 아니다. 그는 서구의 세습자본주의가 신자유주의의 등장과 함께 더 강화되었음을 지적했는데, 능력주의는 바로 그 신자유주의에 대한 정당화를 수행했던 이데올로기다.[74] 이는 피케티 자신이 최근에 펴낸 『자본과 이데올로기』에서도 인정하는 바다.[75] 그것은 오늘날, 특히 신자유주의적 조건에서, 능력에 따라 생겨나는 아주 심각한 수준의 사회적 불평등과 배제조차 정의롭다고 정당화하는, 사회적 경쟁 체제에서 승리한 자들의 이데올로기인 것이다. 그것은 또 상속 또는 세습과 밀접하게 연결된 자본주의적 소유권의 지배를 극복하지 못하고 오히려 은폐하며, 심지어 정당화하는 데 기여한다. 말하자면 능력주의는 본성적으로 어떤

'(자기-)배반의 이데올로기'다. 그리하여 그것은 이제 민주주의의 전제나 필요조건으로 작용하는 것이 아니라 오히려 매우 반민주적인 지배체제를 내적으로 잉태한다. 곧 그것은 이제 '신계급사회' 또는 '신신분사회'의 토대다.

물론 사회경제적 불평등의 사실 자체가 문제는 아니다. 그리고 능력주의 사회에서는 혈통에 따른 신분제적 귀족이 존재하는 것도 아니다. 적어도 외견상으로는 성 안 '귀족'이 될 기회는 누구에게나 열려 있다. 그러나 그러한 불평등이 능력주의적으로 정당화되면서 광범위한 대중들을 포획하는 가운데, 시간이 지날수록 부의 대물림과 능력의 세습을 통한 성 안의 과두특권독점체제는 공고화되고 있다. 그 성 안 사람들은 심지어 사회의 중요한 권력 자원은 물론 정치과정마저 독점하면서 광범위한 절대다수의 시민을 배제하고 정치적 무기력 상태로 몰아넣고 있다. 이런 정치적 차원의 문제에 대해서는 다음 장에서 살펴보기로 하자.

제5장.

정치적 능력주의의 도전

불평등을 정당화하는 능력주의는 단순히 교육 차원에서만 사회적 병리를 만들어내지 않으며, 사회적이고 경제적인 차원에서만 모순을 빚어내지도 않는다. 능력주의에 기초한 자원과 권력의 독점은 정치적 수준에서도 일어난다. 능력주의는 사회적이고 경제적인 불평등을 넘어 정치적 불평등마저 산출하고 또 정당화한다. 이 정치적 불평등은 참 많은 일을 할 수 있다. 무엇보다도 능력주의적 과두특권독점체제는 정치의 힘을 빌려 더욱더 강고해진다.

가장 심각한 문제는 사회와 정치의 이런 경향을 저지하고 시민들 사이의 민주적 평등을 보호하기 위해 앞장서야 할 진보 세력조차 자주 능력주의의 함정에서 벗어나지 못한다는 사실이다. 앞서 우리는 우리나라와 서구의 많은 좌파조차 어떻게 이 능력주의의 이념에 사로잡혀 있는지를 보았다. 이미 마이클 영의 소설에서도 묘사되었지만, 얼핏 능력에 따른 분배정의의 이상과 그것을 실현하기 위한 기회균등의 원칙은 기존의 공고한 계급사회를 허물 수 있는 결정적 무기처럼 여겨진다. 많은 복지 정책들조차 누구에게든 성공할 평등한 기회를 마련해 주어야 한다는 당위로 정당화되기도 한다. 그리하여 능력주의, 특히 앞서 내가 말한 실질적 능력주의는 사회정의 그 자체로 간주되기도 한다. 그러나 이미 마이클 영이 예견한 대로, 이런 식으로 좌파가 능력주의를 맹종하게 될 때 그 결과는 암울한 디스토피아 사회일 것이다.

이제 현실의 능력주의가 정치적 차원에서 어떤 문제를 낳고 있는지, 그것은 우리가 소중하게 발전시켜왔던 민주주의에 대해 어떤 의미가 있는지를 살펴보기로 하자. 능력주의는 많은 이들에 의해 민주주의의 초석이라고 이해되었고, 실제로 역사 속에서 민주주의를 위해 일정한 역할을 했음이 틀림없다. 그러나 이제 더 이상 그런 소박한 접근은 타당하지 않다. 능력주의는 민주주의의 적이 되었다. 앞에서 본 대로 애초 능력주의를 탄생시켰던 유교 전통에서 그것은 본래부터 정치적이었다. 여기서부터 시작해 보자.

현능정치?

능력주의는 애초 중국에서도 세습에 대한 거부와 함께 발전했고 서구의 근대 이후에도 혈통 등에 따른 세습이나 특권을 거부하고 기회의 균등을 강조하며 누구든 능력 있는 사람이 성공할 수 있기를 추구한다는 점에서 민주주의와 친화적인 측면을 가지고 있음이 틀림없다. 그러나 그것은 그 본성에서 오히려 정반대의 면모를 가지고 있기도 하다. 오직 능력 있는 사람만이 정치적 권력을 갖고 나머지 사람들은 배제하는 게 옳다는 식의 생각으로 쉽게 이어질 수 있기 때문이다.

아닌 게 아니라 사실 오늘날 싱가포르나 현대 중국에서는 유교 전통의 현대적 계승이라는 기치 아래 민주주의와는 전혀 다른 방향의 '**정치적 능력주의**(political meritocracy)'가 공식적으로 실천되고 또 새로이 모색되고 있다. 이것은 <u>**민주적 선거와는 다른 엄격한**</u>

선발 및 검증 절차를 거친 소수의 엘리트 지도자들이 통치하는 정치체제를 가리킨다. 캐나다 출신의 친중국 정치철학자 대니엘 벨(Daniel Bell)은 앞서 살펴본 유교 전통에 착안하여 이 체제를 한자어로 '현능정치(賢能政治)'라고 규정하면서(우리말 역자는 이를 다시 '현능주의'라고 했다[76]), 문자 그대로의 의미에서 '현명하고 능력 있는 사람들'이 통치하는 정치체제의 이상을 옹호한다. 그러나 실제로 싱가포르는 북한처럼 '3대 세습'이 이루어진 권위주의 체제이고 중국은 공산당 1당 독재 체제인데, 그는 이런 체제들을 현능정치라는 이름으로 정당화하는 것이다. 어쨌든 우리는 벌써 여기서부터 유교의 능력주의 전통이 어떤 지점에서 우리가 이해하고 있는 민주주의와 어긋나는지를 확인할 수 있다.

다니엘 벨은 이런 현능정치가 오늘날 자주 포퓰리즘 같은 것에 의해 좌우되는 서구식 민주주의의 결점들을 보완하고 더 합리적이고 더 유능한 정치를 실천할 수 있다고 주장한다. 이 유교적 능력주의 정치체제가 일종의 긍정적인 포스트-민주주의 체제로서 그 효용을 다해 가고 있는 서구식 민주주의에 대한 하나의 대안이라는 것이다. 현명하고 능력 있는 지도자들이 책임감 있게 통치를 한다니 그럴듯해 보이기도 한다.

그가 제시하는 정치적 능력주의에 대한 정당화 논변의 핵심은, 급속한 변화와 복잡성을 특징으로 하는 오늘날의 사회가 다양한 문제에 제대로 대응할 수 있으려면 좋은 제도만으로는 불충분하고 뛰어난 자질을 가진 지도자가 국가를 통치할 수 있어야 한다는 데 있다. 그에 따르면, 정치지도자는 보통 사람들보다 뛰어난 지적 능력, 사교 능력(social skills), 도덕적 덕성이 필요하다.[77] 그러나 대중적 인기를 바탕으로 지도자를 선출하는 서구식 선거민주주의는 지도자들이 그런 자질들을 제대로 갖추었는지 검증해 내기 힘들다. 그 때문에 그와는 다른 방식으로 지도자들을 선발하여 국가 통치의 많은 부분을 담당하게 해야 한다.

물론 그도 단순히 민주주의 이념의 근본적 타당성을 부정하지는 않는다. 그러나 그러한 민주주의는 현안들이 복잡하지 않고 실패의 비용이 그리 많이 들지 않는 지역 차원에서만 적합하다. 상층의 중앙 정부 차원에서는 좀 더 많은 정치적 경험과 능력 및 덕성을 갖춘 지도자들이 선발될 수 있는 방식[78]이 도입되어야 한다. 중국 공산당에서는 실제로 다수의 추천, 시험, 면접 등의 방식을 결합하여 고급 간부들을 선발한다고 한다. 이런 인식 위에서 그는 "바닥은 민주주의, 꼭대기는 현능주의(정치), 그리고 중간은 실험 공간으로 하는 이 수직 모델을 '차이나 모델'"이라고 명명한다.[79]

이런 시각에서 보면 오늘날 선진국이라는 서구의 민주주의 국가들에서 우익 포퓰리즘이 거세게 발흥하고 있는 현상은 어쩌면 흔히 말하는 이른바 '중우정치(ochlocracy)'를 떠올리게 할지 모르겠다. 이것은 적절하고 사려 깊은 숙고에 따라 정치적 이성을 발휘하기보다는 감정과 정치적 선동에 휩쓸리기 쉬운 '우중(愚衆)'의 지배 체제로서, 여기서는 결국 국가적 일들에 별다른 식견도 없는 평범한 대중들이 나라의 일을 그르칠 우려가 크다고 이야기된다. 그렇다면 현능정치는, 서구 전통에 비추어보면, 그런 중우정치의 문제를 해결하기 위해 뛰어난 지혜를 가진 '철인왕'이 통치를 담당해야 한다고 주장했던 플라톤식 해법의 하나로 이해될 수도 있겠다. 사실 정치에서, 특히 오늘날과 같은 빠른 변화와 복잡성을 특징으로 하는 사회에서는 더더욱, 유능하고 덕망 있는 지도자의 중요성은 아무리 강조해도 지나치지 않을 것이다. 그런 점에서 현능정치의 이상이 지닌 설득력을 단순히 부정할 수는 없을 것 같다.

이런 맥락에서 오늘날 친-중국 계열의 많은 학자는 유교적 현능정치의 전통을 새로이 부활시키기 위한 다양한 헌정적 설계를 제안하고 있다.[80] 그 특징 중의 하나는, 다니엘 벨이 이를 '민주적 현능주의(정치)'라고 개념화하는 데서 볼 수 있듯이, 민주주의적 계기를 완전히 부정하지 않는다는 것이다. 그래서 민주주의적인 선거를 통해 구성된 의회에 일정한 역할을 부여한다. 그러나 능력주의를 중심에 세운다. 그리하여 서구 전통에서 존 스튜어트 밀(J.S. Mill)이 제안했듯이[81] 교육 수준이 높은 유권자에게 더 많은 의결권을 주는 방식으로 엘리트들에게 더 많은 정치 권력을 부여하거나 아니면 민주적으로 선출된 의회 말고 능력주의 원리에 따라, 가령 일정한 자격시험을 통해 선발된 엘리트들의 독립 국가기관이나 의회를 병행시키는 식의 모델이 제안된다. 일종의 현대판 과거 시험에 합격한 이들이 민주적 의회와는 다른 정치적 권능을 갖게 하자는 이야기이다.

구체적인 제도적 제안의 다양성에도 불구하고, 이들 제안이 지닌 공통점은 모두가 일반 대중들의 정치적 판단력을 불신한다는 데 있다. 특히 선거라는 절차는 최고 정치지도자를 선발할 수 있는 적절한 장치가 아니라고 본다. 대중들은 늘 이미지 정치 같은 것에 휘둘리기 마련이며, 단편적인 인상이나 선동에 휩쓸려 지도자를 선택하기도 하니 말이다. 정치적 능력주의를 옹호하는 사람들이 볼 때, 최고 정치지도자는 보통 사람들의 선호와는 무관하게 도덕적 자질과 능력에 따라 선발되어야 한다. 오직 자기 수양에 성공한 자질 있는 소수의 엘리트만이 통치에 적합하다고 본 게 유교 정치 전통의 핵심이라 할 수 있는데, 우리는 오늘날에도 이 전통을 계승해야 한다는 것이다. 그러나 이런 식의 제안이 커다란 설득력을 가질 것 같지는 않다.

우선, 정치철학적 타당성 여부를 떠나 무엇보다도 이런 제안들은 실현 가능성이 의심스럽다는 점을 지적해 두어야겠다. 오늘날 이미 민주주의적 평등의 이념이 일반화된 사회에서 그러한 현능정치의 이상을 실현할 방법이 있으리라고 여겨지지는 않는다. 밀이 제안한 바와 같은 식으로 교육 수준이 높은 유권자에게 가산점을 주는 모델도 또 민주주의적인 의회와 능력주의적 원리에 따라 선발된 엘리트들의 독립 국가기관이나 의회를 병행시키는 식의 모델도, 민주주의를 경험한 우리 같은 사회에서는 실현 불가능할 것임은 명백하다. 이는 벨 자신도 인정한다.[82] 적어도 민주적인 과정을 통해서는 그런 식의 현능정치 체제를 도입할 수도 없을 것이고, 민주주의라는 기반 위에서 그런 체제는 결코 작동하지도 못할 것이다.

이유는 명백하다. 이미 모든 시민의 평등한 존엄성의 원칙과 그에 따른 정치적 평등에 익숙한 민주주의 사회의 시민들이 그런 평등을 부정하는 제도에 쉽게 동의하지 않을 것이기 때문이다.

벨은 결국 이미 일당 지배체제가 고착화된 중국에서나 '하층부의 민주주의, 상층부의 현능정치'라는 수직적 모델이 실현될 수 있다고 보고 있지만, 그런 모델이 중국에서라고 바람직하다거나 잘 작동할 수 있다고 여기는 것도 결국 하나의 몽상이 아닐까 한다. 다시금 그 자신도 어느 정도는 인정하고 있지만, 그가 정당화하고 있는 중국식 정치체제도 현실에서는 현능정치의 이상과는 한참 거리가 멀다고 해야 한다. 시진핑 주석부터 이미 얼마간의 세습에 토대를 둔 이른바 '태자당' 출신으로, 중국에서도 권력 세습과 파벌에 따른 투쟁이 전혀 드물지 않다는 게 일반적인 관찰이다. 나로서는 중국에서조차 현능정치의 이상은 실현 불가능할 것이라고 단언하고 싶다.

이것은 단순히 어떤 이념에나 나타나는 이상과 현실의 괴리 같은 차원의 문제라기보다는 정치적 능력주의의 내적 필연성 때문에 그렇다. 물론 무슨 논리적, 선험적 필연성을 주장하는 것은 아니지만, 적어도 지금까지의 다양한 역사적 경험은 그러한 필연성을 충분히 입증해 주리라 믿는다. 여기서 내가 염두에 두는 건 능력주의적 정치 엘리트들의 통치가 민주적으로 견제되고 조율되지 않을 때는 필연적으로 부패하지 않을 수 없었다는 역사적 경험이다.

여기서 내가 말하는 부패는 벨이 높은 경제적 보상 등으로 극복할 수 있다고 여기는 그런 부패가 아니다. 그것은 마키아벨리가 서구 군주국이나 공화국들의 명멸을 보면서 지적한 부패인데, 그런 부패는 정치적 주체들이 공동선에 대한 지향이나 헌신 같은 정치적 덕성(비르투)을 갖추지 못하는 데서 생겨난다.[83] 이런 부패는 단언컨대 벨이 제안하는 식의 도덕 교육만으로는 막지 못할 것이다. 높은 수준의 유교적 도덕 교육을 받았음이 틀림없는 사대부들이 지배했던 조선의 정치적 능력주의가 결국 타락한 '세도정치'로 귀결되었던 사례는 결코 역사적으로 예외적인 일은 아닐 터이다.

 절대 권력은 절대적으로 부패하기 마련인바, 그것은 근본적인 수준의 헌정 체제 그 자체의 수준에서 일상적으로 또 제도적으로 감시받고 견제되지 않으면 안 된다. 우리는 민주주의 원리가 왕정이나 귀족정 같은 소수 엘리트 지배체제를 극복하면서 서로 다른 사회집단들, 특히 귀족과 평민 사이의 '견제와 균형'을 원리로 하는 민주적 공화정체를 발전시켜 온 역사적 과정의 의미를 가볍게 여겨서는 안 될 것이다. 민주적 공화정은 단순한 우연의 발명품이 아니라 역사적 경험에 대한 성찰을 토대로 한 하나의 역사적 성취라고 해야 한다.

능력주의적 '지배'

 물론 그와 같은 정치적 차원의 능력주의가 단지 오늘날의 중국이나 싱가포르 같은 데서만 나타난다고 할 수는 없다. 바람직한 정치적 통치는 다름 아닌 '지혜롭고 능력 있는 자들'이 국정을 운영할 때만 가능하다고 믿고 평범한 백성들은 정치의 수동적인 수혜 대상 정도로만 설정했던 동아시아 전통은 일본이나 우리나라같이 서구식 민주주의를 채택한 곳에서도 그 영향력이 적지 않다고 해야 한다. 나아가 이런 사정은 서구의 정치적 전통에서도 마찬가지다. 여기서는 늘 '귀족'과 '평민'이 대립하면서 평범한 보통 사람들의 정치적 참여와 권력 행사를 지향하는 민주주의를 중우정치 같은 개념으로 폄훼하는 것으로 나타났고, 이는 오늘날까지 이어지고 있다.

어떻게 보면 동서고금을 막론하고 인류 사회 일반의 정치적 지배구조는 큰 틀에서 늘 일종의 '엘리트 지배체제'였다. 많은 이들은 현대 민주주의에서도 정치과정 전반이 전문가와 고학력 엘리트들에 의해 좌우되고 주로 그들의 이해관계를 위해 작동한다는 의심을 제기한다. 이런 상황은 평범한 사람들의 자기-지배체제로서의 민주주의 이념에 근본적으로 어긋나 보이고, 우리는 오히려 민주주의가 진짜 가능하기는 한지 의문을 던져 보는 게 필요할지도 모른다.

우리는 앞서 능력주의의 초점이 심각한 수준의 불평등과 승자독식조차 정당화하는 데 있음을 보았다. 능력주의는 한 마디로 아주 심각한 불평등도 공정한 경쟁의 정당한 결과일 뿐이라고 포장한다. 이런 정당화는 단지 사회경제적 차원의 불평등만이 아니라 정치적 차원의 불평등에 대해서도 이루어지는데, 이런 능력주의가 어떻게 민주주의를 위협하고 파괴할지는 사실은 이미 처음부터 분명한 것인지도 모른다.

얼핏 능력주의는 사람들 사이의 평등을 전제하고 요구하는 듯이 보인다. 그러나 그것은 실제로는 민주주의 사회가 요구하는 평등주의 문화를 근본에서 뒤흔들 수밖에 없다. 승자독식을 원리로 하는 능력주의적 경쟁에서 승자들은 자신의 성공이 오로지 자신의 능력과 노력 탓이라며 거들먹거리고, 패자들은 자신의 실패가 결국 자신의 부족함과 못남 때문에 일어났다고 믿도록 강요받는다. 이런 식으로 정당화된 **불평등에 기초한 관계가, '갑질'처럼, 약자나 패자에 대한 강자나 승자의 부당하고 자의적인 '지배'의 관계로 나아가는 데는 한 걸음이면 충분하다.** 이런 지배는 서구의 공화주의 전통에서는 가장 큰 정치적 악이다.[84] 잠시 이에 대해서 보자.

우리는 오늘날 서구 사회들을 중심으로 일반화된 자유주의 때문에 '자유'를 가장 중요한 정치적 가치로 설정하곤 한다. 여기서 자유는 국가나 사회가 개인의 삶에 가능한 한 간섭하지 않는 데서 성립한다고 이해된다. 우리 시민들은 국가의 성립 이전부터 자연 상태에서 이미 자신들이 하고 싶은 것을 마음대로 하며 살아갈 자유와 그에 대한 권리를 가지고 있다는 인식이 출발점이다. 그런 출발점에서 보면 국가는 어떤 필요악 같은 것인데, 다시 말해 전쟁이나 범죄 따위로부터 안전을 보장받는 정도의 이유로 시민들이 불가피하게 자신들의 자연적 자유를 제약하는 데 동의한 결과로 탄생한 것이다. 따라서 국가는 그런 종류의 불가피한 이유를 제외하고는 가능한 한 최소한으로만 시민의 삶에 간섭해야 한다.

서구의 공화주의 전통, 그중에서도 특히 고대 로마 공화국의 경험에 뿌리를 두고 있는 공화주의는 그런 자유주의와는 얼마간 다른 결의 대답을 제시한다. 물론 여기서도 시민의 자유를 보호하는 게 국가, 곧 공화국의 일차적인 목적이라고 이야기하기는 한다. 그러나 이때 자유의 개념이 약간 다르다. 자유주의에서는 자유를 '불간섭(non-interference)'이라고 이해하지만, 여기서는 자유가 '지배가 없는 상태(비지배: non-domination)'라고 이해한다. **국가는 시민의 삶에 가능한 한 간섭하지 않는 데에 목적을 둘 게 아니라 모든 시민이 다른 이에게 지배당하거나 예속되지 않도록 보호하는 데 그 존재 이유를 가져야 한다.** 국가가 그런 목적을 달성하려면 때로는 시민의 삶에 제법 간섭해야 할 때도 많다. 특히 지배를 막기 위한 법률의 역할이 중요하다.

이런 자유 개념은 고대 로마 시대의 노예 제도를 배경으로 하고 있다. 여기서 자유로운 사람은 노예가 아닌 사람이다. 노예는 단지 주인이 자신의 삶과 행동에 간섭하지 않는다고 해서 자유롭다고 할 수 없다. 아주 자비로운 주인이 있다고 해 보자. 이 주인은 노예가 사는 일상적인 삶에 어떤 간섭도 하지 않는다. 하지만 이 주인은 법적으로 노예를 소유하고 있으므로 자신이 원한다면 언제든지 그 노예의 자유를 빼앗을 수 있다. 언제든 필요하다면 노예를 마음대로 부릴 수 있는 주인에게 주어진 법적 권한 그 자체만으로도, 그 권한이 실제로 행사되지 않는다고 해도, 노예는 예속 상태를 벗어날 수 없다.

그래서 이 전통에서 참된 자유는 간섭의 부재보다는 더 많은 것을 의미한다. 노예의 주인 같이 나의 삶과 행동에 '제멋대로' 간섭할 수 있는 권한을 가진 사람이 아무도 없는 상태에 내가 살 수 있어야 나는 비로소 온전하게 자유롭다. 그런 식의 자의적인 간섭이 바로 '지배'다. 그래서 **국가는 모두에게 적용되는 법을 통해 우리의 삶이 그런 지배에 노출되지 않도록 해야 할 도덕적 책무를 진다**고 할 수 있다.

물론 지금 시대에 노예는 없다. 그러나 사람들 사이에 지배의 관계는 도처에 있다. 앞에서도 언급했지만, 우리나라에서라면 가령 갑질 문제를 생각해 보라. 돈이든 지위든 무언가 권력 자원을 가진 사람들이 그렇지 못한 사람들에게 부당한 요구를 하고 못살게 구는 일이 자주 일어난다. 이런 식으로 사람들 사이의 사적 관계에서 일어나는 지배(사적 지배: 고대 로마인들은 이를 dominium이라고 불렀다)는 권력의 차이가 발생할 수 있는 모든 관계에서 언제든지 일어날 가능성이 크다. 가정, 학교, 회사 등 거의 모든 삶의 공간에서 그런 식의 지배 관계가 생겨날 수 있다. 국가는 법과 제도를 마련해서 그런 지배가 일어나지 않도록 최대한의 노력을 해야 한다.

그런데 지배는 단지 사적인 관계에서만 발생하지는 않는다. 시민들 사이에 비지배 관계를 보장하기 위해서는 법이라는 수단을 가진 국가 권력이 제대로 작동해야 한다. 많은 경우 시민들 사이의 지배 관계를 막기 위한 적절한 법이 없어서 문제가 되기도 하지만, 그러나 법적 보호 장치가 있다고 모든 문제가 해결되는 것이 아닐 때가 많다. 이번에는 국가 그 자체가 지배의 원천이 될 수 있어서다. 이처럼 시민들이 국가 권력과 맺는 공적인 삶에서도 지배 관계는 아주 쉽게 일어날 수 있다(공적 지배: 고대 로마인들은 이런 수직적, 공적 지배 관계를 imperium이라 불렀다).

우리나라에서는 과거 군부 독재 시절 국가 권력은 너무도 무도하게 시민들에 대해 그런 지배 관계를 행사했다. 경찰은 물론이고 심지어 보안사 같은 군사 조직이나 정보기관도 국민을 일상적으로 감시하고 사찰하며 통제했다. 무엇보다도 심각했던 것은 단지 정치적으로 다른 의견을 가졌다고 사람들을 미행하고 잡아다가 폭행하고 고문하며 반국가 사범으로 몰기 일쑤였다. 1980년 5월 광주에서는 군대가 나서 독재 권력에 항의하는 시민들을 너무도 잔인한 방식으로 학살하기까지 했다.

민주주의가 의미 있는 것은 바로 이 지점이다. 여기서 민주주의는 한 마디로 시민들이 그런 국가 권력의 담지자와 그 행사 방식을 자기 의사와 의지에 따라 통제하는 것이라 할 수 있다. 이런 민주주의에서는 국가 권력이 주권자인 시민들을 상대로 공권력을 제멋대로 행사하는 일은 상상하기 쉽지 않을 것이다. 민주화 이후 우리나라에서 경찰이 시민을 상대로 고문을 하는 따위의 일이 사라진 건 너무도 당연한 일이다. 물론 아직도 수사권과 기소권을 독점하고 거의 무소불위의 권력을 휘두르곤 했던 검찰의 공적 지배 문제는 남아 있지만 말이다.

다시 능력주의 문제로 돌아오자. 우리 사회에서 보면, 심각한 불평등조차 정당화하는 능력주의가 만연한 덕분인지 아주 자주 '사회적 귀족들'이 약자들에 대해 갑질을 퍼붓는다거나 비정규직을 심각하게 차별하는 따위의 일이 일상적으로 벌어지고 있다. 반면 사회적 약자들이 임금 인상이나 안정적인 삶을 위해 정규직화를 요구하기라도 하면, 많은 이들이 그건 결국 아무런 자격도 없이 자기 몫만 챙기려 하는 모종의 무임승차에 관한 주장일 뿐이라고 윽박지르곤 한다. 앞에서도 언급했지만, 마이클 샌델은 적절하게도 능력주의의 이런 양상을 '능력(자들)의 폭정/전횡(the tyranny of the merit)'이라 불렀는데[85], 우리는 지금 그러한 전횡이 정치적 차원에서도 횡행하고 있음을 확인한다.

능력주의는 오늘날 일차적으로 자본주의 시장 경제와 함께 사회경제적 차원의 분배정의의 원칙으로 자리 잡았는데, 이것은 사회 성원들을 무엇보다도 교육과 학벌에 따라 성층화하는 역할을 한다. 그리하여 능력주의 사회에서는 마르크스주의가 주목했던 바와 같이 단순한 자본과 노동의 구분이 아니라, 대학 졸업장의 유무, 특히 명문대 학벌의 소유 여부, 지대추구적인 각종 자격증 소지 여부 등에 따라 시민들 사이에 계층적 구분이 이루어진다. 문제는 이제 그런 구분에 따른 정치적 불평등마저 구조화된다는 것이다. 그리하여 **민주주의 정치도 사실상 이 능력주의적 경쟁 체제의 승자들을 중심으로 이루어지는 경향이 발전**하고 있는 것이다.

능력주의는 이제 '능력 있는 사람'과 그렇지 못한 사람 사이의 매우 심각한 사회경제적인 불평등뿐만 아니라, 심지어 이렇게 민주주의 원칙과 조화하기 힘든 정치적 불평등마저 낳고 또 정당화하면서 민주주의의 토대를 위협한다. 능력주의는, 앞 장에서 본 대로 사회경제적 차원에서 신계급사회 또는 신신분사회를 만들어내는 것을 넘어, 이제 정치적으로도 '신귀족정'이라고 할 수 있을 '과두정'을 발전시킬 위험을 드러내고 있다. 역사적으로 민주주의는 늘 '다수의 전횡'이라는 근본 문제를 노정할 수밖에 없다는 식의 의심과 불신을 받아왔지만, 현대 민주주의는 이제 정반대 방향에서 '(소수)능력자들의 전횡'이라는 근본 문제에 봉착하게 되었다.

한 마디로 이제 정치는 좋은 학력과 학벌을 가졌거나 이런저런 전문성을 가진 사람만의 몫이 되었는바, 민주주의가 정치적 능력주의 체제*로 변질 또는 타락하고 있다. 이 **정치적 능력주의 체제는 정치적 의사 결정 과정과 권력이 특정 분야의 전문성이나 학벌 또는 자격의 소유 등을 명분으로 내세우는 소수 엘리트 계층에 의해 독점되는 과두정의 특별한 형식**이라고 할 수 있다. 앞서 우리는 다니엘 벨이 서구의 민주주의와 대비하여 중국식 일당 독재 체제에 대한 정당화를 위해 이 개념을 사용하는 것을 봤지만, 오늘날 우리나라의 것을 포함하여 서구식 민주주의도 이런 정치적 능력주의의 틀 속에서 이해될 수 있는 다양한 양상을 보인다는 게 나

---

* 본디 meritocracy에 대한 역어로 사상이나 이념을 가리키는 '주의'를 붙이는 역어는 적절하지 않은데, 적어도 이 맥락에서는 그냥 능력주의라고 하면 안 되고 능력주의체제라고 하는 것이 적절하다. 그러나 일반적으로는 혼동을 피하고자 그냥 정치적 능력주의라고 하겠다.

의 생각이다. 물론 이런 체제는 현능정치 같은 개념으로 미화될 수 있는 성질의 것은 아니다.

새로운 과두정과 포퓰리즘의 발흥

물론 처음부터 서구식 민주주의를 그 자체로 정치적 능력주의라고 이해할 여지는 있다. 이는 선거민주주의 자체의 본성하고 관련이 있다. 대의민주주의 역시 어떤 면에서는 말하자면 '민주화된 귀족정'이라 할 수 있다.[86] 여기서 정치를 본업으로 삼지 않는 보통의 시민들을 대표하는 선출직 정치인들 역시 '현명하고 능력 있는' 공동체의 지도자들이라고 할 수 있다. 여기서 선거는 그런 지도자가 되고자 하는 사람들의 우수함이나 '탁월함'을 겨루는 입증 경쟁 절차라고 할 수 있다. 이때 보통의 시민들은 대의민주주의의 선거를 통해 지도자들, 곧 현대의 귀족들을 자신들의 뜻과 이해관계에 비추어 민주적으로 통제한다고 여긴다. 선거는 그들에 대한 가장 탁월한 민주적 견제 장치이며, 적어도 이상적으로는, 그들의 실질적 덕과 능력에 대한 올바른 평가를 반영한다고 기대한다.

일찍이 진화경제학을 주창했던 오스트리아 출신의 미국 경제학자 요제프 슘페터(Joseph Alois Schumpeter)는 『자본주의, 사회주의, 민주주의』[87]라는 책에서 현대 선거민주주의의 그와 같은 성격에 주목하여, 모든 시민이 평등하게 주권을 가진다고 전제하는 바탕 위에서도 민주주의란 결국 경쟁적 선거를 통해 엘리트 지배자를 번갈아 가며 선출하는 정치 제도일 뿐이라고 냉소한 적이 있다. 어쩌면 우리는 슘페터를 따라 선거민주주의도 결국 정치적 능력주의의 한 형태일 뿐이라는 식으로 결론을 내릴 수 있을지도 모른다.

그러나 지금 내가 오늘날의 민주주의가 정치적 능력주의로 변질하거나 타락하고 있다고 이야기할 때, 얼마간 다른 점을 염두에 두고 있다. 나의 요점은 단순히 선거민주주의의 본성에 대한 것이 아니라 현대 민주주의에서 엘리트 계층의 책임성을 묻고 민주적으로 견제할 가능성이 점점 더 좁아지면서 정치 자체가 특히 능력주의적 엘리트 계층에 의해 독점되고 있다는 데 있다. 그러니까 오늘날의 민주주의에서도 엘리트의 능력에 대해 과도한 무게를 부여하는 능력주의적 문화 속에서 정치조차도 엘리트들이 독점하는 일이 이데올로기적으로 또 제도적으로 고착되고 있다는 것이다.

단순히 선출직 정치인들과 그들이 임명하고 통제하는 장관직 같은 고급 관료만이 문제는 아니다. 국가기관 전반이 문제다. 중앙은행이나 경제정책 분야 등에서 정책적 전문성과 독립성의 기치를 내세우며 주권자 시민들이나 선출직 대표들의 요구에 저항하곤 하는 엘리트 관료 권력은 물론, 별다른 민주적 견제를 받지 않는 사법 권력도 이 정치적 능력주의의 틀 속에서 이해할 수 있다. 그 밖에 주류 언론, 엘리트 대학, 각종 씽크탱크와 연구소 등은 이 체제를 유지하는 핵심적인 이데올로기적 기구라 할 수 있을 것이다.

이 정치적 능력주의는 '과두정'의 한 형식이라고 할 수 있지만, 보통의 과두정과는 얼마간 다른 특징을 갖고 있다. 윈터스[88]는 과두정을 물질적 토대를 통해 이해해야 한다면서 단순한 '소수 지배'와 구분한다. 간단히 말해 과두정은 극단적인 물질적 불평등이 극단적인 정치적 불평등을 낳는 체제다. 이는 경제적 부의 집중을 기반으로 과두정을 이해했던 아리스토텔레스[89]의 고전적 선례를 따른 것인데, 예나 지금이나 과두정은 늘 같은 본성을 가진 모양이다. 어쨌든 정치적 능력주의도 이런 과두정의 한 형태라 할 수 있다. 그러나 여기서는 소수 집단에 의한 부의 집중에 더해, 높은 학력이나 지적 능력을 갖춘 계층의 정치적 독점, 곧 능력주의적으로 정당화되는 정치적 불평등이 가장 큰 문제다. 경제적 불평등도 문제지만, 그것은 이런 정치적 불평등의 결과이거나 최소한 그 때문에 더 악화한다. 그러니까 <u>**정치적 능력주의 또는 '능력주의적 과두정'은 경제적 차원의 불평등에 더해 정치적 불평등이 능력주의적으로 산출되고 정당화되는 체제**</u>라고 할 수 있겠다.

물론 어느 사회에서나 어느 정도는 불가피할 엘리트의 전문성과 정치적 주도성이 그 자체로 문제일 수는 없다. 엘리트들이 국가의 고위직을 차지하고 있다는 사실도 그 자체로 문제는 아니다. <u>**여기서 문제는 사회적으로 고착된 일종의 '정치적 귀족주의'**</u>라 할 수 있는데, 여기서 정치란 너무도 복잡하고 전문적인 일이어서 일정한 학력이나 학벌 또는 전문성을 가진 엘리트들만이 다루어야 마땅하며 평범한 보통 시민들은 기껏해야 엘리트들이 내놓은 선택지 중의 하나를 고르는 역할에 만족해야 한다. 그 결과 정치는 주로 고학력 전문가 엘리트 계층의 이해관계와 관심사에 의해 지배된다.

그러니까 이 정치적 능력주의에서 핵심 문제는 평범한 보통 시민들을 체계적으로 배제한 채 국가 기구와 정치를 장악하고 있는 엘리트들이 자신들이 누리는 권력의 민주적-정치적 책임성을 회피하면서, 그 권력을 정치공동체 전체의 공동선과 모든 시민의 자유와 존엄성을 보호하고 실현하는 데 쓰기보다는 주로 자신들의 우월적 지위와 자신들만의 이해관계를 강화하는 데 사용한다는 데 있다. 이런 상황에서는 국가 권력이 그 자체로 시민들의 자유를 보호하기는커녕 오히려 위협하는 공적인 지배의 수단이 될 위험성이 커질 수밖에 없을 것이다.

그런 일은 무엇보다도 정치에서 저학력의 평범한 시민들이 지닌 관심이나 이해관계 등은 무시되고 고학력-고소득 엘리트들의 관심이나 이해관계는 과대 반영되는 과정을 통해 실현될 것이다.[90] '1인 1표'가 현대 민주주의의 원리이지만, 실제의 정치 현실에서 고학력자들은 선출직 정치인의 후보군으로서 또 여론의 주도층으로서 보통의 저학력 시민에 비해 실질적으로 더 큰, 아니 압도적인 정치적 영향력을 발휘하니 말이다. 그런 현실의 함의는 심대하다.

그런 현실 덕분에 세계의 많은 나라에서 좌우 정당들 모두가 가령 노동유연성 강화, 시장 규제 축소와 개방, 재산세 등의 감세, 대학교육에 대한 투자 강화, 복지 축소, 수도권 중심주의 등과 같이 주로 엘리트의 이해관계나 지향을 따르는 정책을 추구한다. 덕분에 엘리트들은 정치라는 수단을 통해 자신들의 부와 권력을 더욱 더 강화할 수 있게 되고, 평범한 시민들의 자유와 존엄성은 더 쉽게 위협받는다. 물론 정치의 이런 계급 편향성은 어제오늘의 일은 아니다. 그러나 지금은 능력주의가 중산층과 노동계급을 대변한다고 자처하던 중도좌파 정당들마저 포획하면서, 그러한 편향성은 이제 기본적으로 학력 편향성의 방식으로 이루어지고 공정성이나 정의의 이름으로 정당화되면서 더 노골적으로 나타난다.

지금 서구 민주주의를 위협하고 있는 극우 포퓰리즘의 발흥과 그에 따른 민주주의의 위기는 바로 이런 정치적 불평등이 낳은 위기의 징후라고 할 수 있다.[91] 마이클 샌델은 미국의 민주주의를 위기에 빠뜨린 '트럼피즘'을 바로 그런 맥락에서 이해한다. 그에 따르면, 트럼피즘은 오바마 정부 시기까지 미국 민주당이 능력주의에 경도되어 신자유주의적 세계화로 인해 궁지에 내몰린 백인 육체노동자 계층의 기대와 존엄성을 무시하고 배반한 데 따른 반발의 결과다. 이런 현상은 단지 미국만의 문제가 아닌 것으로 보인다. 프란츠 발터(Franz Walter)와 슈틴네 마르크(Stine Marg)에 따르면,[92] 독일에서는 1960년대 말 이후 사회민주당이 주도한 교육개혁과 함께 능력주의 원리가 사회적으로 지배하게 되면서 노동자계급이 육체노동을 하는 층과 고등교육을 통해 능력주의의 수혜자가 된 층(특히 공공부분 종사자들)으로 분리되었다. 이때 독일 사회의 주역이 된 이 수혜계층은 삶의 공간과 문화 및 정치적 세계관 등에서 스스로를 더이상 노동자계급으로 동일시하지 않게 되었고, 아웃사이더가 된 소외계층은 정치적으로 또 문화적으로 고립되고 황폐해지면서 우익 포퓰리즘의 포로가 되었다고 한다. 그들은 이런 사정을 일반화하면서 유럽에서 우익 포퓰리즘의 발흥은 친노동적 좌파가 능력주의의 혜택을 받은 집단과 그렇지 못한 집단으로 분열된 직접적인 결과라고 진단한다.

능력주의는 기본적으로 개인이 지닌 능력에 대한 평가를 바탕으로 한다. 그리고 경쟁에 많은 무게를 두며 그 공정성을 강조한다. 이렇게 개인과 경쟁이 중요시되는 사회에서는 조직, 집단, 공동체 등은 주변적인 의미만을 갖게 될 것이고, 민주적 삶의 양식의 토대라 할 수 있는 공동체적 연대 의식과 사회적 약자에 대한 배려 등과 같은 가치도 뒤로 밀려난다. 또 승자의 이데올로기로서 능력주의는 사회적 경쟁 체제의 패자들을 무시하고 배제한다. 이런 상황에서 **사회적 경쟁 체제에서 패자라고 느끼는 시민들이 기존 질서와 경쟁의 승자들 및 사회의 엘리트들에게 배반당했다고 느끼며 '르상티망', 곧 원한 감정을 갖게 되는 건** 자연스러운 결과일 것이다. 그리하여 그들은 **자신들의 이야기에 귀 기울여주는 듯하고 자신들을 정치적으로 구원해 주리라 유혹하는 트럼프 같은 이가 대변하는 우익 포퓰리즘에 경도**되고 만다. 어떤 면에서 최근 유럽의 포퓰리즘은 능력주의가 만들어 낸 하층 노동계급의 '새로운 사회주의'[93]라고 할 수 있을 정도다.

이 과정에는 서구의 많은 중도 좌파 정당들의 변질도 큰 역할을 했다고 평가된다. 많은 분석에 따르면, 그 정당들은 능력주의에 경도되면서 최근 들어서는 자신들의 전통적인 핵심 지지층인 하층 노동계급 대신 대학 학위를 갖고 안정적인 고수익을 누리며 삶의 공간과 문화 및 정치적 세계관 등에서 더는 자신을 노동계급의 일부라고 여기지 않는 신흥 엘리트 계층을 주된 지지 기반으로 삼게 되었다. 중도 좌파 정당들이 불평등을 정당화하고 확대 재생산하는 이데올로기적, 정책적 지향을 드러내며, 교육과 소득 수준이 높은 소수의 '브라만 좌파'를 위한 정당으로 변질한 것이다.[94] 이 브라만 좌파들은 자산가계급에 기반을 둔 '상인 우파'와는 달리 가령 문화적인 차원에서는 자유주의적이고 진보적인 입장을 보이기는 하지만, 육체노동에 기반을 둔 전통적인 노동자계급과는 다른 문화적, 정치적 정서와 이해관계를 표출한다. 능력주의의 매력은 이렇게 치명적이다.

민주공화국이 위험하다

어떻게 보면 정치적 능력주의에 대한 발상과 지지는 동서를 막론하고 아주 오랜 역사를 갖고 있다. 정체에 대한 아리스토텔레스의 고전적인 구분[95]을 따르자면, 정치적 능력주의는 정치적 식견이나 능력에서 가장 뛰어난 자들이 통치하는 '귀족정'에 가깝다고 할 수 있다. 아리스토텔레스는 그 현실적 안정성을 의심하기는 했어도 이런 의미의 귀족정을 높이 평가했는데, 그것은 바로 귀족만이 국가와 그 구성원을 위해 최선의 판단을 내릴 수 있으리라고 기대했기 때문이다. 이성적이고 특정한 이해관계에 집착하지 않는 소수의 엘리트만이 정치공동체가 필요로 하는 공동선을 제대로 판단할 수 있다고 이해했던 이런 사유 전통은 이미 소크라테스나 플라톤에서부터 시작되어 오랫동안 이어졌다. 이는 근대에 이르기까지의 서구 공화주의 전통에서도 마찬가지인데, 특히 그리스적 지향을 가졌던 토마스 모어의 영향을 받았던 제임스 해링턴(James Harrington), 그리고 미국 건국의 아버지 중의 한 명인 토마스 제퍼슨(Thomas Jefferson)은 지혜롭고 덕을 갖춘 이들이 통치하는 '자연적 귀족정'을 옹호했다.[96] 이는 동양에서도 마찬가지인데, 앞서 본 대로 유교 또한 이상적인 정치로 '지혜롭고 능력 있는 자들에 의한 통치'(현능정치)를 지향했다.

반면 동서양 모두에서 평범한 보통 사람들, 곧 '평민'이나 '백성'의 정치적 역할은 부정적이거나 소극적으로만 인정되었다. 앞서도 언급했지만, 서구에서는 평범한 보통 사람들의 지배체제라는 본래적 의미의 민주주의(민주정)는 곧잘 중우정치로 폄훼되곤 했다. 그 덕분에 심지어 근대 민주주의의 원조에 속한다고 할 수 있는 미국의 이른바 '건국의 아버지들'도 민주정에 대한 부정적 인식 위에서 민주공화국인 미국의 헌법을 정초했고,[97] 앞서도 언급했듯이 여성과 노동자의 참정권 확대를 주장했던 존 스튜어트 밀조차 지적 능력을 기준으로 투표권을 차등 부여하는 복수투표제를 주장했다. 제대로 교육받지 못한 무지한 노동자계급은 제대로 정치적 판단을 내릴 수 없을 것이라는 게 이유였다.

어떤 의미에서 보면 평범한 사람들의 지배체제를 뜻하는 민주주의의 다른 이름이라고 할 수 있으며 엘리트의 독주를 비판하면서 평범한 '인민(populus)'의 직접적인 자기-통치를 지향하는 '포퓰리즘'에 대해 우리가 늘 부정적으로만 평가하는 것도 같은 맥락에서 이해할 수 있다. 유교 전통에서도 '민본'을 강조하고 백성의 복지가 모든 정치적 정당성의 근거라고 인식하기는 했지만, 결코 민의 정치적 주체성은 인정하지 않았다. 여기서는 생산적 노동에 종사하는 백성(피치자)과 정치적 역할을 수행하는 사대부(통치자)를 일종의 분업 관계에 있는 것으로 이해하였다.[98]

물론 앞에서 본대로 역사적으로 서구에서든 동아시아에서든 순수한 형태의 귀족정이나 현능정치가 실현된 적은 거의 없고 다양한 형식의 혼합정이 발전했다. 서양에서는 그리스와 로마 공화국 이래 특히 귀족정과 민주정의 요소가 결합했던 혼합정이 흔했고, 동아시아에서도 군신공치의 기치 아래 왕정의 외형 속에서 귀족들이 정치적으로 큰 역할을 수행하는 모종의 혼합정이 오랫동안 정착했다. 그러나 사실상 동서양 모두에서 넓은 의미의 귀족 또는 소수 엘리트가 늘 정치의 중심에 있었다. 평민과 백성은 오랜 세월에 걸친 지난한 저항과 투쟁을 통해서야 비로소 자신들의 권리를 확대하고 민주적 참여를 강화해 왔을 뿐이다.

이런 역사적 배경을 두고 볼 때, 현대 민주주의의 일반적인 헌정적 형식이라 할 수 있는 '민주공화국'은 바로 그런 역사적 투쟁의 결과로 평범한 보통 시민들이 정치의 중심에 서는 민주주의라는 기반 위에 서 있는 혼합정, 곧 민주적 공화정이다. 이 **민주공화국은 어느 사회에서든 불가피할 엘리트의 정치적 주도성과 평범한**

사람들의 자기-지배라는 민주주의 이념의 가능한 갈등과 긴장에 대한 생산적 응답이라는 관점에서 이해할 수 있다.

여기서도 어느 사회에서나 존재할 수밖에 없으며 그 사회적이고 정치적인 역할의 중요성을 인정할 수밖에 없는 엘리트 계층의 정치적 지도성을 일정한 방식으로 인정하기는 한다. 그러나 또한 보통의 시민들에게 그들을 선출할 수 있는 권리는 물론 다양한 차원의 정치적 참여와 견제의 가능성을 함께 보장한다. 그렇게 함으로써 그 엘리트 계층의 정치적 책임성을 강화하고, 평범한 시민들이 정치적 의사결정 과정의 중심에서 정치의 방향을 통제할 수 있도록 한 것이다.

이렇게 보면 **현대 민주주의가 정치적 능력주의로 전락할 위기에 처했다는 것은 선거에 기초한 대의민주주의 체제나 그밖에 다른 시민적 참여와 견제의 장치들이 엘리트의 정치적 책임성을 강제하는 장치로서 충분히 제 역할을 하지 못한다**는 것을 의미한다. 실제로 많은 민주주의 국가들에서는, 슘페터가 냉소한 것처럼, 선거는 정치적 이념 지향에 상관없이 주로 고학력-고소득 엘리트의 관점과 이해관계를 대변하는 주류 정당들이 주기적으로 교체되는 정도 이상으로는 의미가 없다는 비판에 직면해 있다. 그뿐만 아니라 보통 시민들이 엘리트들이 장악하고 있는 국가 권력에 대한 감시와 비판을 통해 일상적 주권성이 발휘해야 할 민주적 공론장 또한 거대 자본이 지배하는 언론 기업들에 의해 독점되어 왜곡되고 있는 게 현실이다. 여러모로 정치적 능력주의는 점점 더 강화되고 있으며, 그런 정치적 능력주의의 고착은 곧 민주적 공화정의 위기일 수밖에 없다.

한국의 정치적 능력주의

이제 우리 한국을 보자. 오랫동안 유교적인 능력주의 전통에 침윤되어 있던 우리 한국에서 그런 정치적 능력주의의 위협이 훨씬 더 심각할 것임은 아주 쉽게 짐작할 수 있다. 앞서 설명한 대로 한국의 민주주의는 단순히 서구 민주주의를 모방함으로써만 발전한 건 아니다. 거기에는 오랜 유교 전통의 깊은 영향도 있다. 그러다 보니 이 유교적 정치 전통의 어두운 그늘 또한 절대 사소하지 않다.

우선 지적할 수 있는 것은, 한국에서는 오랜 성리학적 전통의 영향으로 많은 정치적 문제를 곧잘 도덕주의적으로 접근하는 '도덕정치'가 아직도 지배적이라는 사실이다. 여기서 정치는 기본적으로 어떤 도덕적 진리의 실현을 지향해야 하고, 정파들은 누가 또는 어떤 세력이 도덕적 올바름을 주장할 가장 확실한 명분을 가졌는지를 두고 권력투쟁을 전개한다. 정치적 능력주의는 일단 이 수준에서 발현된다. 이 도덕정치에서는 개인적 수준에서도 충실한 자기수양에 성공한 사람만이 정치를 할 자격을 가졌다고는 보는 이른바 '수기치인(修己治人)'의 전통이 아주 강력하게 작동하고 있기 때문이다. 그리하여 우리는, 가령 장관 임용을 위한 인사청문회에서 아주 두드러지게 드러나듯이, 정치인 개인이 지닌 사소한 도덕적 흠결도 문제 삼고 정쟁의 대상으로 만드는 정치문화를 갖고 있다.

물론 이런 도덕정치의 전통을 반드시 부정적으로만 바라볼 일은 아니다. 멀리는 독립운동에서부터 민주화운동을 거쳐 최근의 촛불혁명에 이르기까지 정의에 대한 우리 사회 구성원들의 강렬한 지향은 우리 민주주의의 비옥한 문화적 자양분이었다. 특히 늘 권력과 사회적 기득권에 맞서서 싸워 왔던 진보정치는 이 도덕정치 전통의 정수를 이어왔다고 할 수 있다. 그리고 정치의 도덕적 정당성에 대한 강력한 요구는 권력의 자의적 행사에 대한 강한 견제 장치의 역할도 했다.

그러나 **지금의 한국 정치는 그 도덕정치의 초점을 사회 전체의 공동선이나 정의보다는 지나치게 개인의 사소한 인간적 흠결에 맞추거나 각 정파의 정치적 명분에 두는 경향을 벗어나지 못했다.** 그 결과 한국의 정치는 사회의 문제를 해결하기 위한 해결책에 대한 이성적 숙의보다는 과도하게 정파 간의 권력투쟁에 집착하여 극한적이고 파국적인 대결에만 몰두하는 모습을 보여 왔다. 그리하여 정치가 극단적으로 양극화되고, 사회 전체에 '정치 혐오'가 확산해 왔다.

이런 도덕정치의 지배 양상은 더 근본적인 수준에서 보면 유교의 정치적 전통이 보여준 민주적 잠재력의 어떤 본질적인 이면이라 할 수 있다. 앞서 우리는 유교적 능력주의 전통이 군신공치의 이념을 발전시켰고, 한국 사회는 그 역사적 발전태로서 매우 자연스럽게 민주적 공화정의 이념을 수용하여 발전시켰음을 보았다. 그러나 지도자 개인의 능력과 덕성을 강조하는 그 정치적 능력주의 전통이 민주적 공화정의 조건 속에서도 지속되면서 정치지도자들 개인의 삶에 대한 지나치게 엄격한 도덕성의 요구로 발현되었던 것이다. 이는 다른 한편으로는 한국 민주주의의 이면에 있는 좀 더 본질적이고 구조적인 정치적 능력주의의 표현이기도 하다.

오랫동안 한국 사회를 지배하고 있는 특이한 **법조지배체제**(Juristocracy) 현상을 보자. 한국은 최근까지 일본 식민 지배의 영향으로 근대화된 형태의 과거 시험이라 할 수 있는 '고시'를 통해 고위공무원들과 법조인들을 선발해 왔다. 이 엘리트들의 사회정치적 지배는 종종 민주적 대표의 권능을 훨씬 뛰어넘는 지점에서 사회에 깊은 영향을 미치고 있다. 사실은 이 문제가 진짜 심각하다.

사법부는 아주 자주 민주적으로 선출된 행정부의 결정을 무력화시켰는데, 예컨대 참여정부 때 헌법재판소는 행정수도 이전 정책을 무력화시키면서 그 근거로 수도를 서울로 명문화했던 조선의 '경국대전'을 들었다. 가히 엽기적인 수준이었다. 행정부에 속하는 검찰은 어떤가? 검찰은 최근까지 수사권 및 기소권 독점을 무기로 거의 무소불위의 권력을 누리며 때때로 민주적으로 선출된 정치권력을 압도했다. 심지어 전직 대통령마저 죽음으로 내몰고 검찰개혁을 추구했던 조국 전 법무부 장관의 가족을 '멸문지화'의 지경에 이르도록 수사권과 기소권을 남용했다. 이런 일은 서구의 공화주의가 가장 심각한 정치적 불의로 규정했던 공적 지배의 전형적인 사례다. 이 엘리트들은 자신들만의 카르텔을 형성하여 '신성가족'이라 불릴 정도로 폐쇄적인 지배 집단을 형성하고 있다.[99] 그리하여 사법부는 그런 검찰의 행태를 견제하기는커녕 자주 보조자로 발을 맞추기도 했다. 그밖에도 이 법조인 집단은 사회의 다른 특권 집단들(재벌, 언론 등)과 밀접하게 연결되어 있다. 그들은 심지어 대중들에 의해 가장 선호되는 선출직 정치가의 후보군이기도 하다.

이런 법조지배체제 현상은 다른 민주 국가들에서도 나타나는 '정치의 사법화'나 '사법의 정치화' 현상과 같은 맥락에서 이해할 수 있을 것처럼 보이지 않는다.[100] 다른 나라들에서 그런 현상은 현대의 복잡 사회에서 법치 질서가 민주적 과정에서 벗어나 자립적인 내적 작동 논리를 발전시킴에 따라 생겨나는 것으로 이해되곤 한다. 그러나 우리 사회에서 법조지배체제는 유교적 능력주의 전통의 연장선에서 나타나는 엘리트 지배체제 또는 신귀족정이라는 맥락 속에서 더 잘 이해될 수 있지 않을까 한다.

이런 현상은 능력주의적 엘리트 일반으로 확대될 수 있다. 행정고시 같은 선발 절차를 통해 고위 관료가 된 이들이 기획재정부 같은 데서 벌이는 전횡 또한 절대 만만치 않다. 꼭 법조인이 아니더라도 높은 학력과 학벌은 한국에서 정치인들이 가져야 할 가장 중요한 정치적 자산 중의 하나다. 지금도 한국의 민주주의에서는 공동선에 대한 지향이나 헌신을 보여준 삶의 이력 같은 것이 아니라 그런 학력과 학벌에 따른 사회적 성공의 정도가 가장 중요한 정치 지도자의 자격 중 하나다. 꼭 높은 학력과 학벌이 아니더라도, 하다못해 기업가로서의 성공같이 헌신적인 노력과 탁월한 능력을 발휘한 이력 같은 게 있어야 지도자 자격이 있다고 여겨진다.

이런 식의 **정치적 능력주의 전통은 한국 민주주의에서 정당정치의 미성숙으로도 이어진다.** 한국에서는 서구와 같이 계층적, 계급적 이해관계나 정치 이념에 따른 '대중정당'의 발전이 아직 충분히 성공하지 못했다. 한국의 정당들은 기본적으로 '간부 정당'이며, 선거 때마다 명망가들이나 당선 가능성이 있는 지도자를 중심으로 이합집산을 반복해 왔다. 그리하여 한국의 민주주의에서는 정당과 선거가 이념, 정치적 강령, 노선, 정책이 아니라 정치가들의 사회적 명망과 학벌주의 같은 능력주의적 요소에 침윤된 대중적 선호에 따라 좌우되는 부분이 크다.

이렇게 보면 **한국 민주주의의 과두정화 경향은 서구의 다른 나라들보다 훨씬 더 심각하다**고 해야 한다. 조금 강조해서 말하자면, 한국의 민주주의는 그동안 능력주의의 외피 속에 은폐되어 있던 세습체제를 보호하고 심지어 강화하는 정치적 형식에서 벗어나지 못했다고 해야 할지도 모른다. 민주주의의 조건 속에서도 정치적 능력주의 덕분에 한국의 과두특권독점체제는 여전히 강고할 뿐만 아니라 한국 사회의 결정적인 규정 인자로 머물러 있는 것이다.

물론 정치적 진보와 보수의 구분과 갈등이 있기는 하다. 한국 사회에서 보수가 주로 재벌과 능력주의 경쟁 체제의 승자들(법조인, 고위공무원, 주류 언론인들, 기업가들 등)과 같은 사회경제적 기득권 계층을 대변한다면, 진보는 그 기득권에서 배제된 다양한 중산층과 이른바 '서민'으로 불리는 중하층 계급의 이해관계를 대변한다고 할 수 있다. 문제는 그 진보정치 역시 대기업 및 정규직 중심의 상층 노동자 계층과 중산층, 그리고 교수나 지식인 같은 고학력 전문직 층에 의해 과잉 규정되면서, 나머지 광범위한 비율의 저학력, 저숙련, 비정규직, 프레카리아트 노동자층, 장기실업자, 소상공인 등이 정치에서 체계적으로 배제되고 있다는 사실이다. 그리하여 시민들의 열정적인 민주적 열망으로 탄생한 민주/진보 정부도 과두특권독점체제의 일부가 되어 최소한의 균열도 내지 못하고 있다는 비판에 직면하고 있다.[101]

이는 단순히 이들 계층에 대한 정치적 대변자임을 자처하는 정당이 없다거나 급진 진보 정당이 국회에서 차지하고 있는 의석수가 적다는 차원의 문제만은 아니다. 민주주의 정치 그 자체가 주로 능력주의적 배경을 지닌 소수의 엘리트에 의해 독점되고, 이들 하층 계층 구성원 당사자들의 정치적 참여가 주변화된다는 사실이 더 심각한 문제다. 이들은 공론장 등에서의 일상적인 정치적 과정에서는 물론이고 공식적인 선거 과정에도 제대로 참여하지 못하는 경우가 많다. 많은 시민은 정치적 무관심 때문이기도 하지만 생계의 절박함 때문에 공휴일로 지정된 선거일에도 투표에 참여하지 못한다. 이렇게 **한국의 민주주의는 기본적으로 능력주의적 엘리트들의 민주주의다.**

한마디로 말해 **우리의 정당들은 소수 정치적 엘리트들이 사회의 상층 일부 계층만을 대변하는 정치적 과두지배체제의 구성적 일부**

다. 지금의 '국민의 힘' 같은 수구 정당들이 그동안 우리 사회의 최상층 기득권의 이해관계만을 대변해오며 그러한 과두지배체제의 정점에 있었다면, 그에 맞서 온 진보-개혁 진영의 정당들도 기본적으로 상위 10-20% 정도에 해당하는 중산층 및 민주노총 중심의 상층 조직 노동자층만을 대변하면서 외형상의 민주주의 체제를 형성하고 있었다. 여기서도 엘리트의 과잉 대변 현상과 중심성은 전혀 덜 하지 않다. 그 체제에서는, 진보-개혁 정당들에 의해서도, 나머지 80-90%에 해당하는 비정규직, 실업자, 영세 자영업자, 농민 등과 같은 사회의 기층 시민들은 거의 완전하게 소외되어 있었다.

이런 상황에서 정치는 사회적 불평등의 해소 같은 의제들을 체계적으로 배제할 수밖에 없다. 명분에 집착하는 현대판 사대부 정치 엘리트들이 '보수 대 진보'라는 이념적으로 양극화된 정치체제 안에서 진영 논리에 따른 사이비 의제들에 집착하면서, 갑질이나 비정규직 문제같이 능력주의 체제에서 배제된 사회 하층민들의 진짜 절박한 삶의 문제들은 정치의 장에서 좀처럼 다루어지지 않는다. 예컨대 열악한 작업 현장에서 '김용균 씨' 사망을 계기로 많은 시민이 '중대재해처벌법'을 만들어 기업들이 좀 더 안전한 작업 환경을 만들 의무를 이행하도록 강제하자고 여론을 형성했으나 우리 정치권은 듣는 척만 하면서 제대로 응답하지 않았다. 이런 식으로 소수 엘리트 중심으로만 이루어지는 과두제 정당정치에 대중들은 무시나 냉소로 대응한다.

이것은 앞서 보았던 **우리 사회의 강한 시민정치의 어두운 이면**이다. 우리 사회의 정당정치의 미성숙은 이른바 '정치 혐오'와 연결되는데, 그 함의는 결코 사소하다고 할 수 없다. 단순히 한국에서는 정당이 해결하지 못하는 문제를 시민들이 직접 해결한다는 식으로 접근할 문제가 아니다. 우리 시민들은 그동안 극단적인 민주주의 파괴나 불의에는 강하게 저항해 왔지만, 정치가 해결해야 할 진짜 중요한 사회적 불평등 같은 문제들은 제대로 처리하지 못하고 거기서 오는 고통을 그저 사적인 수준에서 감내할 뿐인 이른바 '마지노선 민주주의'에 머물러 있다.[102] 민주주의에 대한 시민들의 아주 강력하고 비장하기까지 한 요구에도 불구하고, 시민들은 정작 민주주의를 통해 얻어내는 게 별로 없는 상태라 해야 할지 모르겠다.

제3부.

능력주의를 넘어서

제6장.
민주적 평등주의

능력주의가 정의의 원칙으로서 매우 직관적인 설득력을 가진 것 같지만, 그것은 많은 함정을 숨기고 있다. 능력(자들)의 전횡은 단순히 경쟁의 패자들에 대한 극심한 차별과 불평등을 정당화할 뿐만 아니라, 또한 그들을 사회적으로 배제하고 무시하며 낙인찍는 일로 이어진다. 그래서 많은 이들이 자신의 사회적 역할에 대한 자긍심을 얻지 못하고 자기 비하와 모멸에 시달리게 된다. 너무 많은 이들이 '잉여'가 되고 '루저'가 되며 '지질이'가 된다. 사람은 누구나 일정한 사회적 가치를 인정받아야 하지만, 능력주의는 성공한 극소수를 제외한 너무 많은 사람에게서 그들의 존재가 지닌 사회적 가치나 의미, 나아가 인간성 그 자체를 전면적으로 부정한다. 그런 전횡은 심지어 정치적 차원으로까지 이어져 오직 뛰어난 능력이나 전문성을 가진 이만 정치적 사안들을 다룰 수 있다며 권력을 독점하려 든다. 이런 일을 정의롭다고 할 수 있는가?

이제 능력주의에 대한 대안을 모색해 볼 때가 되었다. 사실 나는 앞에서 그런 대안을 '민주적 평등주의'라 부르자고 했고, 그 대안이 어떤 지향을 갖는지 이미 단편적으로는 소개했다. 우리는 능력주의라는 개념을 최초로 고안했던 마이클 영이 자신의 소설 『능력주의의 발흥』에서 "첼시 선언"이라는 가상의 정치적 선언을 통해 모든 인간의 존엄성을 인정하는 데 초점을 둔 대안적 가치관의 윤곽을 보여주었음을 살펴보았는데, 이런 게 출발점이 될 수 있을 것이다. 또 심지어 유교 전통에서도 '천하위공'이라는 원칙을 바탕에 두는 능력주의가 오늘날의 능력주의와는 전혀 다른 지향을 가져야 한다고 강조했음을 살펴보았는데, 이 역시 우리의 지향과 통한다고 할 수 있다.

이제 이 민주적 평등주의에 대해 좀 더 체계적인 윤곽을 그려보자. 기본적인 지향은 이렇다. 민주적 평등주의는 한 정치공동체(나아가 인류공동체 전체)를 이루고 있는 모든 시민(인간)의 평등한 존엄성에 대한 인정이라는 대원칙에서 출발한다. 여기서는 어떤 인간도 다른 인간보다 근본적으로 우월하거나 뛰어날 수 없고 그 존엄성에서 평등하다. 비록 사람마다 다 다른 능력에 따라 공동체에 기여한 정도가 다르고 또 그에 따라 서로 보상이 달라지는 게 어느 정도 불가피할 수도 있지만, 그 때문에 모든 시민의 민주적 평등 관계가 훼손되어서는 안 된다. 모든 시민은 특정한 목적을 위해 능력주의적으로 경쟁하기에 앞서 누구든 저마다의 고유한 잠재력을 계발하고 인정받을 수 있어야 하며, 능력주의적 원리에 따른 사회경제적 불평등은 시민들 사이의 민주적 평등 관계를 해치지 않는 범위 안에서만 허용되어야 한다.

공정으로서의 정의

다시 공정 개념으로 돌아와서 여기서부터 시작하자. 앞서 우리는 능력주의가 이 공정 개념에 대한 특별한 종류의 답과 관련이 있음을 살펴보았다. 이 능력주의는 능력과 노력에 따른 분배만이 공정하다고 보는데, 우리는 또 이런 식의 접근이 어떤 문제를 낳는지도 보았다. 흔히 우리는 이런 차원의 공정을 **절차적 또는 형식적 공정**이라고 하는데, **승자독식마저 용인하는 능력주의적 분배 원리가 누구나 마땅히 가져야 할 몫만 가지는 공정한 분배 결과를 낳기 어려울 것임을 쉽게 짐작할 수 있다.**

이를 확인하는 순간 우리는 좀 더 깊은 철학적 성찰에 들어가게 된다. 많은 철학적 정의론에서는 능력주의와는 전혀 다른 방식으로 공정 개념을 설명한다. 제대로 된 공정 개념은 다름 아니라 능력주의적 분배 원리를 극복할 때만 얻을 수 있다는 인식이 큰 지지를 받고 있다. 이런 인식은 무엇보다도 정의 개념 자체를 공정성으로 이해해야 한다고 주장한 존 롤스(John Rawls)의 정의론[103]에 빚지고 있다. 복잡한 논의는 피하고, 우리의 논의 맥락에 비추어 그의 정의론의 핵심만 짧게 살펴보자.

롤스가 볼 때, 우리나라에서도 많은 이들이 지지하는 형식적 능력주의의 입장, 곧 누구든 재능만 있으면 성공할 수 있다는 식의 접근은 공정성 개념의 요점을 놓친 것이다. 이런 입장은 누구든 능력만 있으면 출세할 수 있게끔 형식적 기회균등을 보장하는 게 공정성의 전부라고 이해한다. 아무리 정글 식의 경쟁이 이루어지고 승자만이 살아남으며 약자들이 도태되는 일이 일어난다고 해도, 누구에게든 성공의 기회만 주어진다면 잘못된 게 없다는 것이다. 확실히 이런 체제는 혈통에 따라 사회의 일부 계층에게만 성공의 기회가 주어졌던 사회보다는 진일보했다고 할 수 있다. 그러나 롤스가 볼 때 이런 접근은 기회균등이라는 개념을 너무 좁게만 보는 것이다. 왜냐하면 누군가 주어진 기회를 활용하여 자기 능력을 계발하고 발휘하는 건 그가 어떤 부모에게서 태어나고 어떤 사회적 환경 속에서 살아가는가에 크게 의존하기 마련이기 때문이다.

한 마디로 누군가의 성공에는 자연적이고 사회적인 우연의 영향이 클 수밖에 없다. 그 성공한 누군가의 부모가 뛰어난 재능을 유전적으로 물려줘야 하고, 특히 그 재능을 계발하는 교육에 드는 적지 않을 비용을 부담할 수 있어야 한다. 반면 어떤 이는 재능을 타고나지 못하거나 집안이 가난해 원하는 만큼의 교육을 받을 수가 없어서 실패할 수도 있다. 그러나 누구든 부모를 선택해서 태어나지는 않으며, 그런 일은 순전히 운에 달렸다. 그런 우연의 힘이 제멋대로 사람들의 성공을 좌지우지하게 내버려 두는 걸 공정하다고 할 수는 없다.

이에 반해 어떤 사회는, 누구든 경쟁에 참여할 수 있게끔 형식적 차원에서 기회균등을 보장하는 데 더해 가정환경 같은 사회적 배경이 능력의 차이를 낳는 결정적인 변수가 되지 않도록 여러 조치들을 시도할 수 있다. 가령 기초교육은 물론 대학등록금도 전부 무상으로 해서 가난한 집안의 자녀도 수학 능력만 있다면 큰 경제적 부담 없이 양질의 고등교육을 받아 사회적으로 성공할 수 있는 기회를 누릴 수 있게끔 할 수 있다. 이런 조치는 사회 성원들 사이에 실질적인 차원의 기회균등을 제공하려는 건데, 롤스는 이걸 '**공정한 기회균등**'이라 부른다. 앞서 우리는 이런 기회균등을 추구하는 입장을 실질적 능력주의라 했는데, 롤스는 그런 원칙이 실현된 체제를 '자유 평등 체제(system of liberal equality)'라고 불렀다. 여하튼 이 체제에서는 유사한 재능을 가진 사람은 인생에서 유사한 성공의 기회를 누리는 게 어느 정도 보장된다고 볼 수 있을 것이다.

  그러나 롤스가 볼 때 **공정한 기회균등이 보장된 이런 체제도 충분히 공정하다고 할 수 없다.** 이 지점에서 롤스는 능력주의와 완전하게 결별하는데, 그는 우리가 실질적 능력주의라 불렀던 그런 입장도 온전한 기회균등을 방해하는 또 다른 중요한 변수를 놓치고 있음을 지적한다. 그것은 바로 **자연적 소질이나 재능의 불평등**이다. 어떤 사람은 부모를 잘 만난 덕분에 남들은 갖지 못한 탁월한 두뇌나 자질 또는 미모 같은 것을 지니고 이 세상에 태어난다. 그리고 이런 자연적 소질은 사회적 배경 이상으로 공정한 경쟁 관계를 방해할 수 있다. 왜냐하면 그런 소질을 처음부터 갖고 태어나지 못한 사람은 좋은 사회적 배경을 갖추었어도 빌 게이츠나 스티브 잡스가 될 수는 없으며, 아무나 열심히 연습한다고 손흥민이나 류현진이 될 수는 없을 것이기 때문이다.

  이렇게 사람들 사이의 타고난 재능의 차이도 정의의 관점에서 보면 정당화될 수 없는, 곧 공정하다고 볼 수 없는 불평등의 요소다. 스티브 잡스든 손흥민이든 부모를 선택해서 이 세상에 태어난 것이 아닌 한 재능을 스스로의 힘만으로 가지게 된 것이 아니기 때문이다. 그들의 재능은 한갓 우연에 힘입었을 뿐이고, 그들은 말하자면 '자연의 로또'에 당첨된 것이다. 물론 그들의 성공에는 자기 노력의 몫도 있긴 할 것이다. 그러나 그 성공에는 기본적으로 타고난 재능이 제일 강력하게 작용했다고 해야 하며, 본인이 기울였다는 노력조차 온전히 자기 것이라 하기 힘들고 재능과 가정환경 등에 힘입었다고 해야 한다. 축구에 별다른 재능없이 태어난 이는 노력해도 성과가 없을 것이기에 축구를 계속하겠다고 고집하기 쉽지 않을 것이다. 반면 남들보다 쉽게 수학 문제를 이해하고 푸는 능력을 가진 이는 재미가 있어서라도 수학 공부를 더 하게 될 것이다. 게다가 사람들의 성공은 그들의 재능을 높이 평가하는 사회적 조건이라든가 시대 분위기 같은 것에도 힘입은 바 크다. 빌 게이츠가 컴퓨터가 없던 시절에 태어났거나 류현진이 야구가 뭔지도 모르던 조선시대에 태어났더라면 지금처럼 성공하지 못했을 게 틀림없다.

당연하게도 이런 로또 당첨 같은 자연의 선물 배분을 그 자체로 불공정하다거나 부정의하다고 평가할 수는 없을 것이다. 그건 그야말로 주어진 우연의 작품이다. 그러나 롤스에 따르면 한 사회가 제대로 공정하려면 사람들 사이의 그런 타고난 능력의 차이가 제멋대로 작용하여 사람들 사이의 불평등이 커지도록 그냥 내버려 두지 않아야 마땅하다. 롤스는 이런 사회 체제를 '민주적 평등체제(system of democratic equality)'라 불렀는데, 이 **공정의 체제는 사회적 경쟁에서 개인의 타고난 재능이나 출생 환경 같은 '운'의 역할이 지나치게 크지 않게끔 사회의 기본 구조를 정비하려고 해야 한다.**

물론 사람들의 타고난 재능의 차이 자체를 없애자는 식으로 접근할 수는 없다. 불가능하기도 하지만 바람직해 보이지도 않는다.

누군가가 남들보다 더 나은 재능을 가지고 태어났다고 그 재능을 부담스러워해야 한다거나 평등이라는 가치를 위해 그것을 숨기거나 억누를 이유도 없다. 누구든 자신의 재능은 마음껏 발휘할 수 있어야 한다. 그리고 그 결과 남들보다 큰 보상을 받아도 좋다. 하지만 그는 자신의 성공에 대해 겸손해질 필요는 있다. 그 성공이 오로지 자기 혼자 이루어낸 것이 아니고 우연히 갖게 된 재능과 사회적 환경 덕분이라고 보아야 할 여지가 큰 만큼 그에 따른 큰 보상은 자기 혼자 마음대로 누려도 되는, 도덕적으로 정당한 응분의 몫이라 할 수 없다.

그는 오히려 자신이 얻게 된 보상의 많은 몫을 사회 전체의 공동자산이라고 여겨야 마땅하다. 그리고 그만큼을 사회에 내놓아서 누군가 자신 같은 재능을 타고나지 못하거나 불우한 사회적 환경에서 자라나서 어려운 처지에서 살게 된 이들을 도울 수 있어야 한다. 쉽게 말해 누군가 뛰어난 재능이 있어 가령 훌륭한 의사가 되어 많은 돈을 벌어들이게 되었다면, 좋은 의사로서 사회에 기여할 뿐만 아니라 남들보다 많은 세금을 낸다든가 해서 그 돈으로 사회의 약자들이 복지 혜택을 얻을 수 있도록 해야 한다. 무엇보다도 이 사회적 약자들도 인간으로서 가장 기본적인 자존감을 누리면서 살아갈 수 있는 사회적 토대를 확보할 수 있도록 해야 한다.

롤스가 문제 삼는 것은 성공한 이들이 큰 혜택을 누리거나 사람들 사이에 불평등이 생기는 일 그 자체가 아니다. 그런 일은 불가피하기도 하고 때로는 사회적 효율성을 위해서도 필요할 수 있다.

요점은 사람들 사이의 사회경제적 불평등은 그로 인해 공동체 전체가 혜택을 보게 될 때, 무엇보다도 여러 가지 이유로 사회에서 가장 불리한 처지에 놓이게 된 사람들, 곧 '최소수혜자'가 이익을 얻을 수 있을 때만 정당하다는 것이다. 이런 게 바로 '**차등 원칙**'이라는 건데, 롤스가 볼 때 이 차등 원칙이 실현될 때만 제대로 된 공정성이 실현될 수 있다.

여기서 우리나라에도 이미 많이 소개되어 웬만큼 알려진 롤스의 정의론과 특히 그의 차등 원칙을 둘러싸고 전개됐던 복잡한 논의를 그 일부만이라도 계속 다룰 생각은 없다. 당연하게도 롤스의 정의론에 대해서도 많은 비판이 제기되어 왔으며, 롤스와는 다른 방식의 접근법도 많이 있다. 롤스의 정의론을 절대화하는 게 여기에서 요점은 아니다. 나는 다만 롤스의 논의에 대한 이런 정도의 고찰만을 통해서라도 공정이라는 것이 우리 사회 일각에서 이해되는 방식보다는 좀 더 깊이 성찰해야만 적절하게 주장될 수 있음을 강조하고 싶다.

공동선을 위한 능력의 사용

우리나라에서라면 롤스식의 정의론은 '사회주의적'이거나 '공산주의적'이라고 할 것임이 틀림없다. 실제로 지난번 청년 의사들의 파업 때 그들은, 정부가 의료 인력을 포함한 의료자원을 '공공재'라고 보아야 한다고 한 데 대해, 사회주의적 발상이라고 발끈했었다. 그러나 롤스는 현대 자유주의의 철학적 시조쯤으로 평가되는 사람이다. 어쨌든 그는 청년 의사들에게 이렇게 반문할 것이다. 당신들이 의사가 되는데 정부나 사회가 해준 게 없다고? 당신들은 이미 나라 전체가 마련한 교육 제도와 의료 시스템의 혜택을 받지 않았나? 당신들의 의료 지식과 기술은 당신들이 스스로 만들어 내었나? 사회 전체가 축적해 온 게 아닌가? 무엇보다도 당신들은 당신들의 그 뛰어난 두뇌를 당신이 선택한 부모에게서 얻은 것이 아니지 않은가? 그런 걸 당신들만의 것이라 할 수 있나?

'전교 1등'이 언제나 더 많은 걸 차지하는 게 공정이 될 수 없다. 꼭 롤스를 들먹여야 이런 이야기를 할 수 있는 건 아닐 것이다. **어떤 식이든 제대로 공정을 이야기하려면, 경쟁에 참여한 사람들 사이에 실질적 또는 공정한 기회균등이 확보되어야 함은 물론이고 누군가의 천부적 재능조차 온전히 자기 자신의 것이라고 해서는 안 된다.** 이를 고려해야 함을 부인하기는 힘들 것이다. 누구든 자신이 지닌 타고난 재능을 얻는 데에 스스로는 아무런 역할을 하지 않았기 때문이다. 또 누구든 자신의 재능 때문에 사회적으로 성공해서 큰돈을 벌었다고 해서 그걸 모두 오로지 자신만이 누려야 마땅하다고 여겨서도 안 된다. 거기에는 사회 전체가 함께 누려야 할 몫이 많이 들어 있음을 인정해야 한다.

마이클 샌델이 그의 최근 저작 『공정하다는 착각』에서 능력주의에 가하는 비판의 요지도 크게 보아 이런 차원을 벗어나지 않는다. 그 역시 사람들의 성공은 대개 자기 노력의 결과가 아닌 경우가 많음을 지적한다. 또한 마찬가지로 그 성공은 그냥 태어날 때부터 물려받은 재능을 기반으로 삼는다거나 우연히 그 재능을 꽃피울 수 있는 유리한 사회적 여건의 덕을 보았다는 점을 지적하면서 한 개인의 성공과 실패에서 '운'의 역할을 강조한다. 나아가 개인이 지닌 재능의 계발이라는 것도 그가 좋은 환경에서 자랄 경우에만 가능하다는 점도 지적한다. 따라서 자신이 발휘하는 능력을 온전히 자신의 것이라고만 주장하는 것은 정당화될 수 없는 억지일 뿐이며, 그런 만큼 자신의 능력이 가져다주는 보상에 대해 지나치게 자만하거나 거들먹거려서는 안 됨을 지적한다.

사실 롤스의 정의론은 특별히 롤스 개인의 고안물이라기보다는 능력주의의 횡포에 대한 민감한 비판의식을 가진 이라면 누구나 가질 수 있는 직관에서 출발한다고 할 수 있다. 마이클 영의 소설에 나오는 "첼시 선언"에 담긴 기본 인식도 바로 그런 직관의 표현이라 할 수 있을 텐데, 아닌 게 아니라 마이클 영 자신도 나중에 롤스에 대해 강한 지지의 뜻을 밝히기도 했다. 그 직관의 핵심은 **능력주의가 모든 성원의 평등한 존엄성을 인정하는 데서 출발하는 현대 민주주의 사회의 기본적인 도덕적 전제와 어긋난다**는 데 있다. **우리가 그런 도덕적 전제에 충실할 수 있으려면 개인의 능력에 대한 과도한 보상의 원리가 아니라 사회의 모든 성원이 평등하게 존중받으며 번영할 수 있는 사회적 삶의 조직 원리를 찾아야 한다.** 롤스가 그런 사회를 두고 민주적 평등체제라고 이름 붙이고, 내가 능력주의에 대한 대안적 지향을 민주적 평등주의라고 부르는 건 바로 이런 맥락에서다.

그러나 이런 지향을 반드시 현대 민주주의 사회에 들어서야 비로소 발전한 것으로 이해할 필요는 없다. 앞서도 잠시 언급했던 마태복음의 포도원 주인이 보여주었던 기독교적 분배 원리도 이와 크게 다르지 않다. 포도원 주인은 늦게 와서 겨우 한 시간밖에 일하지 않은 품꾼에게도 일찍 와서 더 많은 시간을 일한 품꾼과 동일한 임금을 주었는데, 능력주의에 반대하는 이런 분배는 롤스 식으로 보면 최소수혜자에게 최대한의 이익이 돌아가도록 한 분배라 할 수 있다. 이런 분배는 품꾼들의 노동 시간 따위와는 무관하게 모든 품꾼이 사람으로서 누구나 가질 수밖에 없는 기본적 필요를 충족하고 존엄한 삶을 살 수 있어야 한다는 데 대한 인식, 곧 모든 사람의 평등한 존엄성을 인정해야 한다는 인식에서 출발했다고 볼 수 있다.

이런 **민주적 평등주의의 또 다른 중요한 직관 중의 하나는 사람들의 타고난 재능은 오직 사회 전체를 위해 의미 있는 기여를 하는 데에 사용될 때만 가치가 있고 또 그럴 때만 그에 대한 특별한 보상도 정당하다는 것**이다. 롤스는 이를 개개인의 타고난 재능을 오로지 그 개인의 것이라 보지 말고 궁극적으로는 공동체 전체의 공유 자산이라고 보아야 한다는 제안으로 표현했다. 샌델도 기본적으로 동일한 인식을 갖고 있다. 이건 무슨 사유재산을 부정하는 일과는 크게 상관없다. 그런 직관은 우리 인간의 사회적 삶이라는 게 어떤 경우든 상호 의존과 호혜의 원리 위에서 조직될 수밖에 없다는 사실에 대한 성찰에서 출발한다. 여기서 요점은, **우리는 누구든 다른 사람의 도움 없이는 살아갈 수 없으며 또 그런 만큼 자신도 어떤 식으로든 남에게 도움이 되도록 자신의 재능을 사용할 의무를 져야 한다**는 것이다.

이런 생각은 앞서 우리가 살펴보았던 유교적 능력주의의 뿌리였던 대동세계의 이상과도 통한다. 여기서는 천하위공, 곧 세상이 함께 사는 모든 사람에게 속한다는 근본 인식이 중요하다. 우리가 사는 이 세계는 특정한 개인이나 집단의 소유물일 수 없다. 모두가 이 세계의 정당한 주인이고, 그런 만큼 모두는 그에 걸맞게 존중받고 대우받아야 한다. 누군가 남들이 갖지 못한 특별한 재능을 갖고 태어났다면, 그 재능 역시 자신만의 것이 아니고 모든 세상 사람의 것일 터, 자신의 타고난 재능을 오로지 자기 자신이나 자기 가족만을 위해 쓰지 않고 공동체 전체를 위해 사용해야 마땅할 것이다. 특히 환과고독, 곧 홀아비나 과부나 고아나 자식 없는 노인이나 병든 사람 같은 사회적 약자들을 배려하고 보살피는 일이 중요하다. 이런 대동사회의 이상은 근본적인 수준에서 앞서 살펴본 롤스의 차등 원칙과 통한다고 해야 할 것이다.

오해를 피하고자 강조해 두자면, **민주적 평등주의는 결코 개인이 지닌 능력의 중요성을 간과하거나 특정 분야에 대한 전문성의 의미를 그 자체로 깎아내리는 데 초점을 두고 있지 않다**. 온갖 자연적이고 사회적인 도전에 맞서 공동의 삶을 유지해야 하는 인간적 삶의 조건을 생각할 때, 사회가 마주한 문제나 도전을 피하거나 해결하는 데 특별히 기여하는 개인의 재능과 노력은 어떤 사회에서도 높이 평가될 수밖에 없을 것이다. 유능한 기업가는 새로운 아이디어나 기술로 수많은 사람의 삶을 개선하고 새로운 일자리를 만들어 내서 세상에 이바지하며, 천재적 과학자는 새로운 과학적 발견을 통해 인류의 수명을 연장하고 기후 위기를 완화하는 데 큰 역할을 할 수 있다. 반면, 전문성이 떨어지는 의사는 환자를 더 큰 고통에 빠뜨릴 수 있고, 무능한 변호사는 의뢰인이 없는 죄를 뒤집어쓰게 할 수도 있다. 사회의 문제들을 제대로 이해하고 처리할 능력이 없는 지도자는 나라의 일을 그르쳐 수많은 사람을 곤경에 빠뜨릴 수 있다. 이런 차원의 능력과 그를 토대로 한 기여의 중요성에 대해서는 아무리 강조해도 지나치지 않을 것이다. 또 맥락에 따라서는 단지 능력에 따른 분배만이 정당화될 때에도 있을 수 있다. 가령 운동 경기에서처럼 말이다.

그러나 우리는 결코 개인의 능력이 온전히 개인만의 것일 수 없음을 잊어서는 안 된다. 그는 운이 좋아 자연이 주는 선물을 받았을 뿐이다. 그 능력을 발휘할 기회도 사회에 빚지고 있다. 누구든, 제아무리 뛰어난 능력을 갖춘 이라도, 다른 사람의 도움 없이는 하루도 생존할 수 없을 뿐만 아니라 사회가 마련해 준 이런저런 물질적 토대나 문화적 전제 위에서만 자기 삶의 의미를 찾을 수 있다. 그의 능력이 좋은 평가를 받게 되는 것도 그가 사회를 위해 무언가 의미 있는 기여를 했기에 그렇다고 해야 한다. 그런 만큼 그는 자신의 성공에 대해 겸손해야 할 뿐만 아니라, 그를 성공할 수 있게 한 사회 전체를 위해, 함께 사는 모두의 '공동선'을 위해 얼마간이라도 그 능력을 사용할 수 있어야 마땅하다.

다원적 능력주의

그런데 민주적 평등주의는 이렇게 능력을 사회 전체의 공동 자산으로 이해하고 그 능력을 공동선을 위해 사용해야 한다는 의무를 지울 수 있다는 점에만 만족할 수는 없다. 지금까지 우리는 능력이란 기본적으로 우리 사회 전체를 위해 무언가 생산적 기여를 할 수 있는 어떤 것이라는 전제를 바탕에 깔고 있었다. 그러나 그런 생산적 기여란 정확하게 어떤 것을 의미하는 것일까? 혹시 우리가 문제 삼고 있던 능력이라는 게 결국 기업가나 법조인 같이 무슨 경제적 생산이나 이익 또는 국가적 문제 해결 같은 가치를 잣대로 세워진 평가체계를 준거로 한 것은 아닐까? 그런 분야에서 크게 기여할 수 있는 능력을 갖추지 못한 사람들은 어떻게 해야 할까?

앞서 우리는 능력주의를 기본적으로 개인의 능력과 노력의 정도에 대한 사회의 차등적인 가치평가에 바탕하고 있는 특별한 종류의 '인정의 질서'라는 차원에서 이해할 수 있음을 살펴보았다. 이런 관점에서 보면 능력주의는 능력에 대해 지나치게 좁게 평가하는 체계에 기초하는 인정의 질서를 표현한다고 할 수 있다. 이 질서는 지금 우리가 살고 있는 종류의 사회처럼 많은 경제적 이익을 가져다주거나 그것을 보호해 주는 국가적 질서 유지어 기여하는 개인의 자질이나 속성만을 높이 평가하고 인정한다. 우리는 마이클 영이 소설에서 이를 '가치의 협소화'라고 표현했음을 보았다. 그러나 이런 질서는 결코 어느 사회에서나 타당한, 고정되고 불변하는 자연적 질서 같은 것이 아니라 일정한 사회정치적 과정을 통해 인위적으로 창조된 것이라고 보아야 하지 않을까? 예컨대 수렵 사회 같은 데에서는 강한 육체적 힘을 갖고서 사냥하는 데 뛰어난 재능을 가진 이가 가장 높이 평가되었을 테니 말이다. 그렇다면 우리는 지금과는 달리 사회의 모든 성원이 평등하게 자기실현의 기회를 가질 수 있는 보다 다원적인 인정의 질서를 추구할 수 있고 또 그래야 마땅하지 않을까?

누구든 인간이라면 모두가 의미 있고 가치 있는 삶을 살 수 있어야 한다는 데 이의를 제기하기는 쉽지 않을 것이다. 그런데 그런 삶의 의미와 가치는 단지 개인의 주관적인 자기만족으로 확보되는 게 아니고, 사회적 관계 속에서 이루어지는 타인의 평가와 인정으로 확인된다. 다른 사람들과 사회가 나의 속성이나 활동이나 역할 등에 대해 가치 있다고 여기고 인정해 줄 때만 나는 비로소 제대로 스스로를 신뢰하고 존중할 수 있을 것이다. 만약 사회가 짜 놓은 인정의 질서가 특정한 특성이나 재능만을 평가하고 인정하면, 그러한 특성이나 재능을 갖지 못한 수많은 사람은 큰 좌절감과 모욕감을 느끼며 살아갈 수밖에 없을 것이다. 그들은 사회에 별다른 기여도 못 하는 쓸모없는 '잉여'의 존재일 뿐이라고 사회에서 냉대

받고, 스스로도 커다란 자괴감에 빠져 허우적거리며 살아갈 수밖에 없을 것이다.

그런 일이 일어나지 않기 위해서는 사회가 누구든 자신이 지닌 다양한 재능과 지향을 제대로 계발하고 발휘할 수 있는 기회를 얻을 수 있도록 해야 한다. 좁은 의미의 지적 능력만이 아니라, 가령 춤추고 노래하며 그림 그리고 달리기를 잘하는 재능 같은 것도 존중되는 다채로운 인정의 원리가 작동하게 해야 한다. 단순히 문화적 수준에서 사람들의 가치평가 방식이 달라져야 할 뿐만 아니라, 사회의 기본 제도들이 그런 일들이 일어나도록 실질적으로 뒷받침할 수 있어야 한다.

그럴 수 있으려면 우선 누구에게든 평등하게 자기 능력을 계발할 기회가 주어져야 한다. 예컨대 누구든 돈이 없다는 이유로 학업을 포기한다거나 하는 따위의 일이 없도록 대학교육까지 무상교육이 가능하게 하는 식으로 말이다. 그러나 더 중요한 건 단지 학업만이 아니라 노래를 부르고 그림을 그리며 달리기를 잘하거나 그 밖의 여러 재능에 대해서도 자기계발의 기회가 충분히 제공되는 것이다. 가령 예술가들이 가난하게 살 수밖에 없는 사회에서는 사람들이 쉬이 예술가가 되려 하지 않을 것이다. 부잣집 자제만이 아니라 누구든 자신이 좋아하고 잘하는 일을 하면서 공부하고 성공할 수 있는 평등한 기회를 얻을 수 있어야 한다. 나아가 그런 일들도 우리 사회를 위해 의미 있고 가치 있는 일일 수 있음을 인정하고, 그에 따른 적절한 사회적 평가와 보상이 주어지게 해야 한다.

이런 접근은 어떤 의미에서는 능력주의적 인정 원리에 대한 내재적 비판이라고 할 수 있다. 다시 말해 개인의 사회적 기여 정도에 따른 공정한 보상과 인정이라는 능력주의적 정의 원리를 인정하되, 그 능력주의가 현실에서는 생산이나 이윤 같은 획일적 잣대만을 내세우며 많은 사람을 인정의 영역 바깥으로 내몰고 있음을 비판하고, 사회적 기여로 인정받을 수 있는 개인의 속성이나 행위의 차원을 다원화하자는 접근이다.

  지금의 능력주의적 질서에서 평가받고 인정받는 개인의 재능의 종류나 범위는 매우 단편적이다. 압도적으로 '공부하는 능력', 곧 지적 능력이 제일 중요하고 좋은 능력으로 평가받는다. 그러나 사람들은 아주 다양한 재능이나 속성을 가지고 있다. 지적 능력만 해도 이른바 '문과' 성향이나 '이과' 성향이 나뉠 뿐만 아니라 그 안에서도 또 다른 성향이 복잡하게 나뉠 것이고, 음악적 재능이라 해도 노래만 아니라 작곡, 특정 악기 연주 등 다양한 차원으로 구분될 수 있을 것이다. 그래도 이런 재능들은 이제 사회에서 어느 정도 평가받고 있다. 아직 제대로 사회에서 인정받지 못하는 능력도 많이 있다. 가령 우리 사회에서는 '문신을 잘 새기는 기술' 같은 건 제대로 존중받지 못하고 있다.

  이런 맥락에서 민주적 평등주의는 우리 사회의 능력주의적 질서의 불의를 교정하기 위해 우리의 사회적 가치평가의 체계를 혁신해야 한다고 본다. 다양할 수밖에 없는 사람들의 재능이나 속성의 '개별(성)화'를 허용하면서, 그동안 인정의 질서에서 배제되었던 사람들을 포함하여 점점 더 많은 이들을 사회에 나름으로 기여하는 온전한 성원으로 '포괄(포용)'할 수 있도록 말이다.[104] 그러려면 사회에 대한 기여라는 평가 준거를 단지 좁은 생산이나 경제적 성공 같은 차원하고만 연결하지는 않는 방식으로 그 의미 지평을 확대하는 방향으로 개방하여야 한다. 그리고 다양한 속성을 지닌 사람을 더 많이 인정의 질서 안에 포섭할 수 있어야 한다. 만약 이런 시도에 이름을 붙인다면, '다원적 능력주의'라고 할 수 있을지 모르겠다.

이런 식으로 접근하면, 우리네 것과 같은 자본주의적 능력주의 사회에서 가령 경제적 이윤 창출과 거리가 멀다고 외면받는 인문학 연구나 예술 활동 같은 게 더 높은 사회적 평가를 받게 될 것이다. 또 예를 들어 대중의 사랑을 받아 때때로 엄청난 사회적 성공을 거두기도 하는 '가수'뿐만 아니라 '바이올린 연주자'도 주목받고, 축구나 야구 선수뿐만 아니라 육상 선수도 좀 더 높은 사회적 인정을 받게 될 것이다. 이런 식으로 인정의 질서를 재편한다는 것은, 당연하게도 사회적 평가 체계와 연결된 물질적 차원의 보상체계 변화로 나타나야 한다. 그러니까, 예술인 복지 제도 같은 게 잘 마련되어, 유명 가수 말고 '무명 가수'나 '첼로 연주자'도 생계 걱정하지 않고 웬만큼은 안정적인 삶을 살아갈 수 있게 되어야 한다.

민주주의적 정의

그러나 이렇게 평등하고 다원적인 인정의 질서가 수립된다고 해도 해결되지 않는 문제들이 남을 것이다. 가령 태생적인 중증장애인처럼 사회에 대한 기여라는 측면에서 무언가 긍정적인 요소를 이야기하기 힘든 사람은 다원적 능력주의 사회에서도 인정의 질서 바깥으로 밀려나 보상의 대상에서 제외될 가능성이 크다. 그러나 누구든 인간으로서 지닐 수밖에 없는 '**기본적 필요**'는 어떤 식으로든 반드시 충족되어야 한다. 그런 만큼 우리는 인간의 존엄성 보장을 사회적 기여 같은 차원과 일정한 방식으로 분리할 필요가 있다. 물론 이렇게 해야 할 다른 차원의 이유도 많다.

우선, 가까운 장래에 우리 인간 사회가 정신노동과 육체노동의 구분을 완전하게 없애는 걸 기대하기는 힘들어 보인다. 모든 인간은 본디 지적으로 평등하다고 어떤 철학적 수준에서 주장할 수 있을지는 모르겠지만, 생산하고 건설하며 온갖 종류의 복잡한 문제들을 해결하며 살아가야 하는 인간의 사회에서 사람들의 지적인 문제 해결 역량에 대한 기대는 줄어들지 않을 것이다. 이런 조건에서 평등한 인정의 질서를 위해 우리가 기대할 수 있는 것은, 마이클 영의 소설에서처럼 특정 계층의 사람들은 오로지 지적 작업만 하고 또 다른 계층은 오직 육체노동만 하는 식으로 하는 차이가 새로운 종류의 '카스트' 제도가 되지 않도록 막는 것이다. 그러나 이런 일은 어떻게 가능할까? 로봇 과학이 발전하여 인간의 모든 육체노동을 로봇이 대신하는 세상이 오면 그렇게 될 수 있을까? 그러나 그런 경우 우리는 모든 사람이 지적 노동에 종사하게 되기보다는 수많은 노동자가 쓸모없는 잉여로 전락하게 되는 걸 걱정해야 하지 않을까?

또 다원적 능력주의가 확립된다고 해도 분야별로 다시 일정한 능력의 위계는 사라지지 않을 것이다. 가령 지금 우리 사회에서는 과거와는 달리 '공부' 대신 '노래'를 잘 부르는 이도 높은 사회적 평가를 누릴 수 있게 되었지만, 모든 가수가 똑같은 대우를 받지는 못한다는 문제가 남는다. 다시 말해 사회적 평가의 체계에서 일정한 방식의 우열에 대한 평가와 그에 따른 차등적인 보상은 쉽게 사라지지 않을 것이라는 이야기다.

여기서 문제는 불평등 그 자체가 아니다. 불평등이 조금도 없는 사회는 비현실적이기도 하고 바람직하지 않을 수도 있다. **문제는 어떤 식이든 기여의 차이에 대한 능력주의적인 보상의 격차가 불평등을 격화시키고 고착화하여, 사람들 사이의 관계를 지배의 관계로 변화시키는 것이다.** 앞에서 본대로, 지배는 어떤 사람이 다른 사람을 자의적인 방식으로 예속시킬 때 발생한다. 우리 사회에서 보면, 지적 능력이 탁월하거나 다른 이들이 갖지 못한 남다른 재능을 가진 사람들은 때때로 다른 이들에 비해 비교할 수 없을 정도의 엄청난 부나 권력을 쌓아 곧잘 그러지 못한 사람들을 멋대로 부리고 무릎 꿇게 하는 식으로 갑질을 한다. 우리는 어떻게 해야 이런 지배의 관계가 생기지 않도록 할 수 있을까?

그런데 이런 사람들 사이의 불평등한 권력관계는 단순히 사적인 차원의 지배에서만 그치지 않는다. 더 큰 불의도 만들어 낸다. 지배를 행사할 수 있는 위치에 있는 사람들은 사회적 평가를 위한 가치 체계 자체를 결정하는 힘을 가진다. 앞에서 살펴본 대로 개인이 가진 어떤 속성이나 재능을 사회가 필요로 하는 능력으로 평가할지 그리고 그 능력에 대해 어떻게 보상할지 따위의 문제는 무슨 자연법칙에 따라 답이 정해지는 게 아니다. 인류가 아직도 수렵채취 사회에 살고 있다면 사냥을 잘 할 수 있는 육체적 능력이 가장 소중한 능력으로 평가될 터이다. 어떤 사회가 예컨대 청소 일은 힘들어서 그런 일을 하는 사람은 천하고 무가치하다고 여길지 아니면 바로 그 때문에 더 많은 보상을 주어야 한다고 여길지도 반드시 자명하지 않다. 그런 문제에 대한 답은 사회의 지배적인 가치평가의 틀에 달렸고, 그것은 다시 어떤 사회집단이 자기 집단의 가치 체계를 사회적으로 우세하게 만드느냐에 달렸다. 더 많은 권력을 가진 집단은 더 쉽게 그렇게 할 수 있다. 이런 문제는 **본질적으로 정치적**이다.

물론 이런 일은 좁은 의미의 정치 영역의 문제만은 아니고, 가치와 문화 차원에서 이루어지는 정치적 쟁투하고도 관련이 있다. 북유럽에서는 배관공 같은 육체노동자도 충분히 안정적이며 품위 있는 삶을 위한 물질적 기반을 가지고 사람답게 살아갈 수 있다고 한다. 그러나 이런 일은 그 나라들이 무슨 특별한 은총을 받아서가 아니라, 노동의 가치를 제대로 평가할 줄 알고 모든 사람의 평등한 존엄성을 존중할 줄 아는 사회문화적 기반이 확립된 위에서 정치를 통해 그에 맞는 법과 제도가 만들어졌기 때문에 가능했다. 반면 지금까지 우리 사회에서는 그런 싸움에서 학력과 학벌이 좋거나, 무슨 '고시'에 합격하고 자격증을 따낸 지식 엘리트가 너무도 손쉽게 승리하기만 했다. 그리고 그들은 정치적으로도 주류일 뿐만 아니라 가치를 둘러싼 싸움에서도 승리하여 자신들의 가치와 규칙을 전 사회적으로 타당하게 만들었다. 공정을 둘러싼 사회적 논란과 소동이 이미 이를 방증한다.

그렇다면 **우리가 제대로 공정과 정의를 이야기할 수 있으려면 다른 모든 일에 앞서 가장 먼저 이 기본적인 수준의 사회적-정치적 관계에서 힘이나 권력의 균형을 확보하는 게 필요하다.** 누구든 어떤 경우에도 쉽게 타인의 지배에 노출되지 않은 채 사회의 중요한 의사결정 과정에 평등하게 참여할 수 있어야 한다. 이런 바탕 위에서만 어떤 능력을 어떻게 평가하고 어떻게 보상할지를 결정하는 사회정치적 과정이 제대로 공정하다고 할 수 있을 것이다. 우리는 이런 상태를 '**민주(주의)적 정의**'가 실현된 상태라 할 수 있을 것이다. 바로 이런 정의가 다른 모든 차원에 우선해야 한다.

이를 위해서는 당연하게도 사회 전체의 정치적 민주주의의 확립이 제일 우선하여 필요하다. 모든 시민이 아무런 제약 없이 민주적 기본권을 누리는 게 보장되어야 한다. 그러나 민주적 정의의 문제가 단순히 좁은 의미의 정치적 수준에서 시민들이 제약 없이 다양한 정치적 권리를 누리고 행사하는 차원의 문제만은 아니다. **민주**

적 정의는 무엇보다도 모든 시민이 평등하게 모든 중요한 삶의 국면과 수준에서 '민주적 시민성(democratic citizenship)'을 활성화할 수 있는 역량과 토대를 가질 수 있어야 한다는 걸 의미한다. 그러니까 단지 일부 권력자나 엘리트만이 아니라 원칙적으로 시민 모두가 문화적으로든 정치적으로든 서로 연대하고 함께하는 참여를 통해 우리의 사회적 삶의 방향을 결정할 수 있는 주체가 될 수 있어야 한다는 것이다.

우리 평범한 시민들이 자유롭고 주인다운 삶을 사는 존엄한 존재가 되려면, 우리의 삶에 큰 영향을 끼치는 사회의 의사결정 과정을 궁극적으로 시민 스스로가 통제할 수 있어야 한다. 그러려면 **모든 시민은 역사적 성취로서 주어진 민주적 권리들을 평등하게 누릴 수 있어야 할 뿐만 아니라, 사회적이거나 정치적인 권력의 자의적인 행사를 감시하고 견제하며 때로는 저항도 하면서 시민으로서의 책무를 다할 수 있게끔 사회적이고 정치적인 기회를 누릴 수 있어야 한다.** 그리하여 한 사회가 어떤 능력을 가치 있다고 평가할 것인지, 사람들의 사회적 기여에 대한 보상의 정도를 무슨 기준으로 할 것인지, 도대체 그런 보상을 언제나 무슨 사회적 기여하고만 연결해야 하는지 등을 결정하는 사회적 과정 자체를 평범한 시민들이 함께 조율할 수 있어야 할 것이다.

그러나 이렇게 모두가 이 사회의 가치 있고 소중한 존재로서 인정되고 존중받을 수 있는 새로운 도덕적 질서를 세우는 데 필요한 **모든 시민의 민주적 평등을 위해서는 일정한 물질적 토대가 가장**

우선으로 확보되어야 한다. 모든 시민이 가장 기본적인 수준에서 물질적 독립성과 안정성을 확보할 수 있어야 하는 이유는 무엇보다도, 설사 어떤 이가 사회적 삶에서 기여의 몫이 적거나 아예 없는 것처럼 보이더라도 다른 사람들이 자의적으로 행사할 수 있는 권력에 휘둘리지 않게끔 물질적 토대를 가지고 있어야 하기 때문이다.[105]

사람들은 흔히 그런 물질적 토대가 없어 직장에 매달리고 부당한 계약이나 갑질도 참고 수용하는 등 고용주의 자의와 횡포에 휘둘리곤 한다. 이를 피하려면 누구든 그런 고용 관계를 끊고서도 최소한 당분간은 생계를 걱정하지 않을 수 있어야 한다. 말하자면 얼마 동안이라도 '고용되지 않을 자유' 또는 '노동하지 않을 자유'를 누릴 수 있어야만 한다. 그러나 그런 물질적 독립이 단순히 국가가 제공하는 무슨 '실업수당' 같은 것이어서는 안 된다. 그런 수당을 타겠다고 자신의 가난을 증명해야 한다거나 무의미한 사회적 기여 활동에 억지로 참여하는 따위의 일을 강요받으면서 이번에는 공무원이 행사하는 자의적 지배에 노출될 수 있기 때문이다.

이런 일이 일어나지 않도록 하기 위해서는 **모든 시민이 최소한의 물질적 안정을 위한 무조건적이고 보편적인 사회적 기본권을 누릴 수 있어야 한다.** 이는 단순히 지금껏 발전된 흔한 복지국가적 접근법과는 다르다. 이 접근에서는 복지 수혜자를 정하는 과정에서 많은 행정적 비용도 들고 이런저런 '사각지대'도 심심찮게 발생한다. 그리고 복지 제공의 정도나 범위를 두고서도 많은 사회적 갈등이 따른다. 이는 우리나라에서도 이미 '국민재난지원금' 제공 범위를 둘러싼 논란에서 확인된 바다. 그러나 모든 시민은 무조건적으로 기본적인 물질적 독립과 안정을 항상 누릴 수 있도록 보장받을 수 있어야 한다. 그래야 모든 시민이 당당하게 다른 시민들과 평등하며 자유로운 관계를 맺을 수 있고 또 실질적으로 평등한 정치적-법적 주체가 될 수 있을 것이기 때문이다.

이런 접근에서 보면 우리 사회에서 **제대로 된 공정성은 특정한 분배정의의 원리 그 자체의 준수 이전에 모든 시민의 민주적-정치적 권리와 필연적으로 연결된 물질적 안전성과 독립성이 먼저 확보될 때만 의미있게 이야기할 수 있다.** 여기서 대원칙은 이렇다. "누구도 다른 사람에게 종속될 정도로 가난해서는 안 되며, 누구도 다른 사람의 자유를 침해할 수 있을 정도로 부유해서는 안 된다."(루소) 자신과 가족의 생존과 부양을 위한 물질적 수단이 절대적으로 부족한 사람은 결국 부유한 타인이나 집단에 노예처럼 굴종하고 존엄성을 저당 잡힌 채 지배당하고 모욕당하기 십상이다. 사회는 이런 가능성을 차단하기 위해 할 수 있는 모든 법적, 제도적 장치를 마련해야 한다.

비록 여기서 자세히 논의할 수는 없지만, 이런 일은 단순히 의료, 주거, 교육 등과 관련한 보편적 복지를 강화하는 것 외에 국가가 모든 개인에게 매월 일정액의 소득을 보장하는 '**기본소득**(Basic Income)'이나 일정한 나이에 도달한 모든 시민에게 고등교육이나 자기 사업 기회 등에 활용할 재원으로 기능할 수 있는 목돈인 '**기**

초자본(Basic Capital)'을 제공함으로써 달성될 수 있다.[106] 물론 이 기본소득과 기초자본의 필요성을 이해하고 정당화하는 다양한 방식이 있지만, 여기서는 일단 이런 유의 정책들이 단순한 복지 정책이라기보다는 <u>모든 시민의 평등한 존엄성을 가능하게 해주는 가장 기본적인 수준의 물질적 토대</u>라는 차원에서 이해되어야 함을 강조해 두고자 한다.

제7장.

존엄의 정치

지금껏 살펴본 민주적 평등주의의 이상은 아직 추상적이고 철학적 수준의 기본 방향만 담고 있다. 이 이상이 사회적으로 실현되기 위해서는 많은 것들이 필요하다. 일단 필요한 것은 일상적이고 문화적 수준에서 가능한 한 많은 시민이 능력주의의 한계와 문제를 제대로 성찰하고 이 민주적 평등주의의 이상을 공유하는 것이다. 그리하여 더 많은 시민이 가령 청소 노동자들이나 택배 노동자들이 수행하는 일이 우리의 사회적 삶에서 가지는 의미와 가치를 인식하고 그런 일들을 제대로 평가하고 존중하는 태도를 보일 수 있어야 한다. 이 책은 바로 그런 목적을 위해 조금이라도 도움이 되자는 취지를 갖고 있다.

그러나 이런 문화적 차원의 성찰은 능력주의적으로 조직되어 있는 우리 사회의 관행을 변화시키고 일정한 방식으로 '제도화'되어야 한다. 문화개혁이 제도개혁으로 이어져야 하는 것이다. 이런 제도개혁이 이루어져야 그런 문화적 차원의 변화도 더 확실하게 이루어질 수 있을 것이다. 제도개혁은 문화개혁이 이루어지는 구체적인 방식이라고 보아야 한다. 우리는 이렇게 문화개혁과 제도개혁이 서로의 전제이고, 서로를 강화하는 관계를 '문화개혁과 제도개혁의 변증법'이라 할 수 있을 것이다.

여기서 중요한 것은 우리 사회가 민주적 평등주의가 추구하는 방향으로 조금이라도 더 가깝게 나아가기 위해서는 현실정치라는 매개를 거쳐야 한다는 사실이다. 민주적 평등주의의 이상을 지향하는 정당과 정치가가 집권하거나 최소한 강한 정치적 힘을 발휘하여, 그 이상을 실천하기 위한 입법과 제도화를 추진하며 정책을 집행하지 않고는 우리의 능력주의적 현실과 관행을 바꾸어 나갈 방법이 없다. 예컨대 능력주의에 물든 현행 대학 입시 제도를 어떻게 바꿀지, 청소 노동자에게 어떤 사회적 보상이 주어지도록 할지, 이런 것들은 결국 현실정치의 수준에서 결정된다. 참된 공정(성)에 대한 우리의 물음은 결국 정치의 차원으로 이어질 수밖에 없다.

문화적 차원의 개혁도 쉬운 일은 아니지만, 이 정치를 매개로 한 제도적 차원의 개혁도 만만한 일이 아니다. 우리가 앞에서 살펴본 대로 현실정치에서 개혁적이고 진보적이라는 정당이나 정치 세력도 은연중에 능력주의에 포획되어 있는 경우가 많고, 설사 그 한계를 깨려 해도 많은 유권자 역시 능력주의적 사고에 익숙해져 있어서 선거에서 더 많은 표를 얻기 위해서 그 자장을 완전하게 벗어나기 힘들다. 앞서 본 대로 현대 민주주의는 정치적 능력주의 체제로 변질하여 가고 있고, 진보 정당이나 시민운동조차 그 영향에서 벗어나지 못할 때가 많다. 그 밖에도 엘리트를 중심으로 한 능력주의 체제의 기득권 세력들의 저항도 만만치 않다.

그래도 우리는 좀 더 나은 세상, 좀 더 공정하고 정의로운 세상을 향한 노력을 포기할 수 없다. 하루아침에 우리가 추구하는 이상적인 세계를 건설해 낼 수는 없다고 해도, 우리가 가야 할 방향을 얼마간이나마 분명히 하면서 차근차근 앞으로 나아가야 한다. 문화적 차원의 개혁이 정치적 변화를 압박하고 반대로 정치적 개혁은 문화적 변혁을 더 강화하는 방식으로 두 차원이 함께 가는 전략이 필요하다. 우선 큰 틀에서나마 민주적 평등주의를 추구하는 이 정치의 본성이 어떤 것이어야 할지부터 살펴보기로 하자.

존엄의 정치

우선 우리는 민주적 평등주의가 추구해야 하는 정치는 그 근본 성격에서 통상적인 정치와는 많이 다를 수밖에 없음을 확인할 수 있어야 한다. 이 정치는 좌파와 우파, 진보와 보수를 나누는 통상적인 틀 안에서 이해하기는 힘들다. 흔히 그런 분류법은 기본적으로 자본주의적 시장 경제에 대해 국가와 정치가 어느 정도 개입해야 할지 또 그 방식은 어떻게 할지 따위의 기준에 따라 정치 지향을 나누곤 한다. 거기에 더해 나라마다 다른 정치적 맥락과 전통에 따라 가령 '민족주의' 같은 요소들이 첨가되어 정치적 지형이 형성되곤 한다. 우리나라에서는 피식민화와 분단이라는 역사적 경험이 정치적으로 커다란 영향을 발휘하면서 서구의 기준으로 볼 때 매우 보수적이고, 심지어 극우적이라고 할 수 있는 민족주의가 최근까지 진보 진영의 중요한 지향의 하나로 자리를 잡고 있었다. 민주적 평등주의의 정치적 지향은 조금 다른 차원에서 이해되어야 한다.

물론 **민주적 평등주의는 그 기본적인 지향에서 진보적**이라 할 수 있다. 오늘날의 신자유주의적인 자본주의는 심각한 사회경제적 불평등을 산출해 내면서 그것을 능력주의의 이름으로 정당화하고 있다. 정글 식 경쟁을 찬양하고 경쟁의 승패에 따른 승자독식과 차별적 보상을 공정하다고 한다. 소수의 엘리트에 의한 부와 권력의 독점 체제를 지속시키려 한다. 민주적 평등주의는 이런 방식의 자본주의적 질서와 그 정당화 이데올로기를 거부하고 모든 시민의 평등한 존엄성이 존중될 수 있는 민주주의 사회를 지향하는데, 이런 지향은 너무도 분명하게 진보적이라 할 수 있다.

그러나 앞서 우리는 오늘날 많은 개혁주의적 좌파 정당이나 정치 세력도 기껏해야 좀 더 실질적인 기회균등을 추구하면서 사실은 더 강하게 능력주의의 이상을 추구하는 상태를 벗어나지 못하고 있음을 살펴보았다. 민주적 평등주의는 이런 수준의 실질적 능력주의와는 달리, 능력주의의 틀 그 자체를 벗어나려 한다. 앞 장에서 우리는 롤스의 정의론을 비롯하여 여러 각도에서 그 틀을 벗어난 새로운 규범적 지향의 윤곽을 살펴보았다. 이런 지향은 단순히 개혁주의적 좌파들이 추구해 왔던 통상적인 복지국가적 자본주의의 틀 안에서는 충족되기 쉽지 않다.

여기서는 우선 오늘날의 자본주의적 시장 경제가 실제로는 근본적인 수준에서 사람들의 사회적 기여에 따라 공정한 보상과 인정을 해야 한다는 정의의 원칙조차 제대로 만족시키지 못한다는 점을 강조해 두자. 자본주의 사회 일반, 특히 우리 사회의 현실적인 능력주의적 인정 질서는 획일적 잣대에 따른 사회적 가치평가의 체계를 강요하면서 사람들의 순응을 압박한다. 그리하여 일정한 성취 목표를 충족시키지 못하거나 그 잣대에서 벗어난 삶을 살려는 숱한 이들을 사회적으로 배제하고 무시하며 낙인찍는다. **민주적 평등주의의 관심사는 억울하게 자본주의적인 인정 질서에서 배제된 사람들을 구제하는 데 있다기보다는 그런 식의 인정 질서 자체를 바꾸는 데 있다.**

예를 들어 보자. 최근의 팬데믹 사태에서 우리는 흔히 사회의 가장 밑바닥에 있다고 여겨지는 청소나 배달을 하는 이들의 노동 없이는 하루도 제대로 살아가기 힘들다는 사실을 아주 선명하게 확인했다. 치명적인 바이러스 감염의 위험까지 감수하며 그런 '필수노동'을 하는 이들의 사회적 기여가 가령 공무원들보다 못하다고 할 수 있을까? 그런데도 우리 사회는 그들에게 공무원들에게 주는 것과는 비교할 수 없을 정도로 낮은 최소 수준의 보상만 해주고 있을 뿐만 아니라, 그들을 열악한 노동 환경에 묶어 두고 있다. 지금 우리에게 필요한 것은 단순히 그런 필수노동자들이 좀 더 나은 삶을 살 수 있도록 이런저런 복지 혜택을 제공하는 것을 넘어(이런 것도 필요하겠지만), 그들의 일 자체의 가치를 제대로 평가하고 보상하는 것이다.

그러려면 우리는 무엇보다도 누군가의 직업적 활동이 지닌 사회적 기여에 대한 가치평가의 체계를 바꾸어야 한다. 육체노동을 하는 비정규직 종사자들의 문제는 단순히 그들이 저임금에 시달린다는 것이 아니다. 그들은 지금 저소득에 더해 온갖 사회적 무시 때문에 고통받고 있다. 그러나 이런 상황은 절대로 당연하지도 않고 무슨 사회적 필연성의 결과도 아니다. 이런 상황은 기본적으로 우리 사회의 주류 세력들이 그들처럼 사회적 경쟁에서 패배한 자들을 온전한 인간적 존재로 충분히 인정하지 않았기 때문에 생겨났다. 그들이 수행하는 노동의 가치를 무시하고 부정할 뿐만 아니라 궁극적으로는 그들이 지닌 인간으로서의 존엄성 그 자체를 무시한 결과다. 그것은 무엇보다도 우리 사회가 가진 특정한 방식의, 곧 숱한 구성원들의 존엄성을 부정하는 인정 질서의 표현이다. **민주적 평등주의는** 이런 질서에 맞서 **억압당하고 무시당한 많은 이들의 평등한 인간적 존엄성이 존중받을 수 있는 새로운 인정의 질서를 세우려 한다.** 바로 여기에 민주적 평등주의를 지향하는 정치의 핵심 관심사가 있다. 나는 이런 지향을 가진 정치에 '**존엄의 정치**'라는 이름을 붙이고 싶다.

지금까지 우리는 경제, 생산, 효율, 이윤, 생존, 법질서 등과 같은 가치들과 그 가치들의 탁월한 실현을 보장한다는 능력자들의 주장과 횡포에 너무 많이 시달려 왔다. 그러면서도 그들이 만들고 그들의 지위와 권력을 정당화하는 이데올로기인 능력주의에 사로잡혀 그 틀에서만 세상을 바라보았다. 그리하여 우리는 그저 무슨 시험 제도나 자격증 소지 여부 같은 규칙을 어떻게 적용할 것인지를 두고 다투는 데만 몰두하면서, 그런 게 참된 공정의 문제라고 여겼더랬다.

그러나 사람들의 사회적 활동에 대한 물질적 보상을 위해 기여의 정도를 무슨 기준으로 정할지, 능력을 어떻게 평가할지, 그 정도에 따른 차이를 얼마나 크게 할지 따위의 문제는, 이미 지적했듯이, 어떤 자명한 경제학적 문제도 아니고 무슨 도덕철학적 문제도 아니다. 그것은 기본적으로 정치의 문제다. '같은 것은 같게, 다른 것은 다르게' 나누는 것이 정의의 원칙이라 했지만, 무엇이 같고 무엇이 다른지를 결정하는 것은 궁극적으로 다양한 사회집단들이 자신들의 이해관계와 가치를 관철하려고 각축하는 이 정치의 차원에서 결정된다. 만약 우리 사회가 북유럽의 여러 국가에서처럼 노동의 가치를 존중할 줄 알고 그에 대해 제대로 보상하려는 정치 세력이 광범위하고 지속적인 국민적 지지를 받아 오래도록 집권하여 그러한 지향에 맞는 법과 제도를 만들어 실현한다면, 우리의 대학입시는 그토록 치열하지 않을 것이며 무슨 자격시험 같은 걸로 사람들을 정규직과 비정규직으로 갈라 반목하게 만들지도 않을 것이다.

정의와 공정을 이야기하면서 이와 같은 **정치의 차원을 잊어버리면 안 된다.** 다양한 사회집단들은 단순히 분배의 규칙을 어떻게 적용할지를 두고서만이 아니라 그 규칙을 어떤 가치에 따라 세울지를 둘러싸고도 투쟁한다. 지금까지 우리 사회에서는 가진 자들, 구체적으로는 정신노동을 하는 사람들, 학식을 많이 가진 사람들, 학력과 학벌이 좋은 사람들, 자격증을 가진 사람들이 너무도 손쉽게 승리하는 싸움을 벌여왔다. 패자들은 단지 싸움에서 졌을 뿐만 아니라 승자들의 가치와 규칙을 내면화하고서는 그 규칙의 적용 문제를 두고 자기들끼리 또 싸운다. 작금의 공정성 도전처럼 말이다. 그러나 이런 식으로 이 지배 질서는 더 공고하게 작동하게 된다.

이제 우리는 안다. 우리 모두는 누구든 소중하고 존엄하다. **단순한 분배 규칙 그 자체가 아니라 그 배후의 가치를 비판적으로 캐묻고 따지면서 새로운 가치평가의 체계를 정립하고 정치적으로 관철하는 방향으로 나아가야 한다.** 능력의 차이라며 사람들을 구별하여 그 사이에 감당할 수 없는 보상의 격차를 두고서는 조금이라도 더 많은 보상을 받으려면 기성의 질서에 순응해야 한다고 강요하는 능력주의적 질서의 함정에서 벗어나야 한다. 그리하여 하찮다고 무시당하기만 했던 우리의 노동, 더 나아가 우리의 인간적 존재 자체가 지닌 소중한 가치가 제대로 존중되게끔 우리의 힘을 모아야 한다. 우리 모두의 평등한 존엄성이 인정되고 제 목소리를 낼 수 있도록 말이다. 이제 이 존엄의 정치가 추구하는 근본적인 초점을 좀 더 구체적인 수준에서 살펴보기로 하자.

보상의 격차 줄이기

이미 강조한 대로, 민주적 평등주의는 개개인이 지닌 능력이나 전문성의 가치를 부정하지 않을 뿐만 아니라 또한 그 개개인이 자기 능력을 발휘하여 사회에 기여한 데 대해서는 적절한 보상이 필요하다는 점도 절대로 부정하지는 않는다. 개개인이 지닌 그런 재능과 그가 행한 노력에 대한 어느 정도의 보상은 더 많은 개인의 기여와 자기 계발을 위한 동기 부여를 위해서라도 꼭 필요할 것이다. 그러나 **민주적 평등주의는 능력에 대한 높은 평가는 인간적**

삶이 상호의존성이라는 조건 속에서만 가능하다는 근본 인식에서 출발함을 놓치지 말 것을 강조한다. 이런 출발점에서 보면 오늘날 우리 사회가 떠받드는 능력주의에서처럼 경쟁에 따른 승리의 과실을 오로지 승자만이 독식해야 한다든가 패자에게 가혹한 짐을 부과해야 한다든가 하는 따위의 요구는 결코 정당화될 수 없다. 그런 승리의 과실조차 함께 사는 모두를 위한 것이며 최소한 어느 정도는 모두가 나누어 가져야 한다.

여기서 우리가 주목해야 하는 것은 개개인이 지닌 이런저런 능력을 평가하고 그 능력이 만들어 내는 업적이나 성과에 대해 사회가 보상하는 방식이다. 오늘날 우리 사회는 압도적으로 자본주의적 시장 경제와 법률, 행정 같은 영역에서 이루어내는 성공이라는 잣대로 사람들을 평가하여 줄을 세운다. 그리고 승자독식이라는 보상의 원리를 따른다. 이런 평가의 기준과 원리가 교육이나 직업 생활을 비롯하여 사회 전반으로 확대되어 있다. 그러나 이런 상황은 유능하고 덕성을 갖춘 이들을 존중하여 사회의 번영을 꾀하고자 했던 능력주의의 본래의 이상 그 자체에서 비롯된 것이라기보다는 특정한 사회정치적 과정을 통해 일정한 방식으로 창조되어 정착된 것이라 해야 한다.

이런 **보상의 방식과 원리는 결코 그 자체로 자명한 것이 아니다.** 앞서 살펴본 대로, 능력주의적 정의관에서 본래적인 것은 특정한 방식으로 편향된 이런저런 능력 그 자체가 아니라 그러한 능력이 인간의 사회적 삶에 대해 제공하는 일정한 기여다. 이러한 기여 원칙은 인간적 삶의 상호의존성과 호혜의 원리를 바탕에 깔고 있다고 해야 한다. 다시 말해 개개인이 지닌 어떤 능력이 사회와 인간 공동의 삶을 위해 이런저런 기여를 한다는 데 대한 평가가 우선이라는 이야기다. 모종의 공동선에 대한 지향이 능력에 대한 평가의 바탕에 깔린 것이다. 그렇다면 승자에 대한 보상은 사회가 개인의 능력 발휘를 권장하기 위해 사용하는 일종의 유인책 같은 것이지 그 자체가 목적이 될 수 없다. 당연하게도 승자독식이라는 분배의 원리도 본래적인 것이라 할 수 없다.

민주적 평등주의의 관점에서 볼 때, 지금 우리 사회에서 목격되는 바와 같이 능력의 차이를 명분으로 가령 정규직과 비정규직을 나누고는 여기에 너무도 현저한 보상의 격차를 두는 일은 결코 정당화될 수 없다. 이런 식의 위계화는 시민들 사이의 평등한 존엄성을 부정하고, 특히 패자들에게 지독한 모욕감과 굴욕감을 안긴다. **일정한 사회적 목적을 위해 경쟁의 불가피성을 인정하고 그 결과에서 승자와 패자 사이에 일정한 보상의 격차를 두는 게 불가피할 수도 있지만, 그것은 민주적 평등 관계를 헤치지 않는 범위 안에 머물러야 한다.** 모든 사회 성원이 자신의 사회적 역할에 걸맞게 적절한 보상을 받아 품위 있는 삶을 살 수 있는 기반을 확보할 수 있어야 한다. 롤스 식으로 말하면, <u>누구든 자존감을 누리며 살 수 있는 사회적 토대를 가져야 한다.</u>

현실적으로도 오늘날 우리 사회에서 능력주의와 관련된 모든 소동과 병리의 배경에는 이 승자독식의 원리 또는 승자와 패자 사이

에 주어지는 지나치게 큰 보상의 격차가 있다. 이 격차를 줄여야 한다. 대졸자와 비대졸자, 명문대 졸업생과 지잡대 출신, 자격증 소지자와 무자격자 등의 사이에 건널 수 없을 것 같은 격차의 강이 있는 한, 승자에게만 모든 혜택과 특권을 몰아주고 패자에게는 쓰라린 고통과 억압과 배제만 안겨 주는 한, 사람들은 더더욱 경쟁과 그 규칙에 매달려서 어떻게든 승자가 되려 할 수밖에 없고, 또 그 때문에 온갖 종류의 능력주의적 병리들은 끊임없이 확대재생산될 수밖에 없을 것이다.

많은 이들이 이구동성으로 한탄하고 걱정하는 우리 사회의 교육병리 문제를 보자. 앞서 우리는 교육열로 포장된 우리 사회의 '수백 년 동안의 지랄'이 사실은 우리 사회의 능력주의적 분배 원리와 관련된 일종의 출세열이자 성공열임을 살펴본 적이 있다. 흔히 '입시지옥'으로 표현되는 우리 사회의 많은 교육병리는 단순히 교육병리가 아니다. 냉철하게 볼 때, 입시 문제라는 것은 결국 이른바 명문대에 진학할 상위 10% 정도의 학생들이 어떤 규칙에 따라 대학을 선택할 수 있을 것인지의 문제일 뿐이다. 최근 들어 학령인구는 계속 줄어들고, 그에 따라 대학정원은 남아돈다. 그런데도 입시경쟁이나 사교육이 완화되지 않는 것은 여전히 상위권 대학을 둘러싼 경쟁이 치열하기 때문이다. 상위권 대학을 나와 우리 사회의 능력주의적 분배 질서에서 우위를 차지하고자 하는 욕망이 모든 문제의 진원지인 것이다.

그렇다면 교육병리를 해결하자면서 이 욕망을 그대로 두고 입시

제도를 이런저런 방식으로 손보려 하는 따위의 접근은 커다란 의미가 없을 것이다. 그 수준에만 머문다면 입시제도를 어떻게 바꾸든 명문대를 향한 경쟁은 완화되지도 않을 것이고, 이 경쟁이 더 공정해지지도 않을 것이다. 그런데도 우리는 예컨대 이른바 학생부종합전형을 더 확대하는 게 공정할지 수능 비중을 늘리는 게 더 공정할지를 따지는 일에만 매달려 있다. 우리는 이런 차원을 넘어서 문제에 접근할 수 있어야 한다. **궁극적으로 우리 사회에서 이루어지는 생존 경쟁의 승자와 패자 사이에 주어지는 지나친 보상의 격차를 줄이지 않고서는 제대로 문제를 해결할 수 없을 것이다.**

그렇다면 우리가 가야 할 길은 분명하다. 예를 들어 대기업 노동자와 중소기업 노동자 사이의 수입 격차를 줄여야 하고, 비대졸자들도 적정 임금을 얻도록 해야 하며, 지방대 출신들도 차별 없이 대기업과 공기업에 제대로 취업할 수 있어야 한다. 무엇보다도 노동에 대한 사회적 평가가 바뀌어 육체노동을 하더라도 화이트칼라 계층에 못지않게 품위 있는 삶을 살 수 있는 물질적 보상을 얻을 수 있도록 해야 한다. 광범위하고 촘촘한 사회안전망도 마련되어야 한다. 이런 사회적 변화 위에서만 우리 교육은 입시에 휘둘리지 않게 될 것이다.

물론 그와 같은 근본적인 사회 변화가 하루아침에 가능하지는 않을 것이다. 그전에라도 승자독식의 원리를 완화하기 위해 다양한 시도들을 할 수 있다. 이런 시도들은 능력주의와 완전하게 결별하지 못하더라도 그 극복을 위한 출발점 정도는 될 수 있을 것이다. 우선, 다양한 수준에서 '**차별 시정 조치**(affirmative action)'를 확대하여 대학 서열을 완화하고 모든 계층의 학생들에게 사회적 성공을 위한 기회를 열어주는 게 필요하다. 물론 이런 일은 비대졸자들에 대한 사회적 차별을 완화하는 조치들과 함께 실행되어야 한다. 예를 들어 이른바 명문대들이 상당한 비율로 '지역'은 물론 '**저소득층' 출신 학생들에 대한 할당제**를 도입하거나, 공무원이나 공기업 채용 과정에서부터 '**지역 인재 할당제**'를 시행할 수 있을 것이다. 아니면, 지역 대학에 대한 투자를 획기적으로 강화하여 교육 수준을 높이고 입학하는 학생들에 대해 등록금을 구상으로 하거나 그 밖의 교육비도 일정하게 지원하는 정책 같은 걸 도입하여 대학 서열을 해체하려는 시도도 해 볼 수 있을 것이다.

마이클 샌델이 미국적 맥락에서 제안한[107] **대학 입학을 위한 추첨제** 같은 것도 우리나라의 실정에 맞게 적절하게 변형하여 도입할 수도 있다. 단지 입시제도 개편에만 집착해서는 안 되겠지만, 내 생각에 우리 사회가 능력주의를 극복하기 위해서는 그런 방향의 개혁이 꼭 필요하다. 우리나라의 교육학자 박남기도 유사한 제안을 한 적이 있다. 그는 이런 제도를 '**범위형 대입제도**'라고 부르는데,[108] 대학들이 기본적인 수준의 수학 능력 이상을 갖춘 지원자를 대상으로 추첨을 통해 입학생을 정하자는 게 기본 발상이다. 이를 우리나라 상황에 적용하면 대략 다음과 같은 그림이 그려질 수 있다. 우선, 대학들은 모집 단위별로 수능과 내신을 기준으로 지원 가능한 기준을 제시한 후 지원한 모든 학생을 합격시킨다. 다음으로, 간단한 면접 등으로 성적으로만 걸러낼 수 없는 부적격자를 찾아내 제외한다. 마지막으로, 이제 남아 있는 모든 지원자를 대상으로 추첨을 통해 최종합격자를 정한다.

물론 이런 제안은 지금의 대학 서열 체제를 제대로 흔들지 못할 수도 있다. 그렇다면 일각에서 제안하는 것처럼 '국립대 통합 네트워크'를 만들어 우리나라 전체 국립대를 대상으로 위에서 제시된 것과 유사한 방식으로 학생들을 선발할 수 있다. 대학 수학 가능성이라는 관점에서 모든 지원자를 대상으로 추첨을 하는 게 비합리적이라면, 일정한 기준으로 지원자 중 정원의 3배수 정도 학생들을 일차적으로 선발한 뒤 그들을 대상으로 제비뽑기를 통해 합격자들을 정하는 방안 같은 것도 생각해 볼 수 있을 것이다. 학교 배정 역시 주거 지역이나 희망 전공 등을 고려하여 추첨을 통해 할 수 있을 것이다. 나아가 우리나라에는 사립대학이 많으므로 참여를 희망하는 사립대들도 포함시킬 수 있다.

여기서 구체적인 입시 방안에 대해 긴 이야기를 할 수는 없다. 다양한 제안들이 있을 수 있고 고려해야 할 복잡한 문제들이 많으므로 구체적인 제도 설계는 민주적 숙의 과정을 통해 확립되는 게 바람직할 것이다. 그러나 그 취지는 분명하다. 요점은 **명문대 입학을 아주 강하게 운 또는 우연적 요소와 연동시킴으로써** 명문대 졸업에 따른 특권의식의 근거를 없애 대학 서열화를 해체해야 한다는 것이고, 무엇보다도 아주 미미한 성적 차이를 커다란 보상의 격차로 연결하는 불합리성을 없앰으로써 과도한 입시경쟁을 완화하자는 것이다.

노동의 가치에 대한 재평가

그런데 사람들 사이의 사회적 경쟁의 결과로 주어진 보상의 격차를 줄이는 데서 가장 심각한 장애 중의 하나는 다름 아닌 '정신노동'과 '육체노동'의 구분이다. 인류의 진화 과정 어느 시점부터 생겨나 정착되었을 그러한 구분은 대부분의 사회에서 사람들 사이의 평등한 상호관계를 가로막고 계급을 나누며 차별을 정당화하는 가장 중요한 근거로 작용했다. 능력주의는 서로 다른 능력을 갖춘 개인들의 사회적 기여 정도에 따른 차등 대우가 정당하다며 우리를 덫에 가두어 왔는데, 열등한 지적 능력 그 자체를 증명하는 것으로 이해된 육체노동은 더더욱 무가치하다고 평가 절하되고 그에 대한 나쁜 사회적 보상도 정당화한다.

능력주의의 함정에서 빠져나오기 위해서는 무엇보다도 육체노동의 사회적 기여에 대한 가치평가의 체계를 바꾸는 데서 시작해야 한다. 계속 강조해 왔지만, 어떤 일의 사회적 기여에 대한 평가는 결코 무슨 자명한 자연법칙 같은 데 따른 것이 아니다. 우리는 여기서 능력주의가 은연 중에 무시하고 뒷전으로 밀어 놓은 민주주의 사회의 가장 기본적인 정의의 원칙, 곧 모두의 평등한 존엄성에 대한 존중이라는 원칙을 다시 활성화해야 한다.

안타깝게도 우리 사회는 지금껏 공정을 외치면서도 주어진 사회적 가치평가의 체계를 무비판적으로 수용하고서는 경쟁의 규칙이나 절차만을 따지는 수준에 머무르고 말았다. 누가 엄청난 보상을 독식하는 승자가 되는 게 마땅한가 아닌가를 따질 뿐, 그래서 가령 누군가의 시험 성적이 얼마인가를 따졌을 뿐, 그 승자독식의 원리 자체가 옳은지 아닌지는 따지지 않았다. 이것은 마치 잘못된 시험문제가 출제되었는데 그건 따지지도 않고 어떻든 누군가 정답이라고 설정된 문제를 맞힌 사람이 정당한 승자고 또 그가 모든 걸 독식하는 게 옳은 일이라고 하는 것과 유사한 상황이다. 그러니까 우리는 지금 정규직-비정규직 구분 자체가 잘못이라는 문제의식은 없고, 누가 어떤 자격을 지녀야 정규직이 될 수 있느냐는 물음만 던지고 있는 것이다.

지금 우리에게 진짜 필요한 일은 누군가가 적어 낸 답만 틀릴 수 있는 게 아니라 문제 자체가 잘못 출제되었을 수 있음을 지적하고, 승자독식을 당연하게 여기는 등 주어진 방식의 분배를 정당하다고 하는 가치평가의 체계 자체를 바꾸는 것이다. 우리는 이렇게 물어야 한다. 설사 능력과 노력에 따른 분배가 어느 정도 불가피하다 하더라도, 지금 우리 사회처럼 그 보상의 격차를 하늘과 땅 사이만큼 벌려 놓는 게 정당하다고 할 수 있을까? 그렇다고 할 수 없다면, 우리는 이런 분배 체계가 어디서 왔고 또 그 대안은 어떤 것일지 물어보아야 한다.

앞서 우리는 계속해서 능력주의적 분배정의의 그럴듯함이란 결국 개인의 능력이 인간 공동의 삶을 위해 수행하는 일정한 기여에 대한 평가에서 그 근거를 찾는 것이라 했다. 그러나 인간적 삶의 상호의존성과 호혜성은 너무도 깊고 복잡해서 누군가의 행위나 재능이 사회에 어떤 기여를 하는지를 단선적으로 드러내는 일은 불가능하다. 코로나 팬데믹 같은 인간 사회의 위기 상황에서 백신이나 치료제를 연구하는 과학자의 역할은 더없이 중요하다고 해야 하지만, 사회적 거리두기 속에서도 사람들의 일상적 생활을 위해 불가결한 노동을 하는 필수노동자의 일도 마찬가지로 소중하다. 물론 그들이 수행하는 일의 사회적 기여의 정도에 대한 평가와 그에 따른 보상의 위계가 필요 없다거나 무의미하다는 이야기는 아니다. 그러나 모든 사회 성원이 어떤 식으로든 우리 모두의 공동의 삶에 기여하며 그 기여가 불가결하고 중요하다는 점이 인정될 수 있어야 한다.

우리는 이렇게 물어보아야 한다. 청소하고 배달하는 일은 국가의 행정적 과제를 처리하는 일에 비해 정말 그토록 현저하게 가치가 떨어지는 일일까? 우리 사회는 지금 청소나 배달은 아무런 전문성도 없어 아무나 할 수 있는 일이기에 그런 일을 하는 노동자들에게는 최소한의 임금과 대우만 해주면 충분하다고 여긴다. 그런 일들의 사회적 기여와 중요성을 제대로 인정해 주지 않기 때문이다. 그러나 이런 접근은 결코 사회적 기여에 대한 무슨 객관적 평가에 따른 것이 아니다. 쓰레기가 쌓여 악취가 진동하는 건물에서 누군가가 제공하는 음식을 먹지도 않고 무슨 대단한 생산적인 일을 할 수 있는 사람은 아무도 없을 것이다.

그러나 그런 노동의 가치를 존중하고, 다시 샌델의 표현을 빌리자면, '일의 존엄성'[109]을 되살린다는 것은 단순히 사람들의 노동에 대한 태도를 바꾸라고 촉구하는 정도에서 표현될 수는 없다. 그것은 무엇보다도 임금이나 다른 사회적 대우에서 육체노동을 하는 이들도 품위 있는 삶을 살 수 있게 된다는 것을 의미한다. 덴마크 같은 데서는 대학의 청소노동자도 대학교수보다는 조금 적어도 충분히 안정적이고 인간다운 생활을 할 수 있는 정도의 임금을 받는다고 한다. 캐나다 같은 데서는 버스 운전사가 교사보다 더 좋은 연봉과 연금을 받는다고 한다. 이런 일은 결국, 지적이고 정신적인 역량과는 무관하다며 멸시의 대상이 되는 다양한 돌봄 노동이나 서비스 노동은 물론이고, 배달 일이나 건설 노동 같은 육체노동 일반에 대한 사회적 재평가를 통해서만 가능하다. 물론 이들 나라들에서 보이는 노동의 가치에 대한 그런 높은 사회적 평가는 그냥 자연스럽게 이루어진 게 아니고 오랜 문화적, 정치적 투쟁의 결과다. 이 점을 놓치면 안 된다.

좌파 포퓰리즘?

안타깝게도 지금껏 우리 사회에서는 그런 투쟁에서 능력주의로 무장한 엘리트들이 거의 무제약적인 승리를 거둬왔다. 이는 좁은 의미의 정치적 차원에서도 마찬가지다. 민주주의라는 우리의 역사적 성취가 정치적 능력주의의 발흥 때문에 심각한 도전에 직면하고 있다. 앞에서 살펴본 대로, 애초 민주주의의 토대처럼 여겨졌고 또 실제로 그렇게 작동하기도 했던 능력주의는 사회경제적 차원에서 시민들 사이의 불평등을 강화하고 고착화할 뿐만 아니라 이제는 정치적 차원에서도 국가공동체 전체의 일을 일부 소수의 전문가와 고학력자들이 독점하도록 조장하고 있다. 이렇게 현실적으로 사회의 많은 중요한 사회적이고 정치적인 권력 자원을 일부 소수 엘리트가 장악하고 있는 상태에서 보통 사람들의 민주적 역량을 강화하여 민주주의의 원칙을 지켜내는 일이 어떻게 가능할 수 있을까? 이제부터 우리가 이 도전에 어떻게 맞설 수 있을지에 대해 살펴보기로 하자.

정치적 능력주의가 고착화되고 있는 오늘날의 현실을 볼 때, 현대의 민주적 공화정에서 평범한 보통 시민들이 주도하는 민주주의적 요소를 재구성하고 강화하는 것이 우리가 그런 위기에 대응하기 위한 기본적인 방향임은 확실하다. 우리는 여기서 모종의 '좌파 포퓰리즘'[110] 방식의 대안을 생각해 볼 수 있다. 앞서도 잠시 언급했지만, 포퓰리즘에 대한 통상적인 부정적 이미지는 민주주의에 대한 귀족주의적/엘리트주의적 반감의 산물일지도 모른다. 물론 포퓰리즘이 민주주의 자체를 위협하는 것도 사실인데, 그것은 반-엘리트 지향 그 자체가 문제여서가 아니라 평범한 시민들의 민주적 지향이 배타적 민족주의 등과 결합하여 정치적 이견을 가진 사람들이나 이민족 등에 대한 공격적 적대로 나타나고 다원적 민주주의 체제 자체를 위협하기 때문이다.[111] 포퓰리즘의 이런 부정적인 차원을 중화시키면서도 엘리트가 아닌 평범한 시민들의 정치적 주도성이 강화되는 방향으로 민주주의를 재구성하는 게 이런 좌파 포퓰리즘적 대안의 핵심이라 할 수 있겠다.

물론 문제는 그런 민주성의 강화가 구체적으로 얼마나 가능할까 하는 것이다. 일단 많은 포퓰리즘 운동에서 주창되어 온 것처럼 '직접 민주주의'의 요소를 강화하는 방향을 생각해 볼 수 있다. 그러나 이 직접 민주주의의 강화가 언제나 바람직한 정치적 결과를 낳지는 못했다는 분석이 많다.[112] 특히 중요한 정치적 사안에 대한 '국민투표' 같은 절차는, 영국의 '브렉시트' 투표에서 선명하게 확인되었듯이, 결코 민주주의의 건강성을 유지하는 데 도움이 되지 못함을 보여주었다. 무엇보다도 여기서도 언론 등을 통한 엘리트들의 과도한 영향력 문제는 해결되지 못한다고 평가된다.

이런 맥락에서 맥코믹(J. P. McCormick)의[113] 제안이 매우 흥미롭다. 그는 마키아벨리의 저작들, 특히 『로마사논고』에[114] 나타난 마키아벨리의 통찰에 기초하여 엘리트의 책임성을 강화하고 견제하기 위해 선거민주주의를 넘어서는 헌법적이고 제도적인 장치들을 마련할 것을 제안한다. 그에 따르면, 일반적인 통념과는 달리 강한 민주적 지향성을 가졌던 마키아벨리는* 귀족이나 부유한 시민들을 체계적으로 배제하거나 견제할 수 있는 제도적 장치를 통해서

---

* 우리는 흔히 정치에서 권모술수 같은 걸 아무런 도덕적 주저 없이 사용해야 한다고 주장한 '마키아벨리즘'의 주인공으로 마키아벨리를 이해하지만, 사실

만 보통 시민들의 자유를 보호할 수 있다고 보았다. 이런 맥락에서 마키아벨리는 부유한 시민들은 후보 자격조차 가질 수 없었던 평민 권한 강화를 위한 공직과 의회(민회), 추첨과 선거를 결합한 방식에 따라 이루어지는 행정장관(정무관: magistrate) 지명 절차, 전체 시민이 기소와 전 과정을 관장하는 정치 재판과 같은 제도적 장치들이 로마와 같은 공화국들에서 평범한 시민들의 권한을 강화하고 자유를 지켜주는 보루였다는 점을 밝혀냈다는 것이다. 맥코믹은 바로 이런 제도적 장치들에 기초한 민주주의를 '마키아벨리적 민주주의'라 불렀다. 우리의 맥락에서 말하자면, 이런 민주주의로의 개혁만이 정치적 능력주의의 엘리트 지배를 막을 수 있다는 이야기로 이해할 수 있겠다.

물론 그가 제안하는 구체적인 제도 설계는 가설적 수준을 넘어서지는 않는다. 그 제안의 핵심은 '호민단(護民團 People's Tribunate)'이라는 헌법 기구다.[115] 미국을 배경으로 한 것인데, 그 제안에 따르면 이 호민단은 부자(자산 상위 10%)나 전·현직 고위공직자가 아닌 1년 임기의 추첨으로 선발된 51명의 평범한 시민들로 구성된다. 이 호민단은 로마 공화국의 호민관들이 가졌던 것과 유사한 권한을 행사할 수 있다. 로마의 호민관들은 대부분의 정책과 법에 대해 거부권을 행사할 수 있었고 민회에 법안을 발의할 수 있었으며 고위공직자들에 대한 재판권을 가졌는데, 이런 유사한 권한을 이 호민

마키아벨리는 누구보다도 강한 공화주의적이고 민주적인 지향을 가진 사상가라는 게 오늘날 많은 학자의 한결같은 평가다.

단을 구성할 시민들, 곧 현대의 호민관들에게도 부여하자는 것이다. 그러니까 대략 임기 내 한 번 정도 의회의 입법, 행정 명령, 대법원판결에 대해 거부권을 행사할 수 있도록 하고, 필요한 사안에 대해 국민투표를 발의할 수 있도록 하며, 입법, 행정, 사법부를 통틀어 고위공직자들이 임기 중 저지른 잘못에 대해 탄핵 절차를 개시할 수 있도록 하자는 것이다.

이런 제안의 의도와 호소력은 비교적 명백해 보인다. 통상적인 포퓰리즘이 기존의 자유민주주의 체제의 기본적인 정치적 틀 안에서 출발하면서도 오히려 다양한 민주적 장치들과 규범들을 무력화하려고 시도한다면, 맥코믹의 제안은 좀 더 확대되고 심화한 민주적 공화정을 헌정적 수준에서 추구한다. 대개 포퓰리즘은 특권 계층이나 엘리트 집단을 정치적 적으로 설정하면서 정치적 선동이나 정서적 호응에 호소하여 충분히 숙의되지 않을 뿐만 아니라 대개는 민족주의에 경도된 정책들을 관철하려 하는 방식을 추구한다. 그러나 그는 **헌법적이고 제도적인 수준에서 특권층과 엘리트를 체계적으로 견제하고 시민들의 정치적 역량을 강화하려 한다.** 현대 민주주의에서 호민관의 역할을 하리라 기대했던 좌파 정당, 노동조합, 각종 시민운동 조직 등이 충분히 제 역할을 하지 못하는 상황에서, 그와 같은 새로운 제도적 장치들은 건설적인 해법이 될 수 있을 것처럼 보인다.

그의 접근과 마키아벨리 해석은 지금 우리가 마주하고 있는 정치적 능력주의, 곧 엘리트에 의한 과두정화의 문제가 역사적으로

'모든' 공화국에서 거의 필연적으로 나타날 수밖에 없는 문제임을 강하게 암시한다. 마키아벨리는 모든 공화국에서 '명령하고 지배하려는 자들', 곧 '귀족'과 '지배를 당하지 않으려는 이들', 곧 '평민'의 구분과 대립은 불가피하며 이들 사이의 대립과 갈등이 공화국 정치에 활력과 역동성을 부여하는 기본축이라고 이해했다.[116] 이때 그는 평민들도 귀족 못지않게 정치적 활동을 수행하며 법과 정책을 제안하고 토론할 수 있는 역량을 가지고 있으며, 귀족들이 일방적으로 지배를 일삼을 때 정치공동체는 커다란 위기에 처한다고 보았다.[117] 이런 인식에서 볼 때, 민주주의는 결국 평범한 보통 사람들의 정치적 자각과 참여, 그리고 자신들의 이해관계와 관심사를 정치과정에 반영해 내기 위한 투쟁과 권력에 대한 견제, 그리고 그 결과의 적극적 입법과 제도화[118]를 통해서만 가능하다.*[119]

역사적으로 민주공화국을 탄생시켰던 많은 공화주의적 법적, 제

---

* 이런 마키아벨리적 관점에서 볼 때, 2016~2017년의 '촛불혁명'에 대한 부정적 인식 위에서 이후 한국 민주주의의 전개를 위기로 보는 최장집의 진단은 민주주의의 본성에 대한 오도된 이해에 기초하고 있다고밖에 할 수 없다. 그는 검찰개혁의 당위성조차 인식하지 못한다고 고백하고 있는데, 이는 그가 '비-지배'에 대한 공화주의적 근본 관심사를 전혀 이해하고 있지 못함을 드러낸다. 큰 틀만 보더라도, 한국 사회에서 일시적인 정치적 차원은 몰라도 사회 전체적으로 볼 때 기득권 및 엘리트 세력의 '사회적 권력'은 아직도 압도적인바, 촛불혁명은 그런 권력에 일정한 균열을 낼 수 있는 계기였을 뿐이라고 해야 한다. 그래서 촛불혁명 이후 지금까지 시민들의 민주적 항쟁과 저항이 적절한 제도적 형태로 귀결되지 못한 것이 문제라고 볼 수 있지만(예컨대 개헌 실패), 단순한 정치적 양극화나 진보/보수 균형의 흔들림이 그 자체로 문제는 아니라고 해야 한다. 마키아벨리는, 최장집처럼 단순히 사회적 갈등의 안정적이고 조화로운 제도화를 지향한 것이 아니라 (그는 늘 자신의 이런 인식이 마키아벨리에 바탕으로 두고

도적 장치들은 바로 이런 차원에서 이해할 수 있다. **혼합정으로서 민주적 공화정의 핵심은 '견제와 균형'의 장치들을 통해 엘리트 집단의 권력 요소들이 시민들에게 함부로 행사되는 지배의 수단이 되지 못하도록 하는 데 있다.** 그러나 역사적으로 이런저런 정치적 실험을 통해 다양한 방식으로 도입된 해법들은 항구적인 해결책이 될 수는 없다. 사회 세력들 사이의 갈등과 대립이라는 정치의 본성에 비출 때, 그런 식의 귀족과 평민의 대결은 새로운 시대적 상황과 조건에서 새로운 형식으로 반복될 것이며 모든 시민의 비-지배 자유를 위한 법적, 제도적 장치들은 끊임없이 새롭게 모색되고 정비되어야 할 것이다.

그러나 이런 제안에는 많은 결함이 있는 것처럼 보인다. 우선 그가 내놓은 제안의 실현 가능성이 커 보이지는 않는다. 비록 맥코믹 자신이 이 제안을 일종의 비판적 목적을 위한 사고 실험이라고 하지만, 이런 종류의 제안에서 실현 가능성의 문제는 아주 중요하다. 여기서 문제가 있다. 그의 제안은 현대 의회 정치에 대한 부정적 평가에서 출발한다. 그런데 오늘날의 조건에서 의회 정치라는 매개를 통하지 않고 어떻게 호민단과 같은 새로운 헌법적 기구를 도입할 수 있을까?

게다가 마키아벨리의 '귀족'과 '평민'의 구분에 의존하는 지나치게 단순화된 그의 계급주의적 접근법도 설득력이 떨어진다. 큰 틀

있다고 서술하고 있지만), 그 **갈등이 아무리 격렬하더라도 공동선에 대한 추구로 귀결될 때만 생산적으로 된다**고 보았다.

에서 그리고 일정한 정치적 목적으로 그와 같은 기본적 대립 관계를 설정할 수 있다 치더라도, 그런 접근법으로는 이미 다원화된 현대 사회의 계층적 분화와 다양한 정치적, 이데올로기적 지향을 제대로 담아낼 수 있을지 의심스럽다. 그는 정치적 엘리트를 경제적 부유층으로 한정하고 있을 뿐만 아니라 현대 민주주의에서 나타나는 정치적 불평등에 대한 충분히 체계적인 이해를 보여주지 못하고 있는 것처럼 보인다. 특히 그 불평등이 정치적 능력주의의 형식으로 정당화되어 나타나는 데 대해서는 최소한의 문제의식도 가진 것처럼 보이지 않는다.

특별한 계급주의적 장치를 통해 경제적 약자층에 더 많은 정치적 권한을 부여하자는 그의 제안은 규범적인 관점에서도 쉽게 정당화될 수 있을 것 같지 않다. 현대 민주주의는 모든 시민의 평등한 존엄성에 대한 인정이라는 보편주의적 원칙 위에 기초하기 때문이다. 평민과 귀족 사이의 계급적 대립과 갈등에서 출발하더라도, 그것은 평민들이 '비-지배'라는 보편주의적인 지향을 가진 새로운 법을 만드는 데로 나아갈 가능성을 확보할 때 생산적으로 될 수 있다고 보아야 하지 않을까?[120] 그저 단순히 의사결정과정에서 부자라는 이유로 일부의 시민들을 항구적으로 배제하는 장치가 정당한 '평민들을 위한 차별 시정 조치'가[121] 될 수 있을까?

평민적 민주주의!

그렇지만 맥코믹 유의 좌파 포퓰리즘적 접근에는 우리가 놓치지 말아야 할 핵심 지향들이 있다. 우리는 어떻게든 민주주의를 소수 엘리트의 손에서 빼앗아 다수 시민이 돌려받을 수 있게끔 해야 한다. 무슨 계급주의적 관점이 아니라 보편주의적인 민주적 공화정의 헌정적 틀에서 출발하기는 해야겠지만, 이 민주적 공화정이 아직 완전하게 소진하지는 못한 민주적 잠재력을 좀 더 급진화함으로써 정치적 능력주의와 싸워나가야 할 것이다.

여기서 자세히 논의하지는 못하지만 나는 이렇게 민주공화국의 이상을 최선의 방식으로 실현하려는 정치적 지향을 '민주적 공화주의'라 부르는데,[122] 이것은 평범한 보통 사람들이 중심이 되는 좀 더 본래적인 의미의 민주주의, 말하자면 '평민적 민주주의'를 지향한다.[123] 민주주의의 본래의 뜻을 생각하면, '평민적'이라는 수식어는 불필요해 보일 수도 있겠지만 말이다. 어쨌든 이 평민적 민주주의는, 좌우의 여러 포퓰리즘처럼 필요 이상으로 계급적 대립을 강조하지 않으면서도, 우리의 민주주의가 정치적 능력주의에 의해 변질되는 것을 막기 위해 어떻게든 평범한 보통 시민들의 참여와 주체성이 중심에 서도록 하는 민주주의에 대한 지향을 나타낸다.

앞 장에서 살펴본 민주주의적 정의의 이상이 우리의 실천을 위한 준거다. 민주공화국의 일반적인 원칙과 제도의 토대 위에서 출발하되, 더 정의롭고 더 많은 민주주의를 추구하자는 게 핵심이다.

평민적 민주주의는 자유민주주의의 일반적인 가치와 제도를 수용하되, 무엇보다도 두 가지 차원에서 구분된다. 하나는 시민들의 물질적 안정과 독립에 대한 보장이다. 통상의 자유민주주의 체제가 공정한 경쟁만을 강조하고 '자유권'의 보호와 확장에만 초점을 둔다면, 평민적 민주주의는 그에 더해 모든 시민의 '사회권'이 제대로 보장될 수 있기를 추구할 뿐만 아니라 '직장 민주주의'와 같은 다른 제도적 장치를 통해 시민들의 물질적 독립과 안정을 확보하려 한다. 다른 하나는 정치적 능력주의의 극복을 위한 제도적 모색이다. 우리는 정치적 의사결정 과정에 소수 엘리트만이 아니라 평범한 시민이 제대로 참여하여 목소리를 낼 수 있게 하는 혁신적인 제도적 장치를 마련할 수 있어야 한다. '시민의회'나 '자치와 분권의 확대'는 물론, 그밖에 다른 차원에서도 새롭게 모색해야 할 정치적 지향이 많다. 지금 단계에서 생각해 볼 수 있는 구체적 정책 방향 몇 가지만 간단하게 살펴보기로 하자.

1) 사회권의 보장

정치적 평등과 민주주의적 정의를 확보하기 위해서 무엇보다도 절실한 것은 시민들의 경제적 안정성과 독립성을 확보하기 위한 사회권의 강화, 특히 헌정적 수준의 제도화다.[124] 현대 민주주의의 정치적 불평등은 기본적으로 경제적 불평등에 기초한다. 평범한 시민들이 정치적 의사결정과정에서 배제되는 가장 큰 이유는, 엘리트의 정치적 독점도 문제지만, 경제적 불안정성과 의존성 때문에 정치적 참여와 시민성의 발휘를 위한 여건 자체를 갖추지 못하는 데 있다고 보아야 한다. 바로 그런 경제적 불안정성과 의존성이 정치에서 민주주의적 정의의 실현을 가로막는 가장 큰 장애물이다. 그렇다면, 맥코믹 식으로 부자들을 계급적으로 배제하는 접근보다는, 보통 시민들이 가능한 최대한의 범위 안에서 지속해서 최소한의 경제적 안정성과 독립성을 누릴 수 있게 하는 일이 시민들의 정치적 관심과 참여를 끌어내는 옳은 첩경일 것이다. 우리는 앞 장에서 기본소득과 기초자본이 바로 이런 맥락에서 의미가 있다는 점을 짧게나마 살펴보았다.

2) 직장 민주주의(workplace democracy)

이 사회권의 보장과 함께 시민적 삶의 물질적 토대를 위해 중요한 또 한 가지는 민주주의를 좁은 의미의 정치적 차원을 넘어 경제 영역에도 확대하는 것이다. 이런 '경제 민주주의'는 다양한 차원에서 이해할 수 있다. 재벌의 과도한 경제력 집중을 해소하여 그 사회적, 정치적 영향력을 줄이는 일 같은 것도 포함될 수 있고, 좀 더 자유롭고 강한 노동조합 설립 같은 전통적인 노동운동의 수단을 제대로 확보하는 것도 중요하다. 경제적 약자들은 다양한 차원에서 고용주의 횡포에 시달릴 수 있으므로 연대를 바탕으로 한 단체교섭 등을 통해 자신들의 권리와 존엄성을 지켜낼 수 있어야 한다.

최근 들어 발전하고 있는 플랫폼 노동은 이런 방식의 노동운동 수단을 확보하기 쉽지 않도록 구조화되고 있는데, 이를 극복하는 게 당장의 아주 중요한 과제로 보인다.

그러나 경제적 차원의 민주주의는 단순히 이 수준에서만 머물러서는 안 된다. 노동자들은 단순히 임금이나 노동조건에 대한 사안들 말고도 자신들의 삶의 중요한 틀을 규정하는 회사나 작업장의 주요 사항들을 고용주나 경영자들과 함께 심의하고 결정하는 데에 참여할 수 있어야 한다. 여기에는 당연히 회사의 경영이나 투자 방향 등에 대한 사안도 포함된다. 스웨덴이나 독일은 일정 규모 이상의 기업에서는 반드시 '직장(작업장)평의회'를 두고 노동자 대표가 사측 대표와 동등한 비율로 참여하여 기업의 주요 사안들을 논의하고 결정하며 경영을 감독할 수 있도록 법제화를 했다. 이를 통해 노동자들은 자신의 물질적 삶의 안정성을 더 잘 확보할 수 있고 기업의 경영이 단순히 이윤추구를 극대화하는 방향으로만 흐르지 않도록 막아내며 사회적 가치를 추구할 수 있게 얼마간 강제할 수 있다. 바로 이런 직장 민주주의야말로 경제 민주주의의 가장 중요한 핵심이라고 할 수 있다.

3) 시민의회

이제 정치적 차원에서 민주주의적 정의를 더 잘 실현할 방법을 살펴보자. 이 차원에서는 평범한 보통 시민들이 발휘할 수 있는 민주적 숙의성을 실현하게 할 제도적 모색이 가장 중요해 보인다. 왜냐하면, 오늘날 민주주의를 위협하는 능력주의적 엘리트 지배의 핵심은 지적 우월성이나 학력 및 전문성을 명분으로 한 의사결정과정의 소수 독점에 있기 때문이다. 평범한 시민들은 비록 다양한 정치적 사안들에 대한 전문성은 부족하더라도, 여러 선택지를 공동선의 관점에서 평가하고 엘리트들의 시선에 포착되지 않는 문제들을 확인할 수 있는 '집단 지성'을 발휘하는 역량은 충분히 갖고 있다.

이런 방향의 제도 설계에 대해서는 이미 많은 제안이 있었는데, 내가 염두에 두는 것은 특별한 계급적 배제 없이 또 인구학적 표본을 따라 무작위 추첨을 통해 선발된 시민대표로[*][125] 구성된 '시민의회(Citizen's Assembly)'(또는 '시민배심원제')를 상설적인 제도로 헌정화하는 것이다.[126] 이런 기구를 통해 보통의 시민들이 중요한 정치적 사안들을 심의하고 평가하며, 일정한 조건을 충족하는 경우 그 결정이 무조건 실행되도록 법제화하는 게 필요하다. 이런 시민의회는 특히 첨예한 사회적 갈등을 겪는 사회적 현안들을 다루는 데서 큰 의미가 있다.

최근 우리나라에서 신고리 원전 5, 6호기 건설 지속 여부를 두고 도입했던 이른바 '공론조사'를 잠시 보자. 이런 문제를 단순히 전

---

[*] 페팃은 이런 대표를, 선출되거나 위탁을 받았기에 유권자나 위탁자에게 어떤 식으로든 책임을 져야 하는 '반응적/호응적(responsive)' 대표와는 달리, 누군가의 견해를 어떤 본질적인 수준에서 대변할 수 있는(그가 내린 결정이 곧 내가 내린 결정이 될 수 있는) '지표적 대표(indicative representatives)'라 부른다.

문가들의 결정에 맡길 수는 없다. 원전 관련 전문가들이 자신들의 밥그릇 챙기기가 아니라 공동체 전체의 이익이라는 관점에서 사안을 판단하리라는 보장이 전혀 없기 때문이다. 설사 그들이 사적 이해관계를 넘어서는 일이 가능하다고 해도, 문제가 되는 사안은 원전 관련 전문가들이 전혀 그 전문성을 주장할 수 없는 사회적-환경적 차원의 문제들을 포함하고 있다. 이 문제들에 대해 그들로서는 기껏해야 아인슈타인의 상대성 이론을 근거로 도덕의 상대성을 주장하는 식의 억지만 펼칠 수 있을 것이다. 도대체 이런 사안과 관련된 전문가가 누구인지는 전혀 분명하지 않다. 우리나라에서는 공론조사라고 부르게 된 '시민배심원제'가 도입된 배경이다.

사실 아리스토텔레스부터 이미 선거는 과두정에 어울리고 민주주의의 수단으로는 추첨이 맞는다고 했다. 성별, 연령별, 지역별 균형 등을 고려한 제비뽑기로 선출될 시민배심원단들은 기본적으로 원자력 산업과 무관하다. 그래서 그들은 특별한 사적 이익이 아니라 그야말로 국가공동체 전체의 공동선을 위해 가장 좋은 선택지가 무엇인지에 대해 최선의 판단을 내릴 가능성을 더 크게 갖고 있다. 게다가 이 시민배심원단에서는 인구를 구성하고 있는 다양한 계층과 집단의 표준적인 대표자들, 곧 농부, 노동자, 자영업자, 사무직원, 전업주부, 실업자 청년 등과 같은 보통의 시민들이 왜곡 없이 자신들을 대변할 수 있다. 그리하여 이 방식은 가장 공정하고 민주적으로 우리 사회 전체의 합리적 민의를 최소한 아주 근사적으로는 확인할 수 있게 한다.

혹시 너무도 평범한 시민들이라 사안을 제대로 이해하지 못해 그릇된 판단을 하지 않을까? 시민배심원단은 단순히 사안에 대해 의견을 제출하는 역할만 하는 것은 아니다. 그들은 전문가들의 도움을 받아 심층적인 학습을 하고 다른 배심원들이나 일반 시민들의 의견을 폭넓게 듣고 토론을 한 뒤 숙고된 결정을 내린다. 그 과정에서 그들은 최초의 의견을 바꿀 수도 있고, 아무튼 가장 그럴듯해 보이는 안을 선택할 것이다. 그래서 우리는 그 판단의 합리성에도 큰 신뢰를 보낼 수 있다. 더구나 다양한 연령과 계층과 집단의 성원들로 구성된 시민배심원단은 폐쇄적 전문가 집단보다 사안을 훨씬 더 다각도로 보면서 창의적인 해법을 제시할 수도 있다. **진리 발견의 가능성을 높여주는 민주주의의** 이 **인식론적 우월성**은 다양한 사례와 경험에서 충분히 입증되었다.

이런 식으로 구성된 시민배심원단 제도를 다른 문제들에까지 확대하고 상설화하는 게 시민의회다. 이것은 **단순히 일부 전문가나 정치가가 아니라 합리적 대표성을 갖는 보통 시민들이 숙의를 통해 공동체 전체의 중요한 문제들을 심의하고 또 가능한 대로 결정까지 하게 하는 대표적인 '숙의민주주의' 장치**다. 물론 구체적인 제도 설계는 그야말로 민주적인 숙의 과정을 통해 이루어져야 하겠지만, 이런 제도는 가령 맥코믹이 호민단에 부여하고 싶어했던 거부권을 다른 형식으로 행사할 수도 있을 것이고 또 일부 엘리트 사법 관료들이 독점하고 있는 '헌법 재판'의 역할도 수행할 수 있을 것이다.[127] 그밖에 이런 시민의회는 정치적 능력주의에 기초한 의사결정 과정에는 필연적으로 생길 수밖에 없는 광의의 부패 문제나 포퓰리즘의 위험을 적절하게 극복하는 데도 큰 도움이 될 것이다.

4) 평민적 개혁 정당의 건설

나아가 평민, 곧 보통의 시민들이 중심에 있는 중도 좌파 또는 개혁 정당을 건설하는 과제도 절실하다. 애초 노동계급과 중산층에 기반을 두고 성장한 유럽의 사회민주당이나 노동당, 미국의 민주당 같은 중도 좌파 정당들은 현대의 민주주의에서 그동안 로마 공화국 때의 호민관과 같은 역할을 수행해 왔다고 볼 수 있다. 그러나 지금 그 정당들은 능력주의에 포획되면서 고학력 및 고소득 엘리트, 곧 이른바 브라만을 위한 정당으로 변질되어버렸다는 평가를 받는다. 우리는 앞에서 바로 이런 사정이 서구에서 극우 포퓰리즘이 득세하게 된 배경임을 보았다. 우리는 이제 이런 경험을 반추하면서, 새로운 종류의 평민적 개혁 정당을 건설해야 한다.

서구에서 중도 좌파 정당들이 그동안 추구해 왔던 자본주의 체제의 극복에 대한 시도나 생산수단의 국유화 따위에 초점을 두었던 사회민주주의적 지향은 이제 파산했다고 보아야 한다.[128] 소수 엘리트의 과두정을 극복하기 위해서는 경제 영역에서건 정치 영역에서건 '더 많은 민주주의'에 초점을 둔 새로운 이념적 지향을 지닌 개혁 정당이 절실하다. 이 정당은 물론 단순히 단일한 속성을 가지는 것으로 전제된 '노동계급' 중심의 계급 정당이어서는 안 되겠지만,

그래도 평범한 시민 일반이 더 많이 참여할 수 있는 통로와 절차를 갖추어야 한다. 그래서 이 평범한 시민들이 더 많이 당의 노선과 정책 결정 과정에 참여하고 더 많이 자신들의 관심사와 이해관계를 반영할 수 있게 해야 한다. 맥코믹이 제안하는 식의 국가적 수준의 계급주의적 제도는 쉽게 정당화되기 힘들어 보여도, 민주적 정당이 그런 식의 평민 중심적 접근을 하는 건 충분히 정당화될 수 있을 것이다. 단순히 당 운영에서 평당원의 위상을 강화하거나 공직 후보자 선출 등에서 일반 여론을 더 많이 반영하는 차원을 넘어, 당의 평민적 정체성을 확고히 하면서 정당 내부 수준에서 숙의민주주의를 강화하는 방안들에 대한 모색이 필요해 보인다.

5) 자치와 분권의 확대

그 밖에 자치와 분권의 확대가 꼭 필요하다. 정치적 능력주의는 중앙집중주의나 서울(수도권)중심주의로 표현된다. 권력과 자원이 중앙으로 집중될 때, 소수의 엘리트는 그것을 더 쉽게 장악하고 통제할 수 있다. 그렇다면 권력과 자원을 가능한 한 지역으로 넓게 분산시키고, 지역 단위에서는 이른바 풀뿌리 수준에서부터 시민들에 의한 자치의 영역과 권능이 강화되어야 정치적 능력주의가 제어될 수 있다.

그런데 우리 사회에서는 샌델이 말하는 능력자들의 전횡이 중앙 정치 차원에서만이 아니라 '풀뿌리 민주주의' 차원에서도 나타나고 있다. 마을과 동네의 일상적 삶의 수준에서 주민들의 직접적인 참여를 통해 이루어져야 할 주민자치마저 중앙정부와 광역 및 기초 지자체의 관리 대상으로 취급되고 있다. 놀라운 것은 여기서도 모종의 능력주의가 관철되고 있는데, 공무원들의 개입을 넘어 전문성을 내세우는 일부 엘리트가 주민자치 영역을 장악하여 보통의 시민들을 배제한 채 그들이 주민자치의 주체임을 표방하곤 한다. 전국 어디든 가는 곳마다 '주민자치센터'가 널려 있는데, 안타깝게도 거기에는 '주민'이 없고, 따라서 '자치'는 이미 논리적으로 있을 수 없는 장면이 펼쳐지는 것이다.

어쩌면 이런 일은 서구의 극우 포퓰리즘보다 더 심각한 문제다. 이 포퓰리즘은 너무 단순하게 편가르기를 하면서 이민자 등에 대한 적대를 표출해서 걱정이지만, 그래도 시민 대중이 '우리가 주권자다'라며 민주적 주체성을 드러내는 과정에서 발흥했다고 이해할 여지가 있다. 그러나 우리나라의 주민 없는 주민자치에선 아예 민주주의의 흔적 자체를 찾을 수 없다. 이건 어쩌면 멀리 조선의 향약에까지 이어지는 전통에 맞닿아 있는지도 모르겠다. 조선시대의 향약은 사실, 도덕적 마을공동체의 건설이라는 표방된 명분과는 달리, 과거제를 통해 지배의 정당성을 확보한 양반 계층이 백성들을 일상적 마을 살이 수준에서부터 지배하는 도구로 역할을 했다. 지금 우리의 주민자치가 이 수준에서 얼마나 벗어났는지 모르겠다.

다시 샌델을 인용하자면,[129] "자유는 민주적 제도와 권력 분산의 함수"다. 대통령과 국회의원을 선거로 뽑는 게 민주주의의 전부는 아니다. 더구나 그 중앙 차원의 정치가 소수 엘리트들에 의해 장악되어 있는 게 우리 현실인데, 이렇게 대한민국이라는 민주공화국은 지금 그 외견상의 민주주의도 상당한 정도로 일그러져 있다. 이런 상황에서 분권은 소수 엘리트가 나라의 모든 권력 자원을 독점하는 걸 막아주는 가장 중요한 제도적 장치의 하나라 할 수 있다. 시민들의 가장 기본적인 삶의 단위인 마을 수준까지 일정한 방식으로 분권이 이루어져야 한다. 그리고 당연히 나누어진 권력은 시민들이 스스로 행사할 수 있어야 한다. 기초적인 삶의 터전에서부터 시민들이 스스로 자치 조직을 만들고 규약을 제정하며 소규모라도 예산을 집행할 수 있어야 한다. 이런 분권과 자치를 토대로 정치적 수준의 민주주의가 작동될 때, 비로소 우리는 제대로 된 민주주의를 이야기할 수 있다.

우리나라에는 향약 전통만 있는 게 아니다. 그 향약은 나중에 보통의 백성들이 주도하는 '촌계'로 발전하기도 했지만, 동학 농민전쟁 때는 '집강소'를 통해 민관의 민주적 협치와 주민자치의 역사적 모범을 만들었던 전통도 있다. 5.18 광주 민중항쟁 때도 시민들은 그야말로 모든 국가적 권력이 공백이 된 상태에서도 스스로 주권성을 발휘하여 질서와 치안을 유지한 건 물론이고 연대에 기초한 빛나는 공동체적 삶을 실천하기도 했다. 지금 우리 사회에서 주민자치가 제대로 뿌리를 내리지 못한 것은 주민들의 자치 전통과 역량이 없어서가 아니라 주민자치마저 흔드는 엉뚱한 능력주의 때문이다. 이제라도 올바른 주민자치를 뿌리내리게 해서 우리의 소중한 민주주의를 지켜내야 한다.

시민들이 쉽게 참여할 수 있고 의사결정과정의 투명성을 스스로 확인할 수 있는 중간 형태의 매개 조직 없이 개인과 국가가 직접 연결될 때 엘리트 지배는 더 쉬워질 수밖에 없다. '마을' 수준에서부터 주민들의 실질적인 자치가 가능하도록 법과 제도를 만들어야 한다. 경제적 차원에서도 소규모 단위로 이루어지는 시민들의 협동과 자조는 자본주의적 거대 기업의 독점과 횡포에 대한 아주 효과적인 방어막을 형성할 수 있을 것이다.

6) 민주시민교육의 강화

마지막으로, 우리 보통의 시민들이 더 많이 민주적 역량을 갖추고 제대로 된 민주적 시민성을 함양할 수 있는 체계적인 민주시민교육의 필요를 강조해 두고 싶다.[130] 서구 민주주의의 위기 현상을 단적으로 상징했던 미국의 트럼프 대통령 당선은 미국의 교육이 그동안 시민들이 민주적 가치와 지향을 배우고 내면화하게 만드는 데서 소홀히 해 왔다는 사실에 대한 통렬한 자기반성을 불러일으켰다.[131] 사실 그러한 민주시민교육이야말로 미국의 발명품이라 할 수 있고, 미국은 제2차 세계대전 이후 독일을 포함한 전 세계에 그러한 교육을 전파하기까지 했다. 그러나 미국은 레이건 이후 신자유주의적 사조가 교육 영역마저 지배하면서 개인의 경쟁력과 경제적 성공만을 강조하며 바로 그 미국적 정체성의 핵심적 일부라 할 수 있는 민주주의에 대한 교육을 내팽개침으로써 트럼프를 불러들였다고 볼 수 있다. 그 신자유주의적 교육은 그 본질에서 바로 능력주의적 교육이다. 우리는 이런 미국의 경험을 반면교사 삼아 시민들이 민주적 주체로서 더 잘 성장하고 역할할 수 있도록 준비시킴으로써 민주주의의 위기를 극복해야 한다.

민주주의가 정치적 능력주의 체제로 전락하지 않게 하기 위해서도, 그런 정치적 능력주의의 전횡에 대한 반발 속에서 시민들이 극우 포퓰리즘에 포획당하는 걸 막기 위해서도, 또 민주주의가 수많은 사회 문제에 대한 참된 해법을 찾아 제대로 실천하기 위해서도, 시민들의 민주적 역량 강화가 절실하다. 민주주의에서는 결국 시민들이 사회 문제를 어떻게 인식하고 어떤 문화적 토대 위에서 어떤 방식으로 문제에 접근하는지에 따라 정치의 양상과 결과가 달라질 수밖에 없다. 시민들이 각성하고, 상호 존중의 바탕 위에서 소통하며, 다양한 견해와 해법에 대해 합리적으로 숙고하여 판단을 내릴 수 있는 역량을 갖추었을 때만 민주주의는 제대로 작동할 수 있다. 민주시민교육은 시민들이 바로 그런 역량을 갖추게끔 도와주는 교육적 노력에 대한 총칭이다.

오늘날 한국 사회에서 초중고 과정에서 이런 민주시민교육이 제대로 되지 않는 가장 큰 이유는 바로 대학입시다. 그런데 대학교육도 민주시민교육을 방기하기는 마찬가지다. 오늘날 우리 사회에서 대학 진학률이 거의 80%에 육박하게 된 건 우리 시민들을 사로잡고 있는 능력주의적 욕망 때문이라고 해야 한다. 그 덕분에 오늘날 우리 사회에서 대학은 전문적 학술 연구에 초점을 둔 고등 교육기관이라기보다는 취업 준비에 초점을 둔 대중적 성인교육기관이 되었다. 과거의 도제 관계나 직업훈련소 같은 데서 이루어지던 일이 대학교육의 틀 안으로 들어오게 되었을 뿐이다. 또 '모두가 양반되기' 식 대학교육의 폭발이 사회의 참된 민주적 평등 관계의 확립으로 이어지지도 않고 있다. 쉽게 말해 대학 사이의 서열이 과거 학벌의 위계를 대체했을 뿐이다. 앞에서도 잠시 언급한 것처럼, 오늘날 우리 사회에서 대학은 바로 이런 토대 위에서 민주시민교육을 제대로 수행하기는커녕 오히려 반-민주, 반-시민 교육의 중심에 서게 되었다.

이런 상황을 하루아침에 바꾸어낼 수는 없겠지만, 대학 서열화를 없애기 위한 노력과 함께 이제 대학교육의 위상부터 새롭게 설정하는 게 필요하다. 우리는 대학이 "도덕적인 인간이자 민주적인 시민으로서 공동선에 대해 숙고할 수 있는 사람"을[132] 키워내야 한다는 교육의 본래적 사명을 복원할 수 있도록 관심을 기울여야 한다.

이를 위해서는 특히 지금 대학 교육에서 점점 더 주변으로 밀려나고 있는 인문적 교양교육을 민주시민교육이라는 관점에서 재정립하고 활성화하는 일 같은 게 절실하다. 그리고 그동안 대학입시에 종속되면서 왜곡되었던 초중등교육 또한 민주적 시민성의 함양이라는 당연한 공적 교육의 목적에 부합하게끔 근본적으로 개혁되어야 할 것이다. 앞서 살펴 보았던 입시제도 개편과 함께 학생들의 민주적 시민성 함양에 큰 걸림돌이 되고 있는 상대평가제를 절대평가로 바꾸는 게 필요해 보이며, 체계적인 민주시민교육을 위한 독립 교과의 도입이 시급하다.

일상의 시민적 삶에서도 민주시민교육이 필요하다. 다양한 강좌, 포럼, 토론회, 집담회, 공부 모임 등을 통해 시민들이 우리 사회의 여러 문제에 대한 이해를 심화하고 문제해결을 위한 역량을 강화하는 기회를 가질 수 있도록 하는 사회적 노력이 필요하다. 그러나 이때의 교육은 우리가 흔히 생각하는 강의나 지식 전달 같은 차원의 교육을 넘어서야 한다. 시민의 일상적 삶에서 가장 중요한 민주시민교육은 시민들이 스스로 다양한 수준의 자치 주체가 되어 그야말로 민주주의의 주인으로서 삶을 살아내도록 돕는 데 있다. 민주주의는 단순히 배우는 것이 아니라, 실행하는 것이고 살아내는 것이어야 한다. 여기서는 무엇보다도 자치의 실천이 곧 민주시민교육이다.

닫는 글

'오징어게임' 빠져 나오기

얼마 전 넷플릭스를 통해 방영되어 세계적으로도 높은 인기를 얻으며 화제가 된 우리나라 드라마 시리즈 "오징어게임" 이야기를 잠깐 하자. 이 드라마에는 진행 요원들 몇몇이 경쟁에서 탈락한 사람들의 시체를 처리하면서 주최 측 몰래 장기를 밀매하는 모종의 비리를 저지르는 이야기가 나온다. 여기서 쓸 만한 장기를 적출해내는 일은 거액의 빚을 지고 게임에 참가한 의사가 맡는데, 이 비리에 가담한 진행 요원들은 그 의사에게 대가로 다음 게임이 무엇인지 알려주고 준비할 수 있게 도와준다. 이 과정에서 일이 잘못되어 자기들끼리 다투게 되는데, 결국 그 요원들은 발각되어 게임 진행을 실무적으로 총괄하는 '프런트맨'에게 죽임을 당한다.

프런트맨은 그들을 죽이면서 이렇게 말한다. "너희들이 시체에서 장기를 떼어내 팔든, 통째로 씹어 먹든 난 관심 없어. 하지만 너희들은 이곳에서 가장 중요한 걸 망쳐놨어. 평등이야. 이 게임 안에선 모두가 평등해. 참가자는 모두가 같은 조건에서 공평하게 경쟁하지. 바깥세상에선 불공평과 차별에 시달려온 사람들끼리 평등하게 싸울 수 있는 마지막 기회를 주는 거지. 너희들은 그 원칙을 깼어."

여기서 진행요원들과 의사는 우리 사회의 경쟁 과정에서 이른바 '아빠 찬스'를 쓰거나 뇌물을 주고받는 비리를 저지르는 일부 특권 세력을 암시한다고 볼 수 있겠다. 사람들은 그런 비리에 분노한다. 그리고 그런 비리가 제대로 척결되어 누구에게든 진짜 평등하게 기회가 열려 있는 공정한 경쟁이 이루어지기를 간절하게 열망한다. 프런트맨의 대사는 그런 열망을 잘 대변해서 보여준다. 드라마에서 사람들은 너무도 부조리하고 목숨을 건 게임이라도 공정하기만 하면 모든 걸 용인할 수 있을 것처럼 설정된다.

그러나 저 드라마에서 그런 종류의 비리를 응징함으로써 기회의 평등이라는 공정의 규칙이 더 투명하고 더 철저하게 지켜진다고 해서 참가자들의 암울한 상황이 변하는 건 없다. 한 발짝만 잘못 디뎌도 낭떠러지로 떨어져 죽을 수밖에 없는 삶의 조건과 경쟁의 가혹함 자체는 그대로다. 그들에게는 기껏해야 '공정하게 죽을 권리'만 있을 뿐이다. 드라마의 상황 설정이 좀 극단적이기는 하지만, 혹시 우리 사회에서 지금 많은 이들이 공정을 외치고 있는 상황도 이와 유사하지 않을까? 익숙한 서바이벌 게임 형식을 차용한 이 드라마가 보기 드문 성공을 거둔 것은 이 드라마가 우리나라를 포함하여 오늘날의 자본주의 사회를 살아가는 평범한 사람들의 냉혹한 생존 경쟁에 대한 탁월한 우화이기 때문이 아닐까 싶다.

이른바 '인국공 사태'를 다시 돌이켜 보자. 특히 각종 '공사' 시험을 준비하는 이들의 관점에서 보면, 별다른 선발 절차도 거치지 않고 공항공사에 계약직 또는 비정규직으로 입사했던 이들이 운 좋게 특정 정권의 정책적 개입에 따라 '신의 직장'으로도 불리는 그 공사의 정규직이 된다는 건 충분히 불공정한 일로 여겨질 수 있다. 자신들은 대학을 졸업하고도 어떤 경우에는 몇 년씩 시험 준비에 매달려 있는데, 그런 식의 정규직화 정책은 자신들에게 돌아와야 마땅한 정규직 일자리를 줄일지도 모르는 일이니 말이다. 학교의 기간제 교사들을 정규직화하자는 주장에 반대하는 많은 교육계 종사자들의 입장도 비슷한 맥락에서 이해할 수 있다. 특히 교대나 사범대에 다니고 있는 학생들 입장에서 볼 때, 학교 비정규직을 그냥 정규직화해 버리면 정규직 교사 자리가 크게 줄 것이고 그건 결국 자신들이 제때 정규직 교사가 될 기회를 봉쇄하는 결과를 가져올지도 모른다.

이런 예들에서 드러나는 우리 사회 많은 청년의 공정에 대한 외침은 아주 절박하다. 그들은 지금 "우리에게도 사람답고 품위 있게 살 수 있는 기회를 달라"고 절규하고 있다. 사회가 그 기회를 넉넉하게 제공할 수 없다면, 최소한 누구든 평등하게 그 기회에 다가갈 수는 있게 해 달라고 한다. 실제로 그 기회를 잡아 성공할 가능성은 정말이지 너무 희박하다. 공사의 직원이든 교사직이든 우리 사회에서 가장 선망받는 직업인데, 그런 직업의 자리 수가 너무 적다. 이 한정된 기회를 전제할 때, 우리는 공정에 대한 청년들의 외침을 그저 부당하다고 비난만 할 수는 없다. 우리가 지옥 같은 삶에서 어떻게든 벗어나고 싶어 죽음의 게임에 자발적으로 참여한 드라마 속 참가자들의 공정에 대한 간절한 열망에 연민을 느낄 수밖에 없는 것처럼 말이다

사실 진짜 문제는 그들을 그런 식의 공정에 목매달게 한 우리 사회의 삶의 구조와 문법이다. 그러니까 아주 제한된 수의 사람들만 공사의 직원이나 교사처럼 안정되고 품위 있는 일자리를 차지할

수 있는 사회, 이런저런 능력이나 학벌이 부족하다는 이유로 그런 자리를 차지하지 못하면 비정규직을 전전하면서 저임금에다 직업적 불안정성은 물론 사회적 냉대와 무시마저 감내하며 살아야 하는 사회가 진짜 문제다. 이런 사회를 그대로 둔 채 우리 사회 성원들이 집착하고 있는 죽음의 '오징어게임'을 멈추게 할 수는 없다.

그러나 그런 사회를 바꾸어내는 일이 쉬울 리가 없다. 안타깝게도 그런 일에 나서야 할 우리 민주주의 자체가 저 삭막한 공정을 외치고 있는 청년들의 처지와 크게 다르지 않아 보인다. 적어도 겉으로는 꽤 안정적이고 잘 작동하고 있는 것처럼 보이는 우리 사회의 민주주의지만, 이 민주주의는 여전히 소수의 상층 엘리트를 제외한 사회 절대다수 시민의 인간적 삶의 가능성을 제대로 보장해 주는 데 실패했고, 지금도 그렇다. 정치는 진보와 보수를 외치면서 아주 극심하게 양극화되어 있지만, 우리 사회가 마주한 진짜 중요한 문제들을 해결하는 데는 지극히 무능하다. 안타깝게도 이는 사실 우리 사회의 민주화 과정 자체가 가진 한계와 관련이 있다.

2016년 박근혜 전 대통령을 탄핵하고 무너져가고 있던 우리 민주주의를 회복했던 촛불시위의 도화선이었던 이화여자대학교 학생들의 이른바 '미래라이프대학' 반대 시위를 떠올려 보자. 당시 학생들의 시위는 많은 동료 학생들의 뜨거운 지지를 받으면서 결국 당시의 총장을 물러나게 했고, 그 와중에 많은 시민을 분노하게 했던 국정농단의 주범인 최순실의 딸 정유라의 부정 입학 문제도 불거졌다. 어쩌면 이 이대생의 시위가 아니었더라면 정유라 문제는 드러나지 않았을지도 모르고, 박근혜 전 대통령에 대한 탄핵도 일어나지 않았을지도 모른다.

그 시위의 발단은 학교 당국의 '미래라이프대학' 신설 계획이었다. 이 단과대학은 고등학교를 졸업하고 대학에 진학하지 않았던 미용이나 건강 관련 산업 분야 직장인들이 대학졸업장을 취득할 수 있게 하려 했던 교육부의 재정 지원 사업의 일환으로 설립될 예정이었다. 학생들은 대학 당국이 학생들의 의견을 모으지도 않고 정규 과정의 정원감축이 포함된 중요한 계획을 밀어붙인다며 반발했다. 그러나 많은 이들은, 그 배경에 그 단과대학이 직장생활을 하던 만학도들에게 명문대인 이화여자대학교의 졸업장을 남발함으로써 결국 그 졸업장의 가치를 떨어뜨리는 게 아니냐는 학생들의 강한 의구심이 있었다고 생각한다. 그러니까 학생들은 사실은 학벌주의 사회에서 자신들이 받게 될 졸업장의 가치를 지키고 싶다는 동기에서 그 시위에 나섰는지도 모른다는 것이다.

물론 설사 그렇더라도 학생들을 탓할 일은 아니다. 학생들은 어린 시절부터 학벌주의와 능력주의에 대한 신념이 지배하는 사회에서 교육받고 자랐는데, 어찌 달리 문제에 접근할 수 있었을까? 무엇보다도 정유라가 누리던 특혜와 입학 과정에서의 비리에 대한 학생들의 분노는 어떤 경우에도 너무도 정당하다고 해야 한다. 결국 당시 그런 비리와 특혜를 주는 과정에 직접, 간접으로 관여했던 많은 교수와 관련자가 법의 심판을 받았다.

그러나 우리는 여기서 그런 정의를 실현하고 나아가 우리 민주주의를 지켜냈던 대사건의 발단이 우리 사회의 견고한 능력주의적 학벌주의였다는 사실을 놓치면 안 된다. 이 사건은 우리 민주주의가 사실은 수많은 잠재적인 미래라이프 대학 지망생들과 보통 시민들의 절실한 문제들은 외면한 채 다른 차원의 절차적 공정성 문제 따위에만 매달리는 정치적 능력주의 체제로 전락하고 있는 상황의 뿌리를 보여준다고 해야 한다. 그런 뿌리 위에서 우리 사회가 지금껏 가꾸고 지켜온 민주주의는 지독한 능력주의적 불평등을 옹호하고 확대 재생산하기만 하고 있는 것이다. 우리는 과연 우리 민주주의의 이 태생적 한계를 극복하고 지독한 오징어게임의 야만 상태를 벗어날 수 있을까?

우리 사회의 능력주의는 두 개의 얼굴과 정체성을 가졌다. 지킬 박사 능력주의는 우리 사회 번영의 원동력이다. 그것은 우리나라 사람들에게 공부와 배움에 대한 강한 열정을 불러일으켰고, 누구에게든 살아가기 만만치 않은 세상에서 성공하려면 근면과 성실만 한 준비가 없다고 가르쳤다. 덕분에 우리 사회는 아주 짧은 시간에 온 세계가 부러워하는 경제적 성공을 이룰 수 있었다. 또 그것은 우리나라 사람들의 가장 상식적인 사회철학으로서 정의롭고 공정한 세상과 그렇지 못한 세상을 구분할 수 있는 너무도 선명한 잣대를 알려 주었다. 그에 힘입어 우리나라는 어떤 면에서는 세계 최초의 민주공화국들이었던 미국과 프랑스보다도 더 높은 수준의 민주주의를 가졌다는 평가를 받기도 한다.[133] 그러나 하이드 씨 능력주의는 대한민국이라는 풍요로운 나라가 극심한 경제적 불평등과 양극화에 시달려도 그러한 상황이 공정한 경쟁의 결과인 만큼 어쩔 수 없을 뿐만 아니라 정당하기까지 하다고 강변한다. 많은 이들이 저임금 허드렛일을 하도록 내몰리고 그 자리마저 언제 사라질지 몰라 전전긍긍하며 살아가야 하는 이유는 결국 그들이 게을러 자기 능력을 기르는 일에 소홀했기 때문이라고 윽박지른다. 또 나라의 중요한 일을 결정하는 정치는 소수의 능력 있는 엘리트들이 독점하는 게 마땅하다고 목소리를 높인다.

여기서 우리가 분명하게 직시하지 않으면 안 되는 사실이 있다. 그 두 얼굴과 정체성이 하나의 몸을 가졌다는 사실이다. 그래서 우리는 '좋은 것은 취하고, 나쁜 것은 버리는' 식의 손쉬운 방식으로 능력주의 문제에 접근할 수 없다. 능력주의는 우리 사회와 그 안에서 살아가는 사람들의 삶 전체와 관련된 본질적 일부이기 때문이다. 한쪽을 죽이면, 전부 죽는다. 그래서 우리는 일단은 어떻게든 이 능력주의와 함께 살아갈 수밖에 없다. 나름대로 우리 사회에 오랜 시간에 걸쳐 깊게 뿌리내린 능력주의적 제도나 관행을 당장 없애자는 식으로 문제에 접근하는 건 비현실적이기도 할 뿐만 아니라 반드시 바람직하다고만 할 수도 없다. 품위 있고 존엄한 삶을 위한 기회 자체가 지극히 한정된 사회에서 청년들에게 경쟁과 무관한 자족적 삶을 살 수 있어야 한다는 식으로 충고한다면, 크게 비웃음만 살 것이다.

그러나 그렇더라도 우리는 우리가 사는 이 사회적 삶의 근본적인 조직 원리 그 자체를 성찰하면서 새로운 삶의 양식을 만들어 가기 위한 기획 자체를 포기해서도 안 된다. 현실에서 출발하고 그것을 끌어안으면서도, 또한 그 현실을 뛰어넘을 수 있는 길을 찾아야 한다. 하루아침에 세상을 바꿀 수는 없다. 그러나 작고 가능한 차원에서부터 필요한 개혁을 하면서 새로운 삶의 문법을 차근차근 타당하게 만들어 가는 노력을 포기해서도 안 된다.

더 나은 삶에 대한 희망을 버린 사회는 그 자체로 지옥일 것이다. 드라마 "오징어게임"에서는 참가자들 과반이 동의하면 게임을 중단할 수 있다는 규칙이 있었다. 드라마에서 참가자들은 처음에 그 규칙에 따라 임박한 죽음의 위협에서는 벗어났지만, 무엇보다도 경제적인 이유로 지옥 같은 삶의 현실은 벗어나지 못했다. 그래서 그들은 다시 죽음의 게임을 자발적으로 선택한다. 그러나 이런 죽음의 게임이 우리의 대안이 되어서는 안 된다.

우리가 이 지옥 같은 삶을 만들어낸 능력주의의 횡포와 부조리에서 벗어날 수 있는 유일한 길은 사회의 다수가 그와는 다른 정의의 원리에 동의하고 그에 따른 문화와 법과 제도를 만드는 데 있을 수밖에 없다. 비록 우리 민주주의가 뒤틀려 있지만 어떻게든 이를 고치고 바로 잡아 우리가 앞에서 살짝이나마 그려보았던 그런 방향으로 우리 사회를 바꾸어 나가야 한다. 이때 우리는, 기존의 게임 규칙이 공정하지 않다고 볼멘소리만 해댈 게 아니라, '무엇인 진짜 공정인가?'라며 다른 차원의 질문을 던져 보는 데서부터 출발해야 한다. 그러려면 우리는 몰두하고 있는 생존 경쟁 게임에서 최소한 한 발짝만이라도 떨어져서 문제를 좀 더 큰 맥락에서 바라볼 수 있어야 한다. 그러면서 무엇이 진짜 문제인지 또 우리는 정말 다르게 살아갈 수는 없는지를 물어보아야 한다. 이 책이 그런 물음을 제대로 던져보는 데 조그만 기여라도 할 수 있으면 좋겠다.

-끝-

주석

1. 마이클 샌델, 『공정하다는 착각: 능력주의는 모두에게 같은 기회를 제공하는가』, 함규진 옮김, 와이즈베리, 2020.
2. Littler, Jo, *Against Meritocracy: Culture, Power and Myths of Mobility*, Routledge, London and New York, 2017, 32-34쪽.
3. 우리말 번역은 다른 판본을 저본으로 했다. 마이클 영, 『능력주의. 2034년, 공정하고 정의로운 엘리트 계급의 세습 이야기』, 유강은 옮김, 이매진, 2020.
4. 같은 책, 15쪽.
5. 같은 책, 269-270쪽.
6. 같은 책, 268쪽.
7. 같은 책, 267쪽.
8. 같은 책, 270쪽.
9. 참조: 조너선 하이트, 『바른 마음』, 왕수민 옮김, 웅진지식하우스, 2014.
10. 아리스토텔레스, 『니코마코스 윤리학』, 이창우·김재홍·강상진 옮김, 이제이북스, 2008, 1131a 20-25(169쪽).
11. 마이클 샌델, 『정의란 무엇인가』, 김명철 옮김, 와이즈베리, 2014, 33쪽.
12. 좀 더 자세한 논의는 참조: 장은주, 『정치의 이동: 분배정의를 넘어 존엄으로 진보를 리프레임하라』, 상상너머, 2012, 제3장.
13. 이런 설정은 다음의 글에서 착상하였다. 성열관, 「한국 고등학생들은 응분의 몫을 어떻게 분배하는가?: 인정과 재분배에 대한 사고 실험」, 『교육학연구』 제59권 제4호, 2021.
14. 이 책이 기대고 있는 '인정이론' 전반에 대해서는 다음을 참조: 악셀 호네트, 『인정투쟁』, 문성훈·이현재 옮김, 사월의 책, 2011; 『정의의 타자』, 문성훈·장은주·이현재·하주영 옮김, 나남, 2009; 『인정: 하나의 유럽사상사』, 강병호 옮김, 나남, 2021.
15. 토마 피케티, 『21세기 자본』, 장경덕 외 옮김, 글항아리, 2015, 8쪽.
16. 장은주, 「메리토크라시와 민주주의: 유교적 근대성의 맥락에서」, 『철학연구』 제119집, 2017년 겨울, 철학연구회.
17. Liebig, S. & M. May, "Dimeinsion sozialer Gerechtigkeit", *Aus Politik und Zeitgeschichte*, 47/2009, 16, November 2009.
18. 참조: 토마스 프랭크, 『민주당의 착각과 오만: 미국 민주당의 실패에서 배우기』, 고기탁 옮김, 서울: 열린책들, 2018; 마이클 샌델, 『공정하다는 착각』, 앞의 책.
19. 참조: Chang, Eun-Joo, "Confucian Characteristic of Korean Democracy: An Approach from a republican perspective", *Journal of Confucian Philosophy and Culture*, 2020; 김상준, 『붕새의 날개. 문명의 진로』, 아카넷, 2021, 251쪽.

20. 번역은 한국정신문화연구원(한국학중앙연구원)이 간행한 『한국민족문화대백과사전』의 대동세계(大同世界) 편(이기동 집필)을 따랐다. 괄호 안은 내가 덧붙였다.
21. 참고: 위잉스, 『주희의 역사세계 : 송대 사대부의 정치문화 연구』, 상권 및 하권, 이원석 옮김, 글항아리, 2015; 김영수, 「동아시아 군신공치제의 이른과 현실」, 『한국동양정치사상사연구』 7(2), 2008, 29-58쪽.
22. 참조: 이석희·강정인, 「조선 유교 헌정주의의 성립: 도통론과 문묘배향논쟁을 중심으로」, 『한국정치학회보』 52집 4호, 2018 가을.
23. 김상준, 앞의 책.
24. 크리스티안 볼프, 『중국의 실천철학에 대한 강연』, 안성찬 옮김, 서울대학교출판부, 2018.
25. 미야지마 히로시, 『나의 한국사 공부. 새로운 한국사 이해를 찾아서』, 너머북스, 2013.
26. 김상준, 앞의 책.
27. 알렉사던 우드사이드, 『잃어버린 근대성들』, 민병희 옮김, 너머북스, 2012.
28. 대표적으로 참조: 마이클 푸엣·크리스틴 그로스-로, 『더 패스(The Path)』, 이창신 옮김, 김영사, 2016, 제9장; H. G. 크릴, 『공자: 인간과 신화』, 이성규 옮김, 지식산업사, 1997, 306쪽 이하.
29. 장은주, 『유교적 근대성의 미래: 한국 근대성의 정당성 위기와 인간적 이상으로서의 민주주의』, 한국학술정보, 2014.
30. 김상준, 앞의 책.
31. 김상준, 『맹자의 땀 성왕의 피: 중층근대와 동아시아 유교문명』, 아카넷, 2011, 494쪽.
32. 나종석, 『대동민주 유학과 21세기 실학: 한국민주주의론의 재정립』, 도서출판b, 2017, 243쪽.
33. J. Tao, "Die Natur des Menschen und das Fundament der Moral. Eine chinesisch-konfuzianische Perspektive", Hans Joas (hg.), *Vielfalt der Moderne-Ansichten der Moderne*, Fischer 2012.
34. 이관후, 「한국정치에서 대표의 위기와 대안의 모색-정치철학적 탐색」, 『시민과 세계』, 2016년 상반기호(통권28호), 참여사회연구소, 6쪽; 천라이, 「유가적 관점에서 본 샌델의 『민주주의의 불만』」, 마이클 샌델·폴 담브로시오, 김선욱·강명신·김시천 옮김, 『마이클 샌델, 중국을 만나다』, 2018, 87쪽.
35. 나종석, 앞의 책, 235쪽 이하.
36. 같은 책, 244쪽.
37. 같은 책, 245쪽.
38. 같은 책, 249쪽.
39. 같은 책, 263쪽.
40. 같은 책, 275쪽.
41. 같은 책, 271쪽.
42. 참고: 김정인, 『민주주의를 향한 역사』, 책과 함께, 2019.

43. 송호근, 「한국의 시민과 시민사회의 형성: 시민성 결핍과 과잉 국민」, 『지식의 지평』 (20), 2016. 05., 1-18쪽.
44. 장경섭, 『내일의 종언: 가족자유주의와 사회재생산 위기』, 아산재단연구총서433, 집문당, 2018.
45. 송호근, 앞의 글.
46. 최장집, 「민주주의와 자유주의 사이에서」, 『자유주의는 진보적일 수 있는가』, 최태욱 엮음, 폴리테이아, 2011.
47. 김동택, 「3.1운동, 최초의 민주주의 혁명」, 『한국 민주주의, 100년의 혁명 1919-2019』, 한울 아카데미, 2019.
48. 정태석, 「민주화 이후의 시민사회: 시민은 어디에 있는가?」, 『황해문화』(49), 2005. 12., 132-148쪽
49. 임희섭, 「현대 한국 시민사회운동의 사회-문화적 성격」, 『학술원논문집(인문·사회과학편)』 제57집 1호, 2018, 219-261쪽
50. 이황직, 『군자들의 행진: 유교인의 건국운동과 민주화운동』, 2017.
51. 김정인, 앞의 책.
52. 김상준, 「촛불은 맹자다」, 다른백년칼럼, 2017. 01. 16.
53. B. Ackerman, *We the People*, vol.1: Foundations, Harvard University Press, Cambridge, MA., 1991.
54. 「美최대공립대 UC, 내년 입시부터 SAT 점수 안본다」, 『동아일보』, 2021. 5. 17.
55. 스티븐 J. 맥나미·로버트 K. 밀러 주니어, 『능력주의는 허구다』, 김현정 옮김, 사이, 2015, 69-70쪽.
56. 모리치오 비롤리, 『공화주의』, 김경희·김동규 옮김, 인간사랑, 2006, 141쪽 이하.
57. 맥나미·밀러 주니어, 『능력주의는 허구다』, 앞의 책, 45쪽.
58. E. Stefanidou, *Wie das Bildungssystem soziale Ungleichheit reproduziert: Die verborgenen Mechanismen von Habitus, Kapital und Meritokratie*, Bachelor+Master Publishing, Hamburg, 2014.
59. 맥나미·밀러 주니어, 앞의 책.
60. 같은 책, 85쪽 이하.
61. 나종석, 앞의 책, 252쪽.
62. 순자, 『순자』, 김학주 옮김, 을유문화사, 2008, 218쪽(제9편).
63. Li, Ch., "Equality and Inequality in Confucianism", Dao11, 2012.
64. 과거제의 이해에 대해서는 예컨대 참조: 우드사이드, 앞의 책; 강명관, 『조선의 뒷골목 풍경』, 푸른역사, 2004, 제5장; 이경숙, 『시험국민의 탄생』, 푸른역사, 2017, 25쪽 이하.
65. 박민규, 「백년동안의 지랄」, 『경향신문』, 2018.02.20.
66. 오찬호, 『우리는 차별에 찬성합니다-괴물이 된 이십대의 자화상』, 개마고원, 2013.
67. 정한울, 「예멘 난민에 대한 한국사회 인식 보고서-예멘 난민에 대한 인식 격차 발생 요인 탐색」,한국리서치, 2018.

68. 대니얼 마코비츠, 『엘리트 세습』, 서정아 옮김, 세종, 2020, 219쪽.
69. 같은 책, 220쪽.
70. 나종석, 앞의 책, 242쪽 이하.
71. 류동민, 「능력주의 이데올로기의 위기: 탈조선의 사회심리학」, 『황해문화』, 2016년 봄호.
72. 콜린 클라우치, 『포스트 민주주의』, 이한 옮김, 미지북스, 2018.
73. S. Neckel, ">>Refeudalisierung<<- Systematik und Aktualität eines Begriffs der Habermas'schen Gesellschaftsanalyse", *Leviathan*, 41. Jg., 1/2013. 우드사이드는 동아시아 사회의 능력주의적 과거 제도가 '사회적, 정치적 재봉건화'의 위험에서 자유롭지 못했음을 지적한다. 우드사이드, 앞의 책, 74쪽.
74. Littler, J., *Against Meritocracy*, 앞의 책.
75. 토마 피케티, 『자본과 이데올로기』, 안준범 옮김, 파주: 문학동네, 2020.
76. 대니얼 A. 벨, 2017, 『차이나 모델: 중국의 정치지도자들은 왜 유능한가』, 김기협 옮김, 서해문집, 2017.
77. 같은 책, 121쪽 이하.
78. 같은 책, 305-6쪽.
79. 같은 책, 314쪽.
80. 같은 책, 279쪽 이하.
81. 서병훈, 「민주주의: 밀과 토크빌」, 『한국정치연구』 제24집 제1호, 2015, 309쪽.
82. 같은 책, 279쪽.
83. 니콜로 마키아벨리, 『로마사 논고』, 강정인 옮김, 한길사, 2016.
84. 서구의 공화주의 정치철학에 대해서는 무엇보다도 다음을 참조하라. 필립 페팃, 『신공화주의-비지배 자유와 공화주의 정부』, 곽준혁 옮김, 나남출판, 2012.; 『왜 다시 자유인가』, 곽준혁·윤채영 옮김, 한길사, 2020.
85. 마이클 샌델, 『공정하다는 착각』, 앞의 책.
86. 버나드 마넹, 『선거는 민주적인가』, 곽준혁 옮김, 후마니타스, 2015; 이관후, 「왜 '대의민주주의'가 되었는가: 용례의 기원과 함의」, 『한국정치연구』 제25집 제2호, 2016.
87. 요제프 알로이스 슘페터, 『자본주의, 사회주의, 민주주의』, 이종인 옮김, 북길드, 2016.
88. Winters, Jeffrey A., *Oligarchy*, Cambridge: Cambridge University Press, 2011.
89. 아리스토텔레스, 『정치학』, 천병희 옮김, 파주: 도서출판 숲, 2017, 153쪽 (1279b11~1280a6).
90. 영국의 정치 현실에서 벌어지고 있는 이런 과정에 대해서는 참조: 데이비드 굿하트, 『엘리트가 버린 사람들』, 김경락 옮김, 원더박스, 2019.
91. 참조: 굿하트, 같은 책; 토마스 프랭크, 『민주당의 착각과 오만: 미국 민주당의 실패에서 배우기』, 고기탁 옮김, 열린책들, 2019; 마이클 샌델, 『공정하다는 착각』, 앞의 책; Walter, F. & S. Marg, *Von der Emanzipation zur Meritokratie: Betrachtungen*

zur 150-jährigen Geschichte von Arbeiterbewegung, Linksintellektuellen und sozialer Demokratie, Vandenhoeck&Ruprecht, Göttingen, 2013.
92. Walter·Marg, 같은 책, 106-107쪽.
93. 굿하트, 앞의 책, 63쪽.
94. 토마 피케티, 『자본과 이데올로기』, 앞의 책, 864쪽 이하.
95. 아리스토텔레스, 앞의 책, 151쪽 이하(1279a22~1279b10).
96. 참조: E. Nelson, "Republican Visions", *The Oxford Handbooks of Political Thoery*, J. S. Dryzek, B. Honig & A. Phillips (ed.), Oxford University Press, 2006, 207-8쪽.
97. 특히 참조: 마넹, 앞의 책, 134쪽 이하.
98. 이상익, 「이상국가의 구성원: 아리스토텔레스의 시민과 맹자의 사민」, 『한국동양정치사상사연구』 제18권 1호, 2019.
99. 김두식, 『불멸의 신성가족: 대한민국 사법 패밀리가 사는 법』, 창비, 2009.
100. Hirschl, R., *Towards Juristocracy: The Origins and Consequences of the New Constitutionalism*, Harvard University Press, 2007.
101. 이병천, 「문재인 정부, '촛불정부'의 소임을 다하고 있는가? 사회경제개혁의 포기를 우려한다」, 『경제와 사회』 통권 제119호, 비판사회학회, 2018.
102. 김윤철, 「2016-2017년 촛불집회의 역사적 맥락과 '마지노선 민주주의'」, 『21세기 정치학회보』 제28집 제1호, 21세기정치학회, 2018.
103. 존 롤스, 『정의론』, 황경식 옮김, 이학사 2003.
104. 이는 악셀 호네트의 제안을 따른 것이다. 가령 참조: 악셀 호네트·낸시 프레이저, 『분배냐 인정이냐?』, 김원식·문성훈 옮김, 사월의 책, 2014, 특히 284쪽 이하.
105. 이런 관점은 다음에서 많은 도움을 받았다. 참고: White, S., "The Emerging Politics of Republican Democracy", S. White & D. Leighton, *Building a Citizen Society. The Emerging Politics of Republican Democracy*, London: Lawrence & Wishart, 2008, 특히 12쪽 이하.
106. 두 제도를 둘러싼 논쟁에 대해서는 참조: 브루스 액커만·앤 알스톳·반 빠레이스, 『분배의 재구성: 기본소득과 사회적 지분 급여』, 너른복지연구모임, 나눔의 집, 2010; 김만권, 『열심히 일하지 않아도 괜찮아: 21세기 분배의 상상력』, 여문책, 2018.
107. 마이클 샌델, 『공정하다는 착각』, 앞의 책, 287쪽 이하.
108. 박남기, 『실력의 배신』, 쌤엔파커스, 2018, 366쪽 이하.
109. 마이클 샌델, 『공정하다는 착각』, 앞의 책, 307쪽 이하.
110. 샹탈 무페, 『좌파 포퓰리즘을 위하여』, 이승원 옮김, 문학세계사, 2020.
111. 얀 베르너 밀러, 『누가 포퓰리스트인가』, 노시내 옮김, 마티, 2017.
112. Merkel,W. & C. Ritzi, *Die Legitimität direkter Demokratie. Wie demokratisch sind Volksabstimmungen?*, Springer VS., 2017.
113. J. P. McCormick, *Machiavellian Democracy*, Cambridge University Press, 2011.
114. 니콜로 마키아벨리, 『로마사 논고』, 강정인·안선재 옮김, 한길사, 2016,

115. McCormick, 같은 책, 특히 178쪽 이하.
116. 가령 마키아벨리, 앞의 책, 86쪽.
117. Baccelli, L., "Political Imagination, Conflict and Democracy: Machiavelli's Republican Realism", *Liberty and Conflict: Machiavelli on Politics and Power* (Conference Proceedings), The Italian Academy for Advanced Studies - Columbia University, New York, 2013.
118. Baccelli, 앞의 글, 제2절 참조.
119. 최장집, 「다시 한국 민주주의를 생각한다: 위기와 대안」, 『한국정치연구』 제29집 2호, 2020.
120. Vatter, M., "The quarrel between populism and republicanism: Machiavelli and the antinomies of plebeian politics", *Contemporay Political Thcery* 11, 2012.
121. McCormick, 앞의 책, 12쪽.
122. 참조: 장은주, 『정치의 이동』, 앞의 책.
123. 이 개념에 대해서는 참조: Mulvad, A. M. & R. M. Stahl, "Civilizing left populism: Towards a theory of plebeian democracy", *Constellations*, Vclume 26, Issue 4, 2019.
124. 같은 글.
125. 필립 페팃, 『왜 다시 자유인가』, 앞의 책, 209쪽.
126. 참조: 필립 페팃, 같은 책, 210쪽 이하; 오현철, 「토의민주주의오- 시민의회: 브리티시 컬럼비아 사례를 중심으로」, 『시민사회와 NGO』 8권 2호, 2010; 이관후, 「'시민의회'의 대표성: 유권자 개념의 변화와 유사성 문제를 중심으로」, 『한국정치학보』 52집 2호, 2018 여름.
127. 오현철, 앞의 글.
128. 토마 피케티, 『자본과 이데올로기』, 앞의 책.
129. 마이클 샌델, 『민주주의의 불만』, 안규남 옮김, 동녘, 2012, 47쪽.
130. 장은주, 『시민교육이 희망이다』, 앞의 책; 장은주 외, 『우리는 시민입니다. 현장에서 말하는 한국민주시민교육』, 피어나, 2020.
131. 홍윤기, 「한국에서 민주시민교육 기반구축의 가능성과 그 제약」, 『한국학논집』 제67집, 계명대학교 한국학연구원, 2017, 177쪽 이하.
132. 마이클 샌델, 『공정하다는 착각』, 앞의 책, 298쪽.
133. The Economist Intelligence Unit, "Democracy Index 2020: In sickness and in health?", 03. 2021.